顾好雨◎著

冰山学习法

一个人就是千军万马

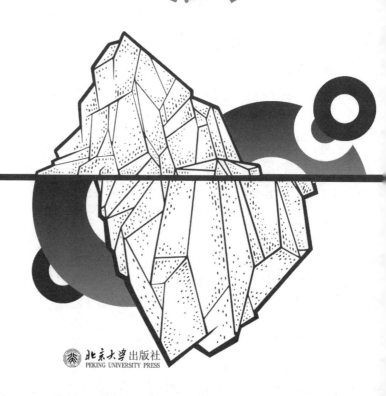

北京大学出版社
PEKING UNIVERSITY PRESS

内 容 提 要

本书以作者的亲身学习经验为基础，分享有效的学习技巧，目的是提高读者的学习效率。本书分为上篇认知篇和下篇实战篇。在认知篇（第1章~第6章）中，会阐述一个简单的模型——学习冰山，水面之上是看得见的行动和技巧，水面之下是看不见的思维模式、管理方式和最深层的驱动力。在实战篇中（第7章~第11章），会结合具体案例探讨学习方法，解答迷思。只有将上下篇的理论与实践经验相结合，才能对症下药，知行合一，用成熟的方法论提升自己。尤其是当你遇到学习困难，不知如何突围时，本书能带你拨开迷雾。

本书内容系统，案例丰富，通俗易懂，适合中小学生及其家长、教育工作者、终身学习者阅读使用，也可以作为学校、教育培训机构的相关课程参考教材。

图书在版编目（CIP）数据

冰山学习法：一个人就是千军万马 / 顾好雨著.—北京：北京大学出版社，2024.5

ISBN 978-7-301-34947-2

Ⅰ.①冰… Ⅱ.①顾… Ⅲ.①学习方法 Ⅳ.①G791

中国国家版本馆CIP数据核字(2024)第063472号

书　　　名	冰山学习法：一个人就是千军万马	
	BINGSHAN XUEXI FA：YIGE REN JIUSHI QIANJUNWANMA	
著作责任者	顾好雨　著	
责 任 编 辑	刘　云　吴秀川	
标 准 书 号	ISBN 978-7-301-34947-2	
出 版 发 行	北京大学出版社	
地　　　址	北京市海淀区成府路205号　100871	
网　　　址	http://www.pup.cn　新浪微博：@北京大学出版社	
电 子 邮 箱	编辑部 pup7@pup.cn　总编室 zpup@pup.cn	
电　　　话	邮购部 010-62752015　发行部 010-62750672　编辑部 010-62570390	
印 刷 者	大厂回族自治县彩虹印刷有限公司	
经 销 者	新华书店	
	880毫米×1230毫米　32开本　9.125印张　242千字	
	2024年5月第1版　2024年5月第1次印刷	
印　　　数	1—4000册	
定　　　价	69.00 元	

前 言
PREFACE

　　小时候谁身边没有一个"别人家的孩子"呢？这个"别人家的孩子"好像只存在于父母口中，他勤奋好学，积极向上，不管做什么都特别出色。

　　就拿我来说，从小到大身边最不缺的，就是各种各样的"别人家的孩子"。

一、别人家的孩子

　　学钢琴时有一个姐姐，每天雷打不动地五点半就起床练琴，错一个音都要重新练上好几遍，每次回琴都是一遍过。而我呢？把曲子摸熟就算大功告成，每次不是找借口开溜就是磨洋工，冬天是因为手冻僵了，夏天是因为手出汗了，理由总是很多。

　　我记得有一次，有点坐不住的我又在"滥竽充数"，姐姐跟我这么说："一天不弹，自己知道；两天不弹，老师知道；三天不弹，大家都知道。"那时候的我对这句话无感，听后不疼不痒的，可如今再想起，却仿佛芒刺在背。

　　我的奥数班同学，上课总是一点就灵，而我读了一学期，因为跟不上被踢出来了。初中时我们又被选拔进了奥数班，他还是一点就灵，我还是没多久又被踢出来了。

　　后来我发现，我确实不能跟人家比，人家是有点天赋在身上的。从小学到高中，全国奥数竞赛一直名列前茅。但就算他再厉害，初中就学会了微积分，他也算不出我的心理阴影面积。更何况，有得就有失，虽然他得到了奥赛的冠军，却永远失去了参加中考、高考的机会和体验过程，只能被保送，我一点也不羡慕他，当然这是和大家开个玩笑。

现在的学生有一种误解，认为只有他们才卷。其实往前数二十年，我们那个年代也是一样的卷。只不过"卷王"都是关上门来偷偷卷，偶尔惊艳一下众人，别人的日子可就不好过了。

二、比我大三岁的姐姐

在众多"别人家的小孩"中，我最喜欢的是一个比我大三岁的姐姐。我吵闹的时候她会耐心给我讲故事，还会手把手教我写字。长大一点后，我妈总把她的作业给我看，她的字工工整整，而我的字"龙飞凤舞"；听写单词时她的答案总是全对，而我总是丢三落四。

爸妈夸她又文静又懂事，成绩好还不骄傲。可是我一点也不嫉妒，因为我一直把她当成榜样，不管做什么都想学着姐姐的样子。

但姐姐自从上了高中，成绩便开始往下滑。她把更多的时间用在学习上，每次见到她，眼下总是乌青的。可是不知怎么的，她越是用功，排名越是掉得厉害。

高一时成绩下滑，还以为是科目太多的缘故。可等到高二文理分科，其他人放下了短板科目，成绩开始提升，而她的成绩还是一滑再滑。思来想去，只能归咎于高一时基础没打好。她认为等到了高三，只要抓住第一轮复习的机会，把基础重新巩固一下，还是可以大幅提分的。然而当所有知识串联到一起之后，她却总是顾此失彼，考试时不是混淆了概念就是猜错了得分点。

她很努力，但也只能勉强把成绩保持在班里中游。

记得有一个周末，我去姐姐家玩。姐姐安安静静地在做数学卷，我却躺在她的床上看小说。她的墙壁上贴满了英语单词和公式，书桌上的考卷从书架上一直散落到地板上。不知道过了多久，我听到了似有若无的鼻息声音。

我抬头一看，玻璃窗上映着姐姐的影子，朦朦胧胧，唯独两只眼睛亮晶晶的。我仔细看过去，她噙着两汪眼泪，既不擦，也不愿意让眼泪砸下来，就这么把眼睛睁得大大的，仿佛这样，她就没有向手里的数学卷低头。

当时我心想，高中的数学一定很难吧。

再后来，她高中毕业，我进入了高中。虽然她父母总说她高考发挥失常，明明可以去到更好的学校，但我想她已经尽了最大的努力。

三、我的高中

我留下了姐姐好几本笔记。刚进入高中，一群陌生的同学课里课外地攀比着成绩、特长、家境和一切可攀比的东西，每当烦躁的时候我都会翻开姐姐的笔记本。熟悉的笔迹还是那么清秀工整，仿佛能看到她熬到深夜还平心静气写下一行行笔记的样子。笔记里的词句摘抄、成语注释、作文金句、英语范文，随手翻翻总有新鲜的内容。

就像一个老朋友，这几本老旧的笔记总能安慰烦躁的我，带给我新知，还一直激励我。我总想着，姐姐那么用功，读起高中来还那么吃力。我这种一天到晚总想偷懒的，还是趁早收起我那些小聪明，静下心来读书吧。

高中确实不容易，沉重的课业一下子把人压得喘不过气来。周末带着一堆作业回到家，都不知道该怎么挤出一点自己的时间。

最让我头疼的是，高中的知识体量远远超过了初中。初中时那一堆知识点，就算再懒再笨的同学，在老师的反复强调之下，掰开了揉碎了灌输进去，怎么都记得住。可是高中的知识点太过庞杂，上课稍一分神，就跟不上老师的进度了。缺乏体系的结果是，考试大题总是想到哪儿写到哪儿，废话一大堆还踩不准得分点。

我翻着姐姐的笔记本，里面有不同板块的知识导图。我也照着样子，自己整理知识导图。每学完一个板块，我就合上书本，一边回忆课本内容，一边写下关键知识点，然后填补上知识点之间的联系。

我画的图不仅不太好看，还总是遗漏了，甚至会搞错主次从属关系。每次画完一对照，总让我有点沮丧。

后来我才知道，姐姐画的图之所以好看，是因为她是摊开书本对照着知识点画出来，然后努力把图背下来。但是我的做法却是在理解的基础上，先用逻辑去推，再用记忆补充。这样画出来的图，虽然看上去乱七八糟的，但在修修改改中，我能不断地发现自己思维中的漏洞，找到学习过程中的误区。

我无师自通地解锁了思维导图的正确用法。毕竟图画出来不是为了好看，而是为了验证自己的理解，加深自己的记忆。

我渐渐发现，我和姐姐的学习方法截然不同。她习惯于先背后理解，不论是历史事件发生的年代、不同地形区的气候，还是数学经典题型、英语范文，都是反复背，考试中再套用。初中时死记硬背，对于勤奋的同学来说是可行的，因为知识量不大，题目变化小。认真听讲勤刷题，就可以稳定提分。

可进入高中，光靠背诵、刷题只能勉强应对庞杂的知识点，何谈建立起完整的知识体系？所以靠堆时间换成绩的学习方式，只能拿下基础题型，如果遇到高难度的题目，比如融汇了不同板块的知识，或者变换了题型就捉襟见肘了。

换句话说，这种学习方式只不过是把初中的小硬盘换成高中的大硬盘。知识点一塞再塞，总有储存上限。这种学习方式，自然也有天花板。

四、死记硬背和逻辑推演

但如果换一种学习方式，结果就大为不同了。

我实在不耐烦背东背西，可总有好些要记的。我更喜欢用逻辑去推演，然后用知识点填补细节。晚上躺在床上，想象地球飘浮在宇宙中。先加入自转，就有了太阳东升西落；再加入公转和黄赤交角，就有了四季变换；然后加入大气运动，就有了气压带风带；最后加入海陆位置，就有了各种气候……或者想象一个木块和一个斜面，一会儿给木块施加一个力，一会儿改变斜面的摩擦系数，一会儿给木块加上一个滑轮……

同样是背书，干巴巴地记知识点是很枯燥的，而通过对知识点的堆砌去领悟知识体系也是很难的。但是在理解的基础上去记忆，知识点就是依附在逻辑上，这样背书就一点也不辛苦。

这就好比是不再捣鼓硬盘，转而升级 CPU。中央处理器升级了，才能更快速打通知识点的联系，用更大的运算量处理更多的任务。

高三毕业，我的高考成绩是浙江省的第二名，也是嘉兴市的状元。突然之间，我变成了"别人家的孩子"。

◎ 很多看着我长大的人，选择性地忘记了我上蹿下跳的过去，换了一种方式抖搂我的"黑历史"。

◎ 小时候因为逃避社交而选择看书，传到家长口中就变成了我从小热爱阅读，所以知识面广，于是总有家长来我家抄书单。

◎ 小时候弹钢琴爱磨洋工，就变成了练琴磨练性子。之所以刷题效率高，那都是因为从小基础打得好。

◎ 短跑这种纯靠天赋的事，他们不提我变着法子逃掉田径队训练的事，只告诉孩子毅力决定未来。

◎ 甚至高中时期一张考了低分的数学卷子，只是因为贴在了卧室墙上，就变成了知耻而后勇的励志故事。

这让我上哪儿说理去啊？！由此，我学到了人生中一个很重要的道理——人一旦戴上了滤镜，就很难摘下来了。我们总会惊艳于别人的成功，可是他们在成功之前的困顿、迷茫、痛苦却往往不为人所知。只看那些耀眼的光环、完美的滤镜，我们就会在遥远的距离前面停下脚步。殊不知那些"别人家的孩子"，也是与我们别无二致的普通人，一样会在遇到挫折时自我怀疑。

五、本书目标

其实没有人是生来就优秀的。正因为我从羡慕"别人家的孩子"，成了"别人家的孩子"，所以才能破除"天生优秀"这种迷信，不再自我设限。

所谓的天赋、智商、家境，都只是每个人开局时的起手牌。采用正确的学习方法、养成良好的学习习惯、不断自我激励，这些才是我们中局时不断争取的手牌和筹码。

为了达到目标而克制玩乐的欲望，长期钻研之后才能获得求知的满足感；因瓶颈期久久无法突破而陷入自我怀疑和否定，直到冲破迷障、拨云见日迸发出畅快之感……学习过程中这些可贵的品质，正是十年如一日的磨炼中带给我们的财富。五年、十年后，即使我们早已忘记了曾经倒背如流的化学公式或者英语语法，这些品质也如同烙印一样，陪伴我们走过人生的每一段征程。

在本书中，我把学习的心得系统性地总结了下来，分成上下两篇。上篇（第1~6章）以理论为主，我会用直白清晰的文字分析各种学习方法和技巧。下篇（第7~11章）以实战为主，我会结合各种案例，剖析我们在学习中常见遇到的困难，总结不论是心态上还是技巧上都有实操价值的方法论。

希望我的书能带给同学们一些新的思考方式和学习技巧，也希望能为同学们在漫漫苦学的道路上点亮一盏灯。

目 录

CONTENTS

思维模式：行为背后的底层逻辑

 统筹管理：一个人就是一支队伍

自我驱动：找到专属于自己的那把钥匙

 高中学习：一路向前，其他的交给时间

 聚焦课本：把书读厚再读薄

 真刀真枪：题海中悟出真知

临场发挥：考试中检验成果

精益求精：用强韧心态武装自己

第一章

认识自己：
找准起点，重新出发

1.1　水面之下：为什么你复制不了学霸的方法？

刚入高中的开学典礼上，一位考入北大的学霸学长给我们讲了一个故事。

有个年轻人拜入大师门下学钢琴，大师丢给他一份谱子。谱子很难，年轻人练了一周还是弹得磕磕绊绊的。第二个星期，大师又丢给他一份谱子，这份谱子更难，年轻人从早练到晚，手都抽筋了。第三个星期，大师又丢给他一份谱子，这份谱子就更难了，年轻人怎么也追不上进度，心态濒临崩溃。

就在年轻人犹豫是否要放弃的时候，大师拿出第一份谱子让他演奏。没想到，曾经生涩的曲谱变得如此简单，烦琐的指法也变得娴熟了。这一次，年轻人将这首曲谱精湛地演绎了出来。

大师又拿出第二份谱子，年轻人顺畅地将这首曲子演奏完了，没有出一丝纰漏。

大师说："如果你一直停留在第一份谱子上，我们就永远也欣赏不到如此美妙的演奏了。"

这位学长想要传递给我们的观点就是，我们不能停留在舒适区内，只有不断挑战高难度的内容，才能轻松地掌握现在的内容，只有不断逼迫自己，才能充分激发自己的潜能。

这个故事大大地激励了我们这群心比天高的新生，于是班里一下子卷了起来。有人熄灯之后在被窝里打手电看书，有人做起了奥数题，有人找到了高三的英语卷子，还有人买来了《五年高考三年模拟》……

第一次月考，很多同学考砸了。

原本斗志昂扬的同学们一下子都偃旗息鼓，大家"鼻青脸肿"地从头开始，踏踏实实打基础。

我们都忘了一点，这位学长从小就参加过各种竞赛，他适应甚至享受高强度的学习节奏。对于他而言，不断地提高挑战难度是一种乐趣，但对于我们而言，却是拔苗助长。

有的人被奥数题打击了自信心；有的人埋头自学却不认真听课，考试漏洞百出；有的人忙着参加辩论队的英语演讲，偏科偏得一塌糊涂……至于那位买《五年高考三年模拟》的"卷王之王"，我曾经问她："高考题你刷下来感觉怎么样？"她说了句大实话："啥也没看懂，就是摆在桌子上供着，权当激励自己吧。"

橘生淮南则为橘，生于淮北则为枳。学习是一种私人化的体验。

比如说，许多清华北大的学姐学长都会慷慨分享自己的心得："找到学习中的乐趣。"听了这句话只觉得天真到可笑。没在深夜对着卷子号啕大哭过的人，凭什么要求"学渣"寻找乐趣？真是站着说话不腰疼。

又比如说，"专注听讲，及时复盘"这句话听起来空洞无物，"用平常心对待大考"听起来就是陈词滥调，"考试时要认真审题"更是老生常谈。这些听上去很正确的废话，为什么老师却奉为金玉良言呢？

再比如说，英语课代表告诉大家背英语的诀窍是，熟记词根词缀，就能根据词性猜出单词的意思。你看了一眼长长的表格就开始头疼，而你的同桌总能想出一些奇奇怪怪的点子来背单词。他说："你看这个 dye，拼音读起来就像大爷，大爷头发白了要染发，所以 dye 就是染发的意思。"他又说："你看这个 dangerous，听起来就是单脚拉屎，一不小心就要滑倒了，所以 dangerous 就是危险的意思。"哇，你一下子就记住了。你觉得这可比什么词根词缀简单多了。

说到底，真正对我们有用的建议，一定是适合我们真实水平的。清华北大的学长，和与我们的水平半斤八两的同学，前者的建议不见得就比后者更有价值。

Tips

> 学习方法本就是"甲之蜜糖，乙之砒霜"，未经思考就照搬照抄，自以为找到了捷径，结果却走了长长的弯路。但是一一摸索甄别又需要投入大量的时间成本。
>
> 因此，我反对一切简单粗暴的复制，反对一切不知变通的运用。

我们能轻易地看见别人看了什么书，做了什么题，但是，只有那些在看不见的地方付出的努力，才真正决定了差距。所以，我们没有必要拘泥于某一条经验、某一个技巧，而是应该往更深处探究，剖析自己才能对症下药。

1.2 水面之上：为什么你总是重复同样的错误？

犯错是成长的必经之路，如果我们能从错误中获得经验和教训，那么下次就不会跌倒在同一个坑里。但如果总是重复同样的错误，那么这到底是一种无奈的必然还是一种能力的缺陷呢？举例如下。

◎ 小王因为没有审清题目而导致在大考中失分，可到了下次考试时还是粗心，没能解读出题目中的陷阱。

◎ 小张总是熬夜玩手机，明知道这么做第二天会精神萎靡，但每到晚上还是控制不住自己的手。

◎ 小周每个假期开始时都列了详细的学习计划，可每个假期结束时依旧做不完作业。

◎ 小婷上课老走神，她特意在桌上写了"专心"两字来提醒自己，结果被老师点名才发现自己又神游了。

◎　菲菲说了第一百八十遍要减肥，可逛街时还是奶茶不离手。

◎　平时性格温和的老刘一开车就犯"路怒"症，今天又对着一辆变道不打灯的车骂骂咧咧起来。

◎　布丁妈妈总是责怪自己对孩子没耐心，可当小布丁又一次因为边吃边玩而把牛奶打翻，上学也迟到时，她又忍不住吼了孩子。

◎　强哥已经是第三次在会议上发脾气了，他不明白为什么自己明明专业能力强，可总是无法和团队达成共识。

……

这样的场景在生活中是不是很常见？

有的人说，想要改变习惯，就需要重复训练。也有的人说，想要避免走上老路，就需要提高自制力。

错误重复出现，就说明相应的解决方法只是头痛医头脚痛医脚、治标不治本，再次犯错只是早晚的问题。

一次错误，也许有意外的成分，但是重复犯错，一定是客观的结果。重复犯错的背后，是一整套认知体系、思维方式、行为习惯、生活环境等因素的结合。

我打个比方，一个完整的反射弧包括感受器、传入神经、中间神经元、传出神经和效应器这五部分。以人体中较为简单的反射类型——膝跳反射为例，当我们坐着且小腿自由下垂时，快速叩击膝盖下方的韧带，就会使小腿快速踢踢。这时候我们的身体会发生如下反应。

首先，膝盖大腿肌肉的感受器接受刺激，传导至脊髓灰质内的低级神经中枢，与运动神经元建立突触联系，然后将动作电位传递至大腿肌肉，引起膝跳反射。接着脊髓中通向大脑的神经才将这一阵神经冲动传向大脑，我们这才后知后觉地感受到膝盖被叩击了。

在这个过程中，感受器→【传入神经→中间神经元→传出神经】→效应器，只有输入和输出两端是可见的。

感受到膝盖被敲击，感受到热水烫手，感受到眼前突然出现强光，神经冲动都会传递到大脑。但如果要等大脑接收到信号再下达指令，这么长的路径毫无疑问会降低我们的反应速度。而小腿踢起、缩回手、眨眼这些反射不需要经过大脑处理并发布指令就能反应，让人类可以迅速对外界的刺激进行反应，以提高对环境的适应能力，从而保护人体不受伤害。

这是人类在进化中获得的宝贵财富。

有趣的是，人的运行机制就和不经过大脑的反射一样。

我们的行为模式就像一条反射弧：输入信息→【信息处理→认知体系进行判断→思维方式决定策略→行为习惯采取行动】→输出结果。输入和输出两端的中间，是我们看不到的黑箱。

而在一种应对机制重复发生后，我们的行为模式就会简化为：输入信息→重复以前操作→输出结果。这就形成了路径依赖，路径依赖可以减轻大脑负担，让我们每次面临选择时不必耗费大脑的精力就能快速行动。

如果这一套运行机制存在漏洞，而我们却疏于排查、放任错误，那么这一条反应链就会不断加强乃至定型，反复犯错就成了必然——我们往往先大脑一步做出了反应，然后才后知后觉地后悔。

Tips

更糟糕的是，我们的每一次犯错都是在强化错误的路径依赖——越是犯错，就越是难改，直到我们一次次栽倒在坑里，这就演变成了习得性无助，让我们觉得自己无可救药。

想要改变这一点，就需要我们深入思考自己的应对机制。

反射弧中的任何一个组成部分都会运作，神经系统中的反馈调节作用生效，才能保证反射活动的正确性和有效性。反之，当我们无法得到正确的反馈时，我们就要检查中枢神经系统是否存在疾患了。

同理，当运行机制报错时，我们就要追溯到错误指令的源头，及时排除 Bug。

比如说，小王总是因为审题不清而丢分，问题出在他对基础知识掌握得不扎实，不能敏锐地觉察到题目中的关键词，这就是信息处理环节发生了重大失误。如果没能意识到这一点，只把失分归结于粗心，那么他就会忽略平时归纳总结错题的基本功，只在考试时反复提醒自己细心细心再细心。这样不但会降低做题速度，还无法专注投入在考试中。

菲菲总觉得逛街会消耗卡路里，因此喝杯奶茶不会发胖。但健身教练告诉她，她对于热量的认知是完全错误的。一杯奶茶带来的热量，完全无法被逛街消耗。比起盲目节食，她更应该学习计算每一种食物产生的热量，饮食和锻炼才能做到"量入为出"。

强哥开会时跟团队其他成员意见不一致，他的思维习惯让他每次都采取对抗性的方式，于是总免不了和同事争个面红耳赤。

如果只停留在看得见的行为层，我们就只会采取简单粗暴的解决方式。一个劲儿地要求自律，或是每次发完脾气都后悔不迭，这些都无法从根本上解决问题，反而会给我们造成不必要的精神负担。

这些错误行为的背后，是大脑在我们看不见的地方暗箱操作，是我们需要破除表象才能发现的深层原因。

把目光从水面之上投向水面之下，我们才能找到解决问题的正确方法。

1.3　冰山模型：解锁学习的底层逻辑

我将学习能力比作冰山，水面之上是行动和技巧，是我们看得见的能力；水面之下是管理、思维和驱动，是我们看不见的能力。

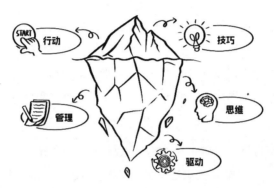

我们可以看见别人刷了什么题、每天几点睡，也可以看见别人用了什么笔记技巧、如何提高记忆力，但为什么我们照搬照抄却没有效果呢？很多广为人知的学习技巧，为什么我们学来却收效甚微呢？有的学霸说需要多多刷题，有的学霸却说做题在精不在多，为什么学霸们传授经验时，总是互相矛盾呢？

答案就在水面之下：在我们看不到的地方，一个人如何管理自己，如何运用思维，如何自我驱动，才真正决定了差距。

Tips

学习是非常个人化的体验。从个人自身经验出发的技巧，很难普适不同水平、不同风格的学生。所以不加鉴别和改造，粗暴复制别人的行动和技巧，只会事倍功半。

只有在成体系的方法论下，我们才知道什么方法适合自己用、什么时候用、怎么用。这就需要建立在了解自己的基础上，从管理、思维和驱动这三个不同的角度去思考，才能系统性地制定学习策略，将学习变成事半功倍的事。

学习中的很多误区，就来自大家根本不了解学习的机制在水面之下是如何运作的。

比如说，很多人以为，管理自己就是单纯地靠自律。其实不是。管理是在迎合自身习惯和特点的基础上，针对性地把控学习进程。很多同学不考察自己的学习习惯，不锻炼自己的专注力，不调整自己的学习节奏，却会为了自己看书走神而不断自责，为了自己控制不住玩手机而内疚，一味地逼迫自己，将读书一事变成了吃苦受难的差事。

苦学者不如好学者，好学者不如善学者，善学者不如乐学者。在我看来：

◎　苦学者，便是在管理上走了弯路。翻开书本便是度日如年，打起游戏便是光阴似箭，这就说明没有建立学习的正向反馈机制。

◎　好学者，就是从苦学者更进一步，能真正从学习中获得正向反馈，得到求知的喜悦和解惑的成就感。

◎　善学者，则是在行动和技巧层面获得了切实的提高，培养了良好的学习习惯，能大幅度地提高学习效率，远远超过同阶段的同学。

◎　乐学者，则是在思维和驱动层面找到了学习的意义，并且一以贯之地执行到每一个层面，因此才能沉迷在学习中。

在下面的章节里，我会逐一拆解冰山模型中的每一个模块。

1.4　一支队伍：各司其职，才能战无不胜

刘瑜曾说过一句话："一个人要像一支队伍。"这句话照亮了我的大学生涯。

对于绝大多数人来说，学习是一个人孤独而漫长的征程。但如果我们自己就可以扮演一支纪律严明、分工合作的队伍，那么前行路上似乎也不会那么孤单。

让我们想象一下，一支管理混乱的队伍是什么样子的。

将军不思考战略目标，却揽了班长的活儿天天查勤；参谋不琢磨战术打法，却跑去操场上指导士兵打靶；士兵不勤加训练，只顾空谈兵法……所有人都在越俎代庖，这支军队有可能打胜仗吗？答案是否定的。

对于这一点，刘邦就很有话说："夫运筹帷幄之中，决胜千里之外，吾不如子房。镇国家，抚百姓，给馈饷，不绝粮道，吾不如萧何。连百万之众，战必胜，攻必取，吾不如韩信。此三者，皆人杰也，吾能用之，此吾所以取天下也。"

这段话说的不只是用兵之道，更是管理之道。识人而用，各司其职，就是刘邦取天下的秘诀。

第一，决定战斗的是士兵。是锐意进取还是稳扎稳打，是长驱直入还是步步为营，只有士兵充分执行上级的指挥，才能打赢一场场战斗。这就是行动层面。

第二，决定战役的是韩信。精兵强将指挥若定，千军万马如臂使指，率领一队人马还是百万之军，难度完全不同。这就是技巧层面。

第三，决定战术的是张良。是以逸待劳还是劳师袭远，是声东击西还是暗度陈仓，只有制定出有效的战术，才能保证战斗的胜利。这就是思维层面。

第四，决定战况的是萧何。是以战养战还是发展生产，是筹备军饷还是组织粮运，桩桩件件都须未雨绸缪。只有拥有坚强的后盾，才能支持前线作战。这就是管理层面。

第五，决定战争的是刘邦。战场局势瞬息万变，只有看穿迷障，才能锁定目标、制定战略，决定一场战争的走势。这就是驱动层面。

一支配合默契、运转良好的军队，缺了任何一方都不能奋勇作战。而我们的学习也是一样的。

学习中若缺乏行动，我们就会陷入焦虑；

学习中若缺乏技巧，我们就会拉低效率；

学习中若缺乏管理，我们就会持续内耗；

学习中若缺乏思维，我们就会迷失方向；

学习中若缺乏驱动，我们就会空虚盲目。

在我们的学习中，下面这样的事屡见不鲜。

每天都勤奋学习，却总有做不完的作业，疲于奔命却不提升学习方法。错题本记了一本又一本，就是不想着总结错误率、归纳题型，追根究底地找到自己的症结。这就是把自己当成了上前线冲锋陷阵的战士，只知埋头做题，不知抬头看路。

看到别人成绩进步了，自己便有样学样刷起了难题，结果不仅耽误了自己的进度还打击了信心。只看到了技巧层面，却不知道自己只是照葫芦画瓢。这就相当于只顾着研究别人的一招一式，却不知道怎么配合自己的阵形和兵器。

课堂上专心致志，笔记做得满满当当。但是理解还停留在知识点的堆砌，无法打通形成体系，就像一个偏离了方向的参谋，只把有限的资源投放在无关紧要的战场上。

因为一时的松懈而苛责自己，一个劲儿地给自己上发条，这并不是自律。就像一个严苛的将军，只知道驱使战士上前线，却不给机会让他们休养生息。

该你排兵布阵的时候，你去研究一招一式，该你宏观全局的时候，你盯着一城一池，这就是努力错了方向。若方向走错了，就会越努力，越失败。

学习就如练兵。

谁来磨炼这些战士的枪法呢？是我们自己。我们摊开错题本，纠正错误，举一反三，就像一位严格的教练，轻易不放过任何一个漏洞。

谁来指导这些战士的战术呢？是我们自己。我们掐着表计算每门功课的用时，建立关于知识点的框架。就像一位心思缜密的参谋，从题海中抽身而出，用犀利的目光考察自己。

谁来化解这些战士的迷茫呢？是我们自己。我们研究目标，拆解任务，就像一位冷静的将领，有条不紊地为自己下达一条条指令。

谁来激励这些疲惫的战士，为他们补充弹药、粮草呢？还是我们自己。我们听从内心的驱动，就像一位意志坚定的指挥，永远向着远方前进。

当我们对着自己的头脑和心灵招兵买马，我们便不再是一个人奋战在书桌前。

行动，就是把自己当作冲锋陷阵的士兵，埋头拼杀，一往无前。

技巧，就是把自己当作慧眼如炬的教练，磨炼技艺，操练战术。

思维，就是把自己当作才思敏捷的参谋，运筹帷幄，谋定后动。

管理，就是把自己当作雷厉风行的将领，冷静缜密，指挥若定。

驱动，就是把自己当作深谋远虑的指挥，着眼大局，雄心勃勃。

第二章

高效行动：摒弃负面状态，坚定前行

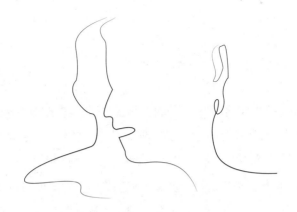

2.1　聚焦目标：越清晰，越强大

我很喜欢的一句话是"自律带给我自由"，史蒂夫·乔布斯则给了我们下半句："自律带给我自信。"但理想很丰满，现实很骨感。

为什么背着一堆书回家，你却还是浪费了一个周末？

为什么背了一个月单词，你却还是停留在 abandon？

为什么你野心勃勃地许下了新年愿望，却年复一年从没成功过？

……

这样的场景想必大家并不陌生。我们总是很容易陷入"从开始到放弃"的循环中，是什么在阻碍我们的行动呢？

因为这个头咱们就没开好：模糊的目标，是行动力的头号敌人。

当我们只抱着"背单词"的目标时，我们的计划总是会被突如其来的事情打乱：可能是快到截止日期的论文，可能是朋友的生日聚会，可能是发挥失常的重要考试……到最后，我们背单词的计划便会潦草收尾。

> **Tips**
>
> 　借助明确的时间段和具体的要求，我们更容易拒绝偏离目标的事项，比如，每天晚上 7 点背 20 个单词。

如果我们的新年愿望是"好好减肥"，那么也许我们就会三天打鱼，两天晒网。而当我们定下计划，控制日常饮食的热量，安排每周运动的任务，并制定减肥目标，这样的计划会更有利于我们执行。

由此可见，模糊的目标就是模糊的界限。在可做与可不做之间，我们会顺从人性，轻易地滑向轻松消遣。而清晰的目标，建立在清晰的认知上。

比较班里同学的表现，我们可以发现，目标更清晰的同学，往往对自己的认知和定位更加明确，也更有执行力。比如说，每一次大考后我们都会进行复盘，然后根据表现调整下阶段的学习重点。

普通学生是这样总结的："这次考试有些分不应该丢，下次考试要注意审题，不要贪快，把基础分抓稳了再争取大题多得分。物理还是短板，平时要多花时间复习。"

而学霸会这样总结："这次数学的几个失分点主要在代数上，说明对公式掌握得不扎实，对题型变形不敏感。之后抽一个晚上时间把这一块的题目都整理出来，推导一遍归纳出解题模型，确保以后遇到这类公式的变形和组合时快速反应。和前几次考试比，这次几门课波动不大，排名稳中有升，时间分配上不用做大的调整。物理还是短板，之后应该把概念系统梳理一遍，再专攻大题。"

学霸和"学渣"的成绩往往就在这些细节上不知不觉地拉开了距离。

消除模糊有两种截然不同但都非常实用的办法，下面分别进行介绍。

2.1.1　提前规划：想象力决定行动力

刘慈欣曾经在克拉克想象力服务奖的颁奖典礼上发表演讲，他说，想象力是人类所拥有的一种似乎只应属于神的能力，它存在的意义也远超我们的想象。在未来，当人工智能拥有超过人类的智力时，想象力也许是我们所拥有的唯一优势。

想象可以撬动一切，不只有创造力，连行动力也能快速提升。

《哈佛幸福课》中曾经提到过想象带来的巨大力量：我们的大脑无法区分想象中的"现实"和真实的"现实"，当我们越仔细、越逼真地为大脑描绘成功的场景，大脑就会误以为这件事是真实发生的，从而激励我们将想象努力转变为现实。我们不光可以想象成功，还可以想象实现成功的过程——如何克服艰难险阻，如何披荆斩棘达到终点。这不光能提高我们的韧性，还可以将可能遇到的挫折预演一遍，以提高成功率。

Tips

> 值得注意的是，由于大脑容易混淆想象和真实，导致一些同学会感到落差：在想象中尽情描绘了一番成功的场景，回到现实中被一点挫折绊了个跟头就会放弃。

我的建议是，不要想象遥远的成就，而是想象触手可及的感受。

比如，新手学钢琴，不要想象自己穿着礼服，拿下钢琴大赛的奖杯；也不要想象德彪西的《月光》与贝多芬的《月光》有什么不同。而是想象一遍遍练习培养了肌肉记忆，不需要"死"盯着谱子，手指也会自发找到琴键；去想象左右手配合无间，指尖流淌出优美的旋律；去想象在踏板、延音、节奏上做出一点点微小的改变，就能带来不同的音色，营造出不一样的氛围。

比如跑马拉松，不要想象自己配速达到几分钟，也不要想象自己站在渣马（香港渣打马拉松）的终点线。而是要想象自己如何有节奏地调整呼吸；想象大汗淋漓时迎面的风带来一身清爽；想象在多巴胺和内啡肽的双重作用下，自己血脉偾张，斗志昂扬。

比如学习，不要想象自己一跃变成学霸，谈笑间收获同学崇拜的目光，也不要想象考入了清华北大，站在了人生巅峰。而是要想象面对一道百思不得其解的题目，绞尽脑汁后终于拨云见日的畅快之感；想象反复背诵下，心境越过数百年时光，与古人合拍同频；想象和同学探讨题目时灵感迸发的快乐。

总之，给自己一点点正反馈就够了。

一到周末，很多同学便背着重重的书包回家，总想着抓紧时间多看会儿书。可到了家先往床上瘫一会儿，吃吃喝喝玩玩手机，精气神就先消耗了一半。写起作业来也不如学校里有效率，总是磨磨蹭蹭、写写停停，总有分心的事。等回过神来时已悔之晚矣，只能拼命赶作业了。

我在回家的路上会这么想：终于周末啦，可以好好放松了！一回到家我就先冲个热水澡，舒坦。然后晾头发的同时切一盘哈密瓜吃。吃完我就做作业。先从简单的开始，把英语卷子做了，要不了半小时就结束"战斗"。进入状态后再解决数学卷子，最后两道大题可能够呛，要是做不完就先吃晚饭，边吃边琢磨。

我会想象出每一个细节，仿佛冰凉沁甜的哈密瓜已经摆在了眼前。等到了家，我把书包一扔就冲去浴室，在热水的冲刷下，每一个毛孔都打开了，头皮都舒展了。我把作业往地上一摊，书桌上只有一支笔、一杯茶、一张考卷和一盏台灯。手里的钢笔出墨流畅，我做题的思路也流畅，写字的同时心就慢慢静下来了……

等回到家，我自然而然就会照着脑海中的规划执行下去了。

Tips

当我们没有给自己一个明确的安排时，我们脑海中便只有一个模糊的轮廓。以"放松"来说，怎么放松、放松多久，如果我们毫无概念，缺乏明确的定义，我们就很容易放任自流，如掏出手机打上一两局游戏，把在学校时好不容易培养的状态忘得一干二净。

在想象中，我会将"放松"这件事精确到每一步，洗个澡、吃个水果就能获得满足，放松了精神的同时却没有转移注意力，我便能轻松进入学校里的状态，重新以专注的姿态投入学习。

由此可见，通过想象，我们可以降低执行的门槛，从而大大提升自己执行力。

除了运用在日常安排上，我们还可以将想象力运用在重大事件、长期规划等情景，从头到尾，事无巨细，一一预演。

拿演讲来说。演讲比赛的前一天，主办方会安排选手走一遍演讲台，熟悉比赛流程。晚上睡觉前，你便可以在脑海中过一遍流程，用想象填充细节。

（1）先抽签，然后在会议室等待上场。其他选手也许会喃喃自语，也许会反复踱步，这些都会增加你的紧张情绪。

（2）这种情况下，你会将注意力集中在笔记本上，那里有你事先整理好的要点。

（3）要不了多久，就会听到司仪喊你的名字，于是你清一清喉咙，挺直脊背，准备上台。

（4）上台后，你瞄到台下的评委正在交头接耳，你猜测他们有可能是在谈论上一个选手的表现。观众席有些嘈杂，大家都心不在焉的，你不由得有些担心。

（5）等站到台上，你突然发现，灯光打在脸上，照得你脸发烫，你看不清台下人的表情，黑色的脑袋连成模糊的一片，你突然不知道自己应该看向哪里。

（6）你抽了一个话题，恰好是你准备过的内容。你略略定了定心，对着麦克风开嗓。你发现只能听到自己的声音，一点点语气的波动都经由麦克风放大，灌进所有人的耳朵里。

（7）于是你越说越快，越快越慌，最后草草结束了这次演讲。

浮想联翩之后你冷汗直冒，连忙在心里做了预案。第二天你依旧会紧张，但好在你有备而来，及时给自己做了心理建设，稳定情绪后排除了干扰，专注在比赛上。

再如技能考试。你在工作之余决定提升自己，于是报考了特许金融分析师（Chartered Financial Analyst, CFA）。短短数月后就要考试了，你翻着厚厚的目录，心想：天呐，这么多内容我怎么复习得完呢？

你对照着日历开始计划：

第一个月的目标是梳理出结构脉络，整理出每一章的重点内容；

从第二个月开始，结合做题，扎实掌握具体的知识点；

第三个月正是公司最忙的时候，估计没有大块的时间刷题，只能灵活利用碎片时间巩固公式和定义，回顾错题；

第四个月进行考前冲刺，拒绝一切不必要的应酬和活动，腾出大块时间专心准备了；

周末留出固定的时间段，把重点、难点"啃"下来。工作日有时候需要加班，到家就很累了，可以制定弹性的复习计划，少量做题保证状态。要是遇上出差，工作都忙得够呛了，几乎没有精力学习，所以平时的复习计划要打足提前量。除此之外，还可以把年假囤着，留到考试前冲刺用。

Tips

> 将复习计划融入平时的日程安排中，想象可能会遇到的阻碍，这样制定的规划才能前紧后松，且更容易执行。

我因怀孕回到内地之后计划学车。我的目标是在体力较好的孕中期学车，赶在孕晚期之前拿到驾照，不然肚子就快顶到方向盘了。我担心学车时间太长影响休息，每次练车都要利用好时间。我更不能挂科，万一挂科了，重新报考就会特别耽误时间，从孕晚期一直到哺乳期都不能摸到车了。

时间紧、压力大，最终我还是赶在孕晚期之前顺利拿到了驾照，每一科都是一把过，靠的就是在想象中模拟练习。

比如科三考试前，我想象了每一步操作细节：上车后的操作顺序，每条路线的要点，每次练习时常犯的错误。乃至考试当天是下雨还是大晴天，路上车辆是否拥堵，考官是不是不苟言笑让我更紧张，甚至是考试车踩刹车的脚感，我都在想象中反复描画过。

身临其境的想象可以大大缓解紧张感。我唯一没有预想到的是漫长的等待时间，因为太过放松，等号的时候我差点睡着。

Tips

> 技艺越是娴熟、精妙，想象法就越能帮助我们提升技能。不光是在学习、工作中，甚至在弹钢琴、打高尔夫球等方面都会如此。国际著名的高尔夫球手"老虎"伍兹就将想象法作为自己日常的训练方法。

《心流》一书中有这么一个例子：一个人在监狱里待了很多年，出狱后他和朋友去打高尔夫球。他告诉朋友："我想验证一下自己的练习有没有成果。"朋友很惊讶，问："你在监狱里还能打高尔夫吗？"他说："不能，监狱里什么都做不了，我只能想象自己打高尔夫。每次想象时，我都会尽可能想象出打球的所有细节。包括挥杆的力度，当天的风向和阳光，草坪的坡度和湿度，每一洞的起点落点，然后在想象中纠正自己的动作。就这么在每天的想象中度过了十几年的监狱光阴。"

在高尔夫球场上，他的发挥超出了所有人的想象，一个十几年没有摸过球杆的人，居然靠着想象将技艺锻炼得炉火纯青。

2.1.2 SMART原则：管理学大师彼得·德鲁克的法宝

SMART原则是管理学大师彼得·德鲁克在《管理实践》中提出的理

论，最初用于工作方面，方便管理者对员工进行有效的绩效考核。后来逐渐被用于学习方面，运用 SMART 原则，我们可以将学习拆解成明确、清晰、可量化的目标。

SMART 目标法

◎ S（Specific，明确性）：目标不能笼统概括，不能模棱两可，必须有明确、具体的指向性，有清晰的标准。

◎ M（Measurable，可衡量性）：目标可以用数据或者方法衡量，砍掉有争议的标准，这样才能更好地验证成果。

◎ A（Attainable，可实现性）：目标既要看得见，还要够得着。不宜好高骛远，也不宜过于简单。

◎ R（Relevant，相关性）：目标要服从于最终的目的，相关性越强越好。

◎ T（Time-based，时效性）：明确的时间限制有助于我们分清长、中、短不同阶段的目标，鞭策我们赶进度。

我曾经有一个学妹，升入高中后被英语大大拉了后腿。我花了半年时间跟踪她的学习状态，帮助她设立适合自己的目标。短短半年时间，她的英语成绩稳定提升，年级排名从偏科时的一百到两百名的区间，提高到了八十到一百名区间。

她的问题非常具有典型性。英语老师常说她语感太差了，要多读多练。

对于大部分学科，基础再差的人也知道自己哪些题没把握做对。比如，选择题算出来的答案跟四个选项都不同，大题做到一半推导不下去了，这样一来，在考试时我们可以明确地知道自己的错误。

但是英语不同。语感太差的人，考试时看着单词都似曾相识，答案看着都模棱两可，检查卷子也排查不出问题，错都错得稀里糊涂。而语感好的人，不用刻意记语法，轻轻巧巧就能找到正确的答案。

但是老师口中的"语感"，是一个极其模糊的概念，难以衡量，也难以对比。所以我们要把"语感"拆开，从不同的角度去考查，才能设定具体的目标。

我这位学妹的目标是"努力提高英语能力"——用 SMART 原则来拆解目标：有多努力？提高英语的哪方面能力？如何衡量？——"我计划暑假里每天固定两个小时学英语，重点弥补词汇和语法的短板，将英语成绩从 100 分提高到 120 分。"

下面我们以词汇为例。

很多同学觉得自己基础差，是因为词汇量少。其实词汇量不只是"多"和"少"这两种状态，还有一种是"懂了但不全懂，好像认识又好像不会用"。翻开单词书，看着都认识，课堂上听写单词也没问题，可考试时错误率还是很高。原因就在于，光记住了词义和拼写，却不重视单词的词性以及运用。到了考场上，主、谓、宾、定、状、补一股脑儿上来，左支右绌，无力招架。

好在学妹态度认真，攒了厚厚一本错题。我们一起归纳了错题类型，发现她对于单词的掌握十分薄弱。比如，有些词语在大多数情况下做动词用，少数情况下做名词用；有些词语在中文里是名词，在英语里却是动词，这些她都分不清楚；而且她抽象名词的错误率远高于实物名词，及物动词和不及物动词也容易混淆……

如此一来，解决的思路就很清晰了——背单词时不应该死记硬背词义，而是要结合语境理解单词，通过造句去熟悉单词的运用。这就比原本"每天背 50 个单词"来得更精确更有效了。

Tips

> 罗马不是一天建成的，所有伟大的目标都不会一蹴而就。一个个小目标就是通往最终目标的阶梯。只要我们坚持执行，不折不扣地完成任务，就能踏踏实实地迈向目的地。

用想象去消除模糊，用 SMART 原则去拆解目标，就可以做到"大目标，小步子"，从而提高我们的行动力，帮助我们在实施的过程中，依靠标准来反馈和验证方法，从而不断优化我们的行动。

2.2　马上去做：拖延症的心理分析

我曾经向一位健身达人请教如何锻炼，他的回答很简单："不管你想怎么做，我只有一个建议，那就是去做。"

当然，他的意思绝对不是指贸然尝试生酮、断食减肥之类的方法。他指的是，新手容易为不同的锻炼方法所迷惑。跑步游泳、拳击瑜伽、无氧 HIIT（高强度间歇性训练），新手有太多太多的选择了。

一样一样比较下来，跟着帕梅拉做三天，又头脑一热地买了瑜伽课、入了健身房会员，过两天又开始夜跑，结果哪样都坚持不下去。家里堆了瑜伽垫、游泳衣、跳绳、哑铃，时间成本和经济成本投入不少，就是不出效果。

其实大可不必把时间浪费在纠结比较上，当我们明确要锻炼时，先选择一种方式锻炼上一个月，实实在在地感受运动带来的变化，然后我们才能知道，这种方式适不适合我自己。

去做，才能检验我们的锻炼方式是否有效；去做，才能知道我们是否能坚持下去；去做，才有机会感受锻炼的快乐；去做，才有机会养成健身的习惯。

拖延-Deadline

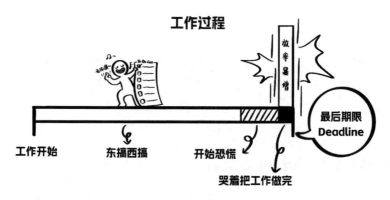

经常有同学问我，明明知道时间已经很紧张了，可还是一拖再拖，在"死"线边缘挣扎。这种情况其实很普遍。

◎　小张两个月之后就要交论文了，可打开文档空空如也。他对着屏幕发了一会儿呆，还是不知道该怎么写。

◎　小王年初立下目标，眼看一年已经过去大半，还是没有发动的迹象。偶尔想起时，小王心头也会掠过一阵愧疚，但他知道，明年他还是会立下新的目标。这大概就是仪式感吧。

◎　小方读博有一年了，项目一直没进展，今天他又忙着给本科生讲课去了。他心想：毕竟讲课也是导师交代的任务，也是正经事，研究没进度也不是我的错。

有一位同学是这么描述她拖延时的心理状态的："我坐在书桌前，清晰地意识到时间正在一分一秒流逝。我内心大声喊着：'写论文！你没多少时间了！'我越是恐慌，就越是拒绝行动。我心中天人交战，痛苦不堪。然而事实上，我只是坐在那里，点开了手机里的下一集电视剧。我知道看完这一集，我还是要面对种种压力，甚至更加痛苦自责，但至少此时此刻，我能获得一点点喘息的时间。"

这个描述很有代表性。很多父母会把子女的拖延，简单地归罪于"懒"，却没有看到在"懒"的表面之下，孩子沉重的心理负担和逐渐丧失的行动力。非不为也，实不能也。父母责怪孩子，学生责怪自己，不但不能克服拖延，还会加重心理负担。

Tips

> 拖延是这个世界上最能压垮一个人斗志的东西。史铁生说："拖延最大的坏处还不是耽误，而是会使自己变得犹豫，甚至丧失信心。不管什么事，决定了，就立刻去做，这本身就能使人生气勃勃，保持一种主动和快乐的心情。"

拖延有以下这七种原因。

1. 心态上过于看重结果

这种心态下，我们容易对自己求全责备。越是拖延，包袱就越沉重，我们就越难迈出第一步。"要么不做，要做就必须做到最好。"带着这种想法，最后的结果可能是根本就不会开始。

2. 行动上过于追求细节

做事没有计划性，缺乏结果导向，以至于做着做着就开始钻牛角尖，在细节里晕头转向。尤其是完美主义者，做任何事都力求完美。"我时间不够，这件事只用一两天时间突击是肯定做不好的。"

3. 习惯上畏难逃避

无法接受失败，于是遇到难题总是习惯性逃避。

4. 认知上夸大难度

做之前把任务想得太过复杂，或者为自己设置太多没必要的前置任务，导致畏难和逃避。比如，每个月记录开支，其实只需要打开记账类App，记录下收入和支出即可。但小王每次都想得很复杂，要票据归类、核对账户、记录数据、开支分类，等等，以至于每个月他都要拖上好久才做这件事。

5. 驱动上缺乏动机

打心底里并不认同这个目标或者任务。比如，在父母拼命"鸡娃"下长大的孩子，并没有真正认同努力学习的意义，只是为了满足父母。这时候的拖延，便是一种消极抵抗。再比如说，一位同学一直想学视频剪辑，可他总是告诉自己"现在不是好时机"，因为总有这样那样的事情要忙。实际上这就是没有真正意识到事情的重要性，当因为事多要做取舍时，自然而然就会一拖再拖。

6. 思想上轻视任务

有的同学在过去拖延时侥幸糊弄过去了，于是便以为次次都能"走运"。一开始，熬夜赶工做PPT，汇报时没有出状况，就用"及格万岁""Deadline就是第一生产力"这样的想法来安慰自己，到后来，论文和考试都拖到最后关头才开始准备。

7. 生理上状态不佳

晚上睡不够，白天像梦游。平时还能强撑着上课做题，但到了做高难度的项目时，思维总是卡顿。这种拖延，便是因为心有余而力不足。

想要克服拖延症，就要从心态上和行为上进行调整。

2.2.1 72小时法则：先完成，再完善

如果我们要学习射箭，我们该怎么做呢？是举起弓一直瞄准，直到完全掌握了射箭的技巧才射出第一箭吗？当然不是。我们会先射箭，然后学着调整握弓的姿势、拉弓的力道、瞄准的角度，在一箭又一箭的尝试中不断精进射箭这门技艺。

任何事都不能想着一蹴而就，尤其是当我们学习一门新内容、开始一项新任务时，指望一下子就精通，反而会给我们太大的心理包袱，遇到一点点打击就容易畏难而逃避。

Tips

> 带着尝试的心态去做一件事，根据反馈来不断调整自己的方法，这就是先射箭，再瞄准，先完成，再完善。

写论文时不要害怕初稿写得烂，而是要先把脑子里的想法一股脑儿全写出来，越早写出来就有越多的时间去校对、润色。

经典财商启蒙书《小狗钱钱》中有一个72法则，我常常拿来提醒自己。这里所要讲的72法则并不是金融行业里用于计算复利的72法则，而是指72小时法则：当我们想要完成某一件事时，最好在72小时之内完成。如果在72小时（也就是3天）内，我们还没有采取行动，那么实现目标的可能性就会大大下降。

管理学之父彼得·德鲁克说："所有成功的人都有一个共同的能力，那就是从决定到行动花费的时间总是很短。"

总之，我们没必要浪费时间纠结于一个"完美"的计划，下定决心之后就起步。做，比怎么做更重要。

2.2.2　自断后路：向兔警官朱迪学习

《疯狂动物城》中，兔警官朱迪为了让狐狸尼克协助调查，便把录有尼克把柄的录音笔扔过了铁丝网。尼克不得已翻墙，只能协助朱迪继续搜查下去。

想象我们心中也有两个小人，一个像朱迪一样行动力满满，而另一个像尼克一样，时不时地要打退堂鼓。如果放任这两个小人打架，那么既会耽误时间，又消耗自己的精力，还容易让自己内疚、消沉。

这时候我们要做的，就是把背包扔过墙。面前有一堵墙，实在很高，怎么看都无法翻过去，这时候我们只需要把背上那个装着我们身家性命的包包扔过去，我们就一定会想方设法克服种种困难翻过去。背包，就是我们必须完成的动力，就是自断后路，就是破釜沉舟。

我大学里有一位同学，气质出众，及腰的长发如丝缎般又黑又亮。有一次我就问她，头发怎么才能保养得这么好，是不是每天都要花很多时间打理头发？她说，倒是不费工夫，只是她习惯每次洗澡时，先用护发素，再用洗发水。

这种洗头方式我是第一次听说，于是我也跟着学了起来。洗完后头发的确顺溜不少，但这并不是我最大的收获。令我喜出望外的是，我居然因此改掉了拖延的毛病。

我原先因为头发长，每次洗澡都要洗好久，总是磨蹭。不是拖到太晚干脆不洗了，顶着一个大油头睡觉；就是洗澡时懒得再花时间做头发护理，草草洗完以后头发自然没有光泽感。

但自从我用了她的方法之后，每当头发油了，我就会对自己说："反正打游戏、玩手机、看电视都是时间，不如先把护发素抹上，等我玩完了去洗头正好。"早早抹上护发素，开开心心打上一盘游戏，打完正好可以洗澡，洗出来就是一头柔顺油亮的长发。要是我打游戏上瘾拖到太晚呢？那也必须得洗，因为我不能把护发素蹭到枕头和被子上嘛。所以这就迫使我必须算好时间，不能放任自己玩个没完。

将这一方法运用到别处，效果也一样好。比如，不想做家务的时候，把咖啡洒地上，那就不得不拖地板了；不想洗衣服的时候，先把衣服泡水里，就不得不洗衣服了。

运用到学习、工作方面，比如，教授布置的任务，截止日期看上去还早呢，那就先拆分任务，给每个阶段设置一个截止日期，并且跟助教约好要定期做汇报。

除了上述方法，在生活中我们还可以像下面这样做。

◎ 告诉家人、朋友我们的计划，请大家督促我们。要是大家发现我们这周没做到，我们就请大家喝奶茶。

◎ 在朋友圈里打卡，公布自己的进度。

◎ 把自己的昵称改成"××闭关备考中"，把自动留言改成："近期断网，有事请留言"。

综述，把背包扔过墙，就是给自己创造一个"不得不做"的理由。

2.3 PDCA循环：帮你科学拆分任务

很多任务看似庞大且棘手，但只要将大目标拆分成一个个可实现的小目标，我们就可以按部就班地把任务顺利完成。

很常见的情况是，很多同学做了拆分，比如把暑假要做的作业、要背的单词书做一个简单的除法，这样每天只需要做几张考卷，背几页单词就可以完成暑假的任务。可往往到最后，却根本无法完成。问题出在哪里呢？问题就出在拆分的方法上。

做任务不是赶路，总路程除以车速就可以推算出开车的时间。但一个大任务往往由许多内容组成，难度不同，进度也不同，而人作为执行者，状态会有起伏，会倦怠、会偷懒，无法像汽车一样每天保持一样的性能。因此，在上述生硬机械的任务安排下，计划赶不上变化就是常有的事了。

PDCA 循环常用于企业管理，对于我们的学习也很有借鉴意义。

◎ P（Plan，计划）：规划一系列行动的方案。

◎ D（Do，执行）：落实计划。

◎ C（Check，检查）：确认执行结果是否达到预期。

◎ A（Action，处理）：肯定成功的经验，总结失败的经验，并改进下一个循环。

在学习中，我们该怎么运用 PDCA 循环呢？下面我们以计划利用暑假时间提升英语成绩为例进行介绍。

第一步，计划。

我们要明确学习的目的，才能制订周密的计划。若没有周密的计划，那么想要好结果只是妄想。

首先，我们要分析英语水平。当前基础较差，当务之急应该是提升词汇量和阅读水平。我们进一步明确目标，背单词不仅仅是熟悉单词的含义，而且更应该掌握它的应用。

过去背单词的方法，就是拿一本单词书，每天背上 5 页。实践下来发现效果并不好。由于过于枯燥，刚开始时还能坚持几天，但很快就懈怠了。即使勉强背完了，也只能混个眼熟，阅读量大的时候该卡壳还是会卡壳。甚至有时候觉得一暑假时间很长，拖着拖着就发现，每天背 20 页都来不及——一暑假过去了，最亲切的单词还是"abandon"，后面的单词都是熟悉的"陌生人"。

于是这一次，我们决定改进方法，以一周为一个循环周期来制订学习计划。

周一、周二：每天背 5 页单词，并运用重点词汇造句，在语境里理解记忆。

周三、周四：每天做一张英语卷或 5 篇阅读理解，并摘出其中的陌生单词背诵。

周五：结合课本运用新学词汇仿写句式，熟练语法的同时掌握多种表达方式。

周六：复习词汇，查漏补缺。

周日：不安排过重的任务，以休息为主。总结经验，调整方案，下周改进学习计划。

第二步，执行。

在实际执行计划的过程中，我们发现把词汇放到阅读中去学习，效果比单纯背单词书要更好。背单词，只是把英语单词和中文释义联系起来，可一到阅读量大的时候，就会反应不过来。阅读时遇到不熟悉的单词，先猜测，做完题目之后再翻单词书去印证自己的理解，最后补充例句加强记忆，这样才记得牢固。

第三步，检查。

周六回顾周一到周五的学习内容时，会发现自己对高频词汇熟练了很多，但是运用时比较单一，涉及词类转换、变形、语法等情况下还是容易出错。

这就是提醒我们，查漏补缺时不能只考查词汇本身的意思，更应该注重词汇相关的短语、变形以及词性搭配。

第四步，处理。

周日放松之后，总结一周的经验，改进下一次循环。在每天的学习内容上标注注意事项，尤其是周六的查漏补缺，提醒自己在复习时要全面考查自己对词汇的掌握程度。如果这一周学习任务完成度非常高，就可以奖励自己看一部电影放松一下。

最后一步的反馈可以帮助我们更好地采取下一步的行动。

这就是一个简单的学习循环，掌握这个提高执行力的秘密武器后，我们就可以将它运用到学习、生活和工作的各种场景中。假期每天怎么安排各门课程的学习任务，偏科的同学怎么平衡各科的学习时间，每个阶段该如何实现学习目标，用 PDCA 循环法就可以更好地拆分任务，根据实践的结果来反馈和改进学习方案。

2.4　良性循环：意志会溃散，习惯才持久

物理中对于摩擦力是这么定义的：阻碍物体相对运动或相对运动趋势的力。

我常常觉得，生活中也存在这样的阻力。当我们赖床时，它阻碍我们起床；当我们偷懒时，它阻碍我们用功。当我们保持着一种状态想要改变时，就好像要推动一个沉重的箱子一样，我们不得不使出全身的力气，才能对抗这些无处不在的阻力，然后向前推动一点点。

这样的阻力无所不在，我们的手机上、零食里、电脑中、枕头下，仔细去找一定能发现它的存在。有时候我们越努力想改变自己的状态，心里的阻力就越大。我们会为了早起定 5 个闹钟，可依旧没能挣扎着从温暖的

被窝中起来，每次总是抵抗不住睡意，一次又一次关掉闹钟，找借口让自己再眯上半个钟头。

用物理的语言表达就是，静摩擦力的大小始终与产生运动趋势的力相等。

Tips

> 学过物理的我们都知道，静摩擦力会有一个最大值，当超过最大静摩擦力时，再沉重的箱子也能被我们推动。滑动摩擦力小于最大静摩擦力，换句话说，推一个已经在动的箱子，比推一个静止的箱子会更轻松。

生活的有趣之处在于，许多现象也符合物理学的客观规律。

比如，沙发上堆了一个星期的衣服，堆得越多我们就越不想洗。若我们一不小心把咖啡洒上面了，我们只能匆忙放下手头的工作，先解决衣服的问题。深色的衣服洗衣机洗，浅色的衣服手洗，等洗衣机脱水的时候还可以顺便拖个地。就这么顺顺利利地把拖拉好久的家务做完了。

小美总说自己要减肥。朋友喊她吃火锅，她说"吃饱了才有力气减肥嘛"，健身卡快过期了，她说"这两天有点拉肚子，等休息两天再去"。直到有一天她费尽力气把自己套进裙子里，拉链一下子崩坏了，她才意识到该减肥了。于是她痛定思痛，重新制订了饮食计划和健身计划，每天打卡鼓励自己。

小张泡图书馆效率很低，因为他一打开短视频就停不下来。直到有次他忘带了耳机，开公放太没素质，开静音又看不了视频，他只能沉下心做作业。没想到，那是他做事效率最高的一天。打那以后，他去图书馆就刻意不带耳机了。

想要克服惯性，我们的努力必须得超过一个阈值，才能打破原有的均衡。

当我们想要改变自己时，总会遇到各种各样的阻力，有些是客观的障碍，而更多的则是来自我们内心的抗拒。可是一旦把"箱子"推动了起来，我们再继续保持状态就轻松多了。

这一节我们要探讨的是，怎样才能把"箱子"推动起来，怎样才能一直把"箱子"推动下去。是靠自我控制，靠意志坚持，还是靠一时热情？答案是都不行，举例如下。

◎ 如果每做一件事，都需要调动你的自制力，那么自制力是很容易被消耗的。

◎ 经过一番心理斗争之后你拒绝了室友邀请的大餐，这时候你觉得喝杯奶茶无伤大雅。

◎ 忙了一天躺在床上，你摸出手机，原本只想玩一把游戏，结果不知不觉就过了夜里12点。

◎ "钉"在书桌前做了一小时考卷，心满意足地掏出了小说，把好不容易培养出的学习状态瓦解。

◎ 连着几天晚饭只吃了一个苹果的你，在半夜又饿又馋，怎么都控制不住自己的手，于是下单了一箱螺蛳粉。

美国社会学家罗伊·鲍迈斯特（Roy Baumeister）曾经做过一个试验：在一个弥漫着烤曲奇香味的房间里，两组饥饿的大学生面前，摆着一样的一碗巧克力曲奇和一碗生胡萝卜。

学生们被告知，试验员要离开一段时间，学生被单独留在房间里。一组学生被要求，只能吃生胡萝卜，不能吃巧克力曲奇；一组学生被要求，只能吃巧克力曲奇，不能吃生胡萝卜。

可想而知，生胡萝卜没有巧克力曲奇美味，也完全不顶饿。而满屋的曲奇香气只会让学生更加饥肠辘辘。

接着，试验员把学生带到另一个房间，要求他们解题。这道题非常难，根本无解。每个学生都尽力尝试了各种解法，而这项试验主要是在测试学生们坚持多久会放弃。

只吃曲奇的这一组学生，平均坚持了 20 分钟才宣告放弃。而只吃胡萝卜的这一组学生，平均只坚持了 8 分钟就放弃了。

Tips

> 为什么会有这么大的差距呢？这是因为，只吃胡萝卜的学生要忍耐住不吃巧克力曲奇，已经消耗了巨大的意志力。他们已没有足够的耐心来解答复杂的难题。

从这个试验中，罗伊·鲍迈斯特提出了"自我控制力量模型"理论，自制力会被消耗，也能恢复，通过锻炼还可以增强。这就像肌肉一样，长期缺乏锻炼就会减少，只能通过艰辛的努力来恢复。

很多时候真的不能怪我们没能抵抗住诱惑，实在是敌人太强大了。

如果把我们的学习和工作比作过关斩将的游戏，那么自制力就是我们的血条。如果我们消耗了太多的自制力在沿路的小径上，那么我们很可能还没见到最终关卡的大 Boss，就倒在半路上了。

意志会溃散，热情易消耗，自律太痛苦。比起这些，我更建议大家采用下文中的做法。

2.4.1　登门槛效应：降低期待，才能培养习惯

想象小美和小丽两个人都想锻炼。

小美给自己定下的要求是，起床后半小时跳绳，傍晚半小时跑步、半小时无氧运动，调整饮食结构，减少碳水和糖分。她计划一个月减下 5

公斤。

小丽没给自己太多的要求，就是每天运动一会儿。有空了可以下楼跑步、跳绳，没空时就在家跟着视频扭上两下。该吃吃该喝喝，能减多少随缘。

大家觉得谁的减肥效果会更好呢？很多人会觉得，一定是小美更容易成功。她目标明确，要求严格，制订的方案又科学，没道理减不下来。

那换个角度思考，大家觉得谁更容易养成锻炼的习惯呢？也许答案就不一定相同了。

短期来看，在这么高强度的锻炼下，小美肯定能瘦下不少。但长期来看，用力越猛，越容易反弹。若忙了，累了，抽不出那么多时间了，小美也许就不会锻炼了。偶尔放纵吃一顿美食，她会自责好久。要是没达成减肥目标，则更容易失落。随之而来的报复性暴饮暴食和体重反弹，都会给她带来隐形的阻碍。

Tips

> 当我们给自己设置了太高的目标时，我们会很容易陷入完美主义的陷阱。一旦觉得自己达不到目标，反而就不会采取行动了。

反观小丽的做法，她只是要求自己每天锻炼，但是对强度和时间都不做要求。短期来看，也许她没有明显的效果，但长期来看，她每天的锻炼不容易中断，即使中断了也容易捡起来，所以更容易养成习惯。

人际交往中有一个"登门槛效应"：如果直接请别人做一件有难度的事，就很容易会被拒绝。但如果先请他做一件容易的小事，他答应之后再要求他做有难度的事，成功率就会高很多。

其实我们的生活中也有登门槛效应：当我们把门槛设置得太高时，就会大大降低我们行动的可能性。但是把门槛设低一点，降低标准和要求之后，我们会更容易采取行动，这样才能培养起习惯。

有什么是你想做却一直拖拉着没做的事呢？不如先给这件事设置一个"五分钟"的低门槛。

小王一直想学画画，但是一想到得买各种材料，去上课又得花小半天时间，认真学画的时间成本和经济成本都不容小觑，只能打消这个念头。其实，小王可以试着每天拿出五分钟时间，找一幅素描临摹一下。五分钟到了，不想画的话就不画，要是画得兴起，就一直画下去。关键不在于完成了多少作品，而在于在每天的尝试中找到绘画的乐趣，感受落笔时的专注和平静，收获技巧提高的成就感。这样小王才有足够的兴趣做基础，去真正尝试专业的课程指导。

流水不争先，争的是滔滔不绝。先登上门槛，养成习惯，再考虑提高标准。重要的不是起跑的速度，而是坚持的时间。

2.4.2　流程管理：通盘规划，固定流程

回想一下我们每天的日程，要面对那么多的选择：选择以什么方式去学校、去公司，中饭、晚饭吃什么，先做哪一门功课的作业，处理哪些工作，要不要做运动、看综艺，什么时候整理内务、洗衣服、收拾房间，晚上几点钟睡觉……这些都是频繁的、日常的选择。

而相对不那么频繁、日常，对生活具有较大影响的选择，则类似于制订学习目标、工作目标，决定是否跳槽，高考填志愿。

如果我们花了太多精力在前一种选择上，我们就无暇思考后一种选择。

流程化，就是把前一种选择简化，变成日常下意识的操作，从而把时

间和精力用于关注那些长期而重要的目标。

工作中，流程化是管理的重要环节。将业务中每一个步骤的目标、手段、检验标准都清清楚楚地写出来，只要做到流程化，即使是新手，对照着做下来也可以降低出错的概率，在长期执行中还可以不断优化每个环节。

Tips

> 生活中的种种事情并没有工作中那么多环环相扣的步骤，洗衣服、做饭、运动、看电影，都是相互独立的。所谓的流程化，就是将习惯融入生活，这样才更容易坚持。

习惯，是大脑后台运行的程序，调动少量的能量就可以维持。有了良好的习惯后，我们便可以为难题腾出大脑的CPU。

习惯的力量，就是在不假思索中把该完成的事情自然而然地完成。

我从初中到大学都住过校。初、高中的宿舍只是个睡觉的地方，每天都要在熄灯之前抓紧时间洗漱、整理内务、做清洁，平时还有宿舍阿姨检查卫生。这就迫使大家要养成习惯，安排好每件事，这样才能早点上床休息。

到了大学就不一样了。大学里可支配的时间更多，而且在港大全人教育的传统下，舍堂不只是一个睡觉休息的地方，还是学生锻炼自我管理能力和社交的地方。

每个舍堂都有自己的传统和特色，有自己的管理委员会，还有下属的文化、运动、兴趣社团。比如，施德堂（Starr Hall）向来以"搏尽"出名，也就是鼓励拼搏，事事争先；大学堂（University Hall）则是唯一一座城堡舍堂，结合了都铎和哥特式建筑风格，被称为港大最美舍堂；何东夫人堂（Lady Ho Tung Hall）是港大唯一一间女生舍堂，保留了每年抢锣（Gong Fight）的传统。除此之外，许多舍堂都有自己的传统强队，如击剑、射箭、独木舟、桥牌等。舍堂会定期举办高桌晚宴（High Table Dinner），也会组织各种比赛和活动来丰富大家的生活。

就连舍堂里的每一层楼，都有自己的楼层文化和特色。比如，我所住的孙志新舍堂，每周固定时间，我们楼里的女孩子都会轮流煲楼汤，不论是本地生、内地生，还是国际生、交流生，都会在兼具客厅、餐厅厨房功能的 Pantry 里一起分享生活。

我之所以如此赘述，是因为很多人难以想象港大的生活。就连我父母也很难理解孩子只是住个校，怎么就有这么多活动，怎么就这么忙、这么累了。

对于我们内地生来说，只有第一年可以分配舍堂。到了第二年、第三年，如果对舍堂的贡献值不够、与楼友相处不融洽，又或者与舍堂文化不契合，就会被舍堂踢出去，只能自己租房子住。

我大一时压力很大，开学前参加舍堂的迎新营（Orientation Camp），开学后参加舍堂的文化管理委员会，参与管理兴趣社团、组织文化活动，舍堂运动会中代表楼层出赛，百米跑拿了第一。而我的室友更厉害，大二时做了舍堂历史上第一个内地生楼长。就这样，我们才挣够三年的贡献分，一直在舍堂里住到了毕业。

大家可以想象一下，当一个人一下子拥有了足够多可支配的时间，拥有了自由，又需要参加各种各样的活动时，他的生活会变成什么样。

我见过很多人生活因此变得一塌糊涂，每天忙于应付学业之余，还得抽出大块的时间参加舍堂活动。课业紧张时就熬夜，活动繁重时就连轴转。港大有句玩笑话："学业、社交和睡眠，你最多只能满足两个。"每天忙得脚不沾地还是把日子过得一团糟，这样的人太多了。

但我也见过有些人把自己的生活打理得很好，每天早睡早起，规律饮食、定期运动，把自己的学业、活动、生活都安排得游刃有余。大家都是一天 24 小时，差距到底在哪里呢？

我向来佩服自律的人，好奇之余我就仔细观察了人家的做事方式。我发现，保持规律的生活习惯，原来是那么轻松。

就比如说，很多同学总爱把衣服堆很久，堆到忍无可忍了再去洗衣房洗上半天，费时费力还无聊。甚至有同学干脆每个周末都带一行李箱衣服回家丢给父母洗。

但善于安排生活的人，是这么做的：每天洗完澡以后，一边敷着面膜一边洗内衣内裤，洗完后吹干头发就准备睡觉；衣服和裤子统一留到周五晚上洗。每周简单搭配，T 恤、套头衫、牛仔裤、运动裤轮换着穿。看起来每天穿的都不同，洗起来却没多少件。

洗衣服明明是一件小事，有的人却把它当成不得不做的任务，越是拖延越是厌烦。有的人把它当作生活中的一个环节，顺手做完，从来不留到第二天。

再比如说，我住的舍堂楼下就是体育馆，很多同学都想多运动。他们闲的时候就泡在体育馆里，一忙起来就看不到人影了。要是运动过头或者时间没安排好，就会影响听课的效率。有时候一天下来太累了，运动计划说翘就翘。结果一年到头，健身卡都吃灰了。

但是善于安排生活的人，是这么做的：

◎ 开学排课表、每周做规划的时候就把运动计划进去，养成固定习惯；

◎ 只选择早上的时间做运动，因为体育馆就在楼下，早上运动方便；

◎ 运动完后穿着运动服带上三明治，走路十分钟就到学校。

◎ 白天的时间在教室和图书馆中度过，晚上的时间留给舍堂活动和自己；

◎ 每个学期选课时，留出几个早晨把头两节课空出来，这样便会有足够的时间运动和休息；

◎ 每周做规划时会根据这周的任务量来调整重心，如果有项目需要赶，运动就减少一些；如果舍堂有活动要求，就参加球队训练来替代健身。总之，保持每周2~4个小时的运动量。

把运动纳入日常规划中还有一个好处：给自己紧迫感，运动的效率更高。每次走进健身房时都会想，今天只有40分钟锻炼时间，要抓紧时间多练几组器械。结合生活规划预留出足够的时间，才能在繁忙的学习生活中坚持运动，保持强健的身体和旺盛的心力。

Tips

> 上述就是日常生活流程化的思路。把每一个环节都串联起来思考，思考如何分配时间，如何调整节奏。在意志力旺盛的时候做困难的事，在疲惫的时候给自己补血充电。然后在这个基础上不断完善规划，并形成习惯。

形成习惯后，到什么点，做什么事，不需要过多思考和纠结，就可以自动自发地执行。村上春树说："当自律变成一种本能的习惯，你就会享受到它的快乐。"

把每个环节流程化，不断优化我们的学习、工作和生活，把痛苦的自律转变成习惯，我们的生活就会不知不觉地发生改变。

2.4.3 敲钉子：用好习惯代替坏习惯

习惯之所以强大，主要在于习惯是会自我巩固的。好习惯如此，坏习惯更是如此。所以当我们要改变习惯时，固定的生活方式就会像沉重的车轮，滚动前进时不觉得艰难，可要突然停下就有可能把人摔得一身泥。

畅销书《习惯的力量》中说："人们很容易高估某个决定性时刻的重要性，也很容易低估每天进行微小改进的价值。只要你愿意坚持下去，起初看似微小和不起眼的变化，会随着岁月的积累，复合成显著的结果。"

当我们有一个坏习惯时，直接中止它是很难的。但是我们可以培养一个新习惯来替代它。

Tips

> 这就好像杠杆的两端，刚开始时旧习惯的惯性大，那是因为支点远离旧习惯，所以我们要用很大的力气才能改变自己的行动。可随着一次又一次重复，我们不断地把支点移向旧习惯一侧，就能越来越轻松地用新习惯代替旧习惯了。

与其问为什么我们很难养成好习惯，不如换个角度问，什么样的行为才容易保持下去。比如说，融入生活习惯的行为更容易坚持。

想减肥的人如果只想着每天跳 15 分钟健身操，就很容易拖、拖、拖。但如果固定在晚饭后半小时锻炼，就容易养成习惯。

我们可以尝试不同的方法，但更重要的是在不断的尝试中寻找适合自己的节奏。

对于我来说，进入学习的状态是最难的。如果没开好头，我就无法沉浸在学习中，效率就会很低，所以我不喜欢频繁被打断。这就是为什么番茄工作法对我没用。因为只要我学进去了，最好的状态就会一直保持下去，直到我学不动。如果我在书桌上放一个闹钟，我可能会一直无法进入深度学习，只能在低难度的内容中徘徊。

第三章

提升技巧：
✗ 做自己的教练

3.1　建立关联：从无序到有序的底层能力

你有没有遇到过这种学霸：不论学什么知识，他们都能很快理解并吸收；不管什么科目，他们好像都能轻松拿高分。

真的是因为他们的智商比一般人更高吗？这还真不一定。

如果把我们已知的知识画成一个圆圈，圆圈外就是茫茫的未知。那么圆圈越大，就有越多的点会接触到未知，一方面，我们会越发感觉到自己的无知和好奇，另一方面，我们会有越多的机会扩大自己的知识面。

学习也一样，遵循强者愈强的马太效应：懂得越多，理解新概念就越容易；理解新概念越容易，就会越懂越多。这就要从我们理解事物的源头——大脑说起。

我们的大脑中遍布着神经元细胞，它们通过突触与彼此相接触，这就实现了信息的传递。

我们可以想象一下：听课时，我们大脑中的突触此起彼伏。吸收知识是大脑皮层的运动，就像烟花一样灿烂。灵感就像闪电一般，从一端的神经元传导到另一端。

这就是知识交汇时我们脑海中发生的神奇反应。如果我们没有及时将知识点消化吸收，那么这些爆发的突触就会迷失方向，彼此无法连接上，于是烟花很快就会消失在脑海中。

想象一个牙牙学语的孩子，他一无所知地来到这个世界，在一点一滴的探索中建立起了对这个世界的认知。

当他看到一个苹果，听到了许多陌生的单词："苹果""Apple""圆圆的""红红的""甜甜的"……但是每个词是什么含义呢？孩子不知道。

孩子看着苹果滚来滚去，妈妈在身边说，苹果圆圆的，孩子也许会把滚这个动作和"圆圆的"这个词联系在一起，以为圆圆的是一种动作，而非一种形状。

但随着孩子不断地尝试，苹果、橘子、梨子都是"圆圆的"，孩子就能把圆这种形状和"圆"这个词联系在一起，苹果、火龙果、西红柿都是"红红的"，孩子就能把红这种颜色和"红"这个词联系在一起。

这就是因为神经元细胞在一次又一次激活之后产生了联系，孩子就学到了不同词的含义。

但如果只在最初让孩子认识苹果时告诉他这叫"Apple"，平时聊天中却很少提起，孩子便无法在苹果和 Apple 之间画上等号。原本苹果和 Apple 之间微弱的联系也就慢慢消失了，孩子自然而然地就遗忘了。

> **Tips**
>
> 　　从脑科学的角度来说，什么是记忆？记忆就是紧密相连、稳固而持久的神经元细胞组合。什么是遗忘？遗忘就是无法依附在组织上、逐渐消亡的神经元个体。

所以，想要对抗遗忘的天性，我们就要遵循脑科学，找到合适的方法。

3.2　DIKW模型：搞懂什么是记忆？

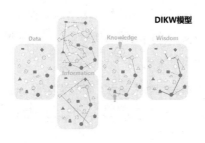

1. 数据（Data）

指事物原始、无序的呈现，没有经过筛选和加工的状态。

数据有着不同形式、不同内容、不同作用。就像上图中密密麻麻的小点就是未经过处理的原始数据，我们无法分辨其中哪些是有用的，哪些是紧急的，哪些是重要的，哪些是干扰的。

2. 信息（Information）

对数据进行初步加工和解读，根据一定的逻辑进行分类、归纳和总结，得到的便是信息。

就像上图中各种数据杂乱地挤在一起，有三角形、圆形、正方形……也有空心、实心、斜线，我们需要进行一定的加工，才能把不同类型的数据归纳到不同组别里。

从数据到信息的跨越，在于思考"What（是什么）"。通过提问Who、Where、When、Which等问题对纷杂无序的数据进行筛选和加工。

3. 知识（Knowledge）

对信息进一步加工，寻找其中的联系，从而得到知识。

我们找到了这样一条有效的通路：空心的正方形和空心的圆形存在联系，而圆形这一类别又将我们带到实心的圆形，与实心的梯形构成了联系。这样我们就在空心的正方形和实心的梯形之间建立了有效的联系。

从信息到知识的跨域，在于思考"How（如何使用）"。这些信息对我们而言具有什么意义，我们又该如何运用，只有通过寻找其中的联系才能找到答案。

就好比聪明的小狗会观察人类开灯的行为，认识到不同的开关是开不同房间的灯，这就是在某一个开关和某一个灯之间建立了联系。

4. 智慧（Wisdom）

掌握联系，知其然也知其所以然。光是创建从空心正方形到实心梯形的通路，还不够，我们还要了解这一条通路里每个节点会有什么样的变量，探究联系背后的每一个节点，原理是什么、运作机制是什么、影响是什么。

从知识到智慧的跨越，在于思考"Why（为什么）"。就好比小狗虽然知道打开开关房间会亮，但并不知道开关下的电路，更不能理解其中的电学原理。小狗虽然能学会开灯，但是若灯泡坏了，只有人才能判断是停电了还是灯泡坏了，才能修理。

当知识从混乱变得有序，形成牢固的体系，我们的记忆也会随之变得更加牢固。知识点各就各位，我们便能从任意一点进行发散，找到与它相关的知识点。再向上提升一个段位，通过知识体系我们可以快速纳入新的知识点，建立新的路径。通俗地说，就是学得更快，记得更牢。

举个例子，一组高中生找到我，请我指导他们做课题研究。他们选择的课题是"高中学生手机使用情况调查"，他们设计了一份调查问卷，并且收集到了 300 多份有效回答。

对问卷回答进行整理，就是对数据进行归纳分析，然后我们才能得到有效的信息：比如寄宿和走读的同学每周可支配的时间，不同性别的同学偏好的手机 App，工作日、周末和假期时的手机使用时间。

根据这些信息进行推导，同学们发现假期时某一类游戏 App 的使用时间会大幅增长，这就是从信息总结出规律，获得知识。分析从假期到游戏 App 之间的联系，我们发现：假期时学生在家对社交有很高的需求，而且有更多大块完整的可支配时间，所以很多学生会选择和朋友一起线上玩几盘游戏，放松之余满足社交需求。

这就是 Data-Information—Knowledge—Wisdom 逐步深入的过程。

很多人有这样一种刻板印象：理科靠理解，文科靠背诵。

所以文理分科时，很多同学选择理科，希望逃避辛苦的背诵。但其实无论是文科还是理科，记忆都是学习中非常基础的一环。文科生要记朝代时间表，理科生要记各种物质的密度。可以这么说，只有扎实的记忆基础才能让人快速理解新知识，全面建立体系，提高运用效率。

培根曾说："All knowledge is but remembrance.（一切知识不过是记忆。）"

Tips

很多人以为钱锺书博览群书，是因为他记忆力超群，过目不忘。但是杨绛却说："他只是好读书，肯下功夫，不仅读，还做笔记；不仅读一遍两遍，还会读三遍四遍，笔记上不断地填补。所以他读的书不仅很多，也不易遗忘。"

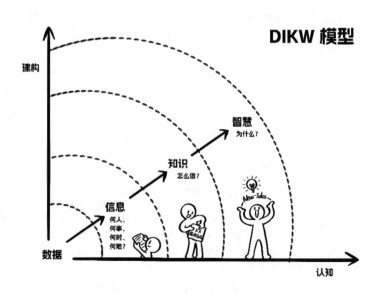

这让我想起关于迪士尼的经典案例。世界建筑大师格罗培斯曾为迪士尼乐园的路线而大伤脑筋。他设计了不下 50 版方案，却没有一版能让他满意。

在接到催促的电话后，他突发奇想，给施工部发了电报："撒下草籽，提前开放。"

很快，园区里长出了大片大片绿油油的草坪，覆盖了原本的空地。

在迪士尼提前开放的半年里，草地被游客们踩出了许多小路。

第二年，格罗培斯让人在踩出的小路上铺上了人行道。这样的人行道，有宽有窄，线条优美。更巧妙的是，根据游客的喜好用主、辅路连接了不同的地点，兼顾了实用性和美观性。

1971 年，在伦敦国际园林建筑艺术研讨会上，迪士尼乐园的路径设计被评为世界最佳设计。试想一下，如果建筑师不进行测试，他怎会得知游客们对游乐设施的偏好和游览的顺序呢？如果无法获知，又如何安排游乐设施和功能设施之间的路径呢？

Tips

茂盛草地中反复踩踏出的路径，就是我们不断重复思考并且凝练的过程。当我们终于为脑海中广博的知识点建立起繁复的路径时，我们自然会知道每一个知识点的来路和去处。

从数据层面到信息层面，再从知识层面到智慧层面，每一层都比上一层凝聚了更多的思考，因此更加凝练地揭示了事物运作的机制。只有拥有最高层的智慧，我们才能借由事物客观规律解决问题，甚至预测问题。

从脑神经科学的角度来看，这种运作方式非常像我们大脑构建联系的方式。脑神经产生并传导一次脉冲，并不会持续，就像我们每次学新概念时，翻开书条条都眼熟，合上书又难以准确地记忆。只有在脑回路中持续地、反复地强化，才能形成新的思维回路。这一条新的思维回路，就像我们在茂盛的草地中反复踩踏出的捷径，可以带领我们快速定位到知识点。

在一些悬疑电影里，特工虽然失去了记忆，但依然保持着特工的能力和敏感度。仔细想想，他所学到的技巧、受过的训练、参加过的战斗，都随着失忆而烟消云散，但为什么他依旧能敏锐地反侦察、熟练运用武器、果断进入战斗呢？

因为这些操作已经在长期重复的训练之后，成了特工的本能，他可以借此快速判断状况。这些知识和技巧形成了更短的思维回路，并且脱离了记忆单独存在。

这种思维方式锻炼久了，你还会死记硬背套模板吗？高考的考查方式越来越灵活了，常规题会埋陷阱，创新题会用新概念。

考试时遇到老师没分析过的题目，很多人就不知道该从哪儿下手了。但有了扎实的知识体系，大家马上就可以定位到相关的知识点。举例如下。

◎ 北京为什么能成为"双奥之城"？其他同学还在搜肠刮肚的时候，你脑海已经浮现出了大框架：地理位置、地形地势、气候、人文……而当题目巧妙地换了一种提问方式：为什么只有北京能成为独一无二的"双奥之城"？其他同学意识不到其中的思维陷阱，而你已经用逆向思维开始倒推了。你会意识到这个问题的狡猾之处，"北京为什么能成为"，考查的是成为双奥之城的条件，"为什么只有北京能成为"，除了必要条件之外，还考查了如何排除其他城市举办双奥的可能性。

◎ 捕捞阿拉斯加帝王蟹的技巧是什么？其他同学还在回想阿拉斯加的地理位置时，而你已经精确定位到了题目的考点：与世界四大渔场的成因一样，都是结合风带、洋流和地形等因素综合考查。

◎ 通过一部小说中的环境描写来判断当地的地理位置和气候。其他同学还在字里行间寻找关键词时，你已经在脑海中的数据库里与不同地区的气候、土壤、植被、水文、地形一一进行对比了。

我印象很深的是 2020 年地理全国一卷的考题，36 题考察葡萄的种植特点，37 题考玄武岩。这两道题一出，我都可以想到考场上哀鸿遍野的惨状。

36.阅读图文材料，完成下列要求。

葡萄喜光，耐旱。下图为某坡度较大的地方采用顺坡垄方式种植葡萄的景观。该地位于52°N附近，气候湿润。

(1) 当地采用顺坡垄种植葡萄，据此分析该地区的降水特点。
(2) 指出该地种植葡萄宜选择的坡向，并分析与梯田相比，顺坡垄利用光照的优势。
(3) 说明温带半干旱地区坡地耕作不宜采用顺坡垄的理由。

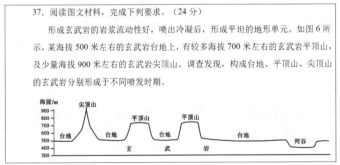

37. 阅读图文材料，完成下列要求。（24 分）

形成玄武岩的岩浆流动性好，喷出冷凝后，形成平坦的地形单元。如图 6 所示，某海拔 500 米左右的玄武岩台地上，有较多海拔 700 米左右的玄武岩平顶山，及少量海拔 900 米左右的玄武岩尖顶山。调查发现，构成台地、平顶山、尖顶山的玄武岩分别形成于不同喷发时期。

题目中的"顺坡垄"和"平顶山""尖顶山"都是学生从来没接触过的概念。36 题中第一小问考查当地的降水特点，就已经让人两眼一黑了。

这类题目首先考查的是学生精准提取信息的能力，从关键词去挖掘背后的含义，然后考查的才是逆向的思维方式。

为什么这么说呢？如果学生掌握一定的农业常识，就会意识到顺坡垄容易导致水土流失，而且不易灌溉。这样在一定程度上就可以从顺坡垄推导出当地的降水特点：降水频率高，强度小，且季节分配较均匀。

可是，大部分同学没有机会仔细观察种田，更别说在考场上一下子把顺坡垄和灌溉方式联想起来。甚至有同学问我，顺坡垄是不是特别方便灌溉？只要站在高处向下浇水，水自然沿着垄向下流，岂不是省时省力？这么想就完全想岔了。完全没有农业常识的同学，就有可能把垄和沟混淆，以为垄是用于灌溉的。

除此之外，还有一种思路可以破解。往常老师教的模板，是从地理位置、地形等因素推导到气候。而学生只能凭借题干中的两个条件：52° N 和气候湿润，反向推导对应的气候区域，可能只有温带海洋性气候和温带季风气候。但这两种气候的降水特点差异很大，特别是降水量的季节分布。我们再结合顺坡垄的特点进行思考，就可以排除温带季风气候了。

这就好像解数学题，根据有限的信息来反推公式的应用条件。

这两种思路，其实是可以互相印证的。因为农业生产一定要因地制宜，适应当地的地理环境，才能获得良好的收成。顺坡垄一定是适合当地气候特点的农业生产方式。

Tips

> 引入新概念，就是新瓶装旧酒。只要基本功扎实、思维方式灵活，就能破解这道题。

老师教导的模板，并不是一套需要死记硬背的范式，而是给了我们一种思考框架，告诉我们从哪些角度切入思考而不至于遗漏和误判。

运用 DIKW 模型分析，如果只是单纯地套用模板，就只是停留在僵硬的 Knowledge 层面，只知道死记硬背各个地区的地形和气候特点，是无法从有限的条件里推导出正确答案的。听老师讲解了顺坡垄、横坡垄，以为掌握了知识点，可下次题目如果考查古代灌溉工具、水利工程、燕麦高粱的生长环境……就又认不出新"马甲"了。

而运用模板去思考，则会更进一步打通知识点之间的联系，知其然也知其所以然，到达 Wisdom 层面。于是我们可以把握题目信息与设问之间的逻辑规律，摸准了考点，才能有的放矢，精准作答。

解读近几年的高考题，我们会发现一种趋势，就是出题者越来越注重全面考查的方式了。不光是考查知识点本身，更多地会结合复杂的情景、引入新的概念，综合性地考查学生的能力。

2023 年教育部出了高考蓝皮书，其中总结了高考命题的四个重大变化，分别如下。

（1）语文阅读包括学术、科普、政论等 7 种文体。

（2）数学的出题方式将加入复杂的情景，重点强调对数学思维方法的考查。

（3）英语关于传统文化的词汇量，考查力度越来越大。

（4）物理、化学将进一步考查学生的深度思维和探究意识。

对比近几年的高考题，以上趋势越来越明显。观察现象，解读数据，联系概念，总结规律，如果能掌握 DIKW 思维模型，将有助于我们迎接新的挑战。

DIKW 模型对于我们学习有什么启发呢？

1. 基础扎实很重要

很多同学学习时只注重结论，不注重论证的过程。典型的做法就是读书时死记硬背，做题时背模板、套公式。做理科大题时先把公式一列，就把数字代入进去哐哐一顿算。做文科大题时，不管三七二十一，就把相关知识点抄上去，密密麻麻一大堆，得分的点一个没有。

这就是只注重知识层面的吸收，忽略了数据和信息这两个层面。不了解信息的搜集和加工，不懂得归纳和总结，就无法从逻辑上自行推演并得到结论，这就是基础不扎实的表现。各个关节没有打通，自然无法上升到智慧层面，更别提举一反三了。

这样读书最大的特点就是"死板"，一遇到拐弯抹角的题目，就不知道变通了。比如，历史题不直接考某一个知识点，而是通过大段的历史材料要求对比和论证；数学题，若只有两个未知数，套公式就可以解出来，若变成了三个未知数，就不知道用同样的逻辑推导出结论了；地理题，分析北京为什么能成为"双奥之城"，脑子转不过弯来，说了气候忘了地形，说了自然地理忘了人文地理，知识点背了也白背。

2. 打通节点的前提是足够的记忆和积累

老师常说的"开窍"是什么意思呢？在我看来，就是把知识节点打通，从而建立起知识体系。

若没有足够的积累，对知识点的理解就会仅停留在表面的、单一的一件事上。比如，可以理解从 A 到 B，也可以理解从 α 到 β，但是因为缺乏联系，就无法实现 A、B 到 α、β 之间的跨越。

而入门的人，就可以将 A、B 之间的联系，通过逻辑推演，套用在 α、β 上，甚至可以从 β 清晰地追溯到 A 上。

开窍的前提就是大量的记忆和积累。若没有大量的信息数据做支持，我们就无法融会贯通。

比如说，小朋友启蒙时都要背诗。很多时候孩子并不知道诗里每一个字是什么意思，先摇头晃脑背了再说。等年纪大了有足够的领悟能力了，才能体会诗中真意。那么是不是小时候背诗就没有意义呢？并不是。恰恰是因为小时候的死记硬背让孩子有了足够的积累，让孩子感受到了音韵的美好，才为孩子打开了一扇窥见另一番天地的窗子。

再比如说，我英语启蒙晚，小学时期很多同学会上剑桥英语，但是我只上了基础课程。一上初中英语便落后了别人一大截。

那时候我就学《新概念英语》，觉得很难，学起来特别生涩，和教科书上中国人写的课文完全不一样。因为课文中的语言是非常地道的用法，还有一点含蓄、微妙的英式幽默在里面。

我只能埋头学，没什么技巧，就是学了背、背了学，反复背诵之下，词汇、语法、发音，就这么一点一点被消化了。

到了初一下半学期，第二册学到一半，我的英语成绩就噌地一下上去了。第二册学完直接进入第三册，应该是初三，那时候我已经是年级里英语最好的几个人之一了。

高中入学前我找了张高考英语卷子做，拿了 126 分。我印象特别深刻的是完形填空，我虽然不懂具体的语法和词性，但大致意思都能理解，只错了一道虚拟语气题。

高中时，我仍是第三册《新概念英语》反复读反复背，高二时我还代表学校去省里参加了英语比赛。

可以这么说，英语不仅是我的优势科目，更是我的强势科目。我高三时完全可以在英语上放松下来，节约出时间留给其他科目。而英语最初能入门，就是靠着大量的背诵和记忆。

厚积薄发，没有捷径。

Tips

　　所有的科目都是如此。入门前，我们会举步维艰，庞杂的内容让人望而生畏。一旦入门，我们就会突飞猛进，实现从量变到质变。

3. 新知识点要融入知识体系中，才能快速理解，长期记忆

如果我们已经全面建立了知识体系，每一条联系都逻辑严谨，每一个节点都找到了正确的位置，那么这时候我们再接收到新的信息，就可以轻松地将之分类、归纳，并融到体系中。

但如果我们的知识体系原本就是一片混乱，对概念理解模糊，各知识点之间联系松散，那么这时候我们再接收到新信息，也只是在千头万绪中增加一团乱麻。

为什么有的人越懂越多，越多越懂，而有的人却贪多嚼不烂，原因就在这里。

同样是上课，同样是听老师灌输的知识，一个人是在原有的知识体系里融入新信息，而另一个人是带着新信息建立体系，效果自然是天壤之别。

这就告诉我们，如果不打下扎实的基础，不在课前课后做好预习复习工作，我们的记忆是无法长久的。因为这些记忆只是短时的，就像记下一个电话号码，拨打完之后就会忘在脑后。

很多同学比较有悟性，遇到难题一点就透，于是看不上别人勤奋苦读。但是一时的灵感和顿悟会转瞬即逝，而没有消化吸收的内容却会越积越多，直到仓促搭建的知识体系轰然倒塌，这时才反应过来，但已经落后别人一大截。

为什么有的同学小学、初中时成绩好，一到高中成绩就会直往下滑？

因为小学、初中时期的知识点少，光靠记性就能考出好成绩。一到高中，节奏加快，难度增加，若还停留在以前的习惯，一味背书，就只会把书越读越死。而且，只背不理解，知识点之间无法产生联系，没有建立体系，只会背得越多越混乱。

4. 在适当的时候做适当的尝试

每个人的理解能力不同，接收信息、处理信息的速度也不同，因此没有必要盯着别人徒增自己的焦虑，否则只会忽略自己的成长。

青少年时期是一个迫切追求定义自我的时期，体现在"对父母的叛逆"和"对同龄人的认可"。由此而来，青少年会经历比成年人更严重的同伴压力。

比如说，很多同学玩游戏上瘾，特别是玩《王者荣耀》《绝地求生》这类游戏。这些游戏有什么共性呢？它们都是社交游戏。有的同学一开始玩是因为，不玩这个游戏就没有共同话题和同学讨论，不玩这个游戏就会被其他人孤立，这其实都是为了获得同龄人的认同，是在同伴压力下做出的尝试。

学习中的同伴压力也是如此。刚进高中时，寝室里的同学熄灯后在被窝里打手电筒，看书看到深夜；有的同学买了本《五年高考三年模拟》摆在桌上；有的同学半夜说梦话，背的是《新概念英语》……如果是你，你会怎么办呢？会不会焦虑，会不会在从众心理的影响下一起卷起来？

保持清醒的认知，本来就是一件很难的事，而面对同龄人带来的压迫感，把握住自己的节奏更是难上加难。

但是通过 DIKW 模型，我们知道知识体系的建立不是一蹴而就的。从数据到信息层面的升级，需要我们翻阅大量案例，整合大量信息进行归纳总结。从信息到知识层面的升级，需要我们不断优化逻辑和表述，才能得到凝练的结论。从知识到智慧层面的升级，要求我们知其然更知其所以然。

很多同学心急，是因为只看到老师讲述的知识点。没有足够的积累、思考、消化和总结，就会迟迟停滞在知识点上，再难寸进。所以，回归基础，才能扎实提升，放平心态，才能对抗焦虑。

> **Tips**
>
> 　　把投给他人的目光收回来，将注意力放在自己掌握的知识上，这样才能减轻焦虑，切切实实地掌握知识。

3.3　费曼学习法：教是最好的学

　　被动学习，就是输入的过程：课上老师讲解知识，我们听得连连点头，可到了做题时，我们又会卡壳。

　　主动学习，就是输出的过程：在实践中运用知识，在反馈中验证理解，这样才能理解得更深刻。

　　政治课上说，实践是检验真理的唯一标准。放在学习中，实践是判断学生对知识掌握程度的唯一标准。只有实践，我们才能知道自己是真正掌握了一个知识点，还是似懂非懂，抑或是不懂装懂。

　　只有实践，才能实现知行合一。主动学习有一门成熟的方法论，就是费曼学习法。

　　美国哲学家莫蒂默·阿德勒有这么一句话："The person who says he knows what he thinks but cannot express it, usually does not know what he thinks.（那些说自己知道自己在想什么却无法表达的人，往往并不知道自己在想什么。）"换言之，只有明确说明自己的想法，才意味着真正地了解。

　　费曼学习法的创始人理查德·费曼博士，是 1965 年量子电动力学诺贝尔奖获得者，而且他的造诣和影响力并不仅限于物理领域。

　　作为一个物理学家和教育家，他也被称为"伟大的解释者"，因为他总是能用极其简单易懂的方式解释科学中复杂的概念，即使没有专业背景的人也能理解。

他认为，如果一个人不能用简单的语言解释一件事或一个概念，那么他就没有完全理解它。

费曼学习法几乎适用于任何学科、任何概念。对于学生而言，在老师讲授概念时可以运用费曼学习法来加深对概念的理解和记忆，而非死记硬背或者题海战术。

费曼学习法的运用方法如下。

第一步：选择主题，并且写下我们的理解。

很多同学只选择主题，却忽略了要写下自己此刻的理解。其实和终点一样，起点也很重要。我们要明确自己最初的理解，这样才能在之后的反复锤炼中消除模糊。

第二步：抹掉术语，假装向人解释这个概念。

用直白、通俗、简单的语言解释这个概念，对象可以是玩偶、想象中的一个小学生，或者是我们的爷爷奶奶。关键在于，对象要没有足够的知识背景，这样才能促使我们尽量用简单的词汇阐释清楚。

第三步：卡住时回归概念重新理解。

遇到我们难以表述的地方，或者不得不用术语，抑或是难以将重要概念联系起来时，我们就要回归起点，进行针对性复习，从而填补知识漏洞。

第四步：重新解释直至通顺，简化语言直至凝练。

将知识点用简单的语言串联起来，表述简化、条理化。如果我们有能力将知识清晰地传播给另一个人，就能验证我们掌握的程度。

把握四个关键词：概念（Concept）、教导（Teach）、回顾（Review）、简化（Simplify）。

试试用费曼学习法，解释世界四大渔场的成因、光合作用的机制、英语的过去时态，或者任何一个你感兴趣的话题，你会发现：

◎ 举例和比喻可以帮助我们更深层次地理解知识，并且打通已知的内容，建立知识体系。

◎ 黑洞是光无法逃逸的地方，它客观存在，却很难被感知。认知也是如此。如果我们误解了一个概念，或者遗漏了一些条件，我们是很难意识到的。这些不是空白，不是黑点，而是认知的黑洞。而解释概念就是一种简单、有效的自查手段，边测边学，可以帮助我们迅速定位自己的局限。

◎ 概念模糊、不求甚解、囫囵吞枣等常见的学习障碍，可以通过费曼学习法来破除。所谓知识的幻觉，就是当我们停留在一个事物的名字上时就以为自己已经掌握了这个事物。用术语解释概念，就容易陷入知识的幻觉中。我们可以试着解释一个概念，但是不用书本上的术语，用自己的语言来组织表达。如果你发现自己只能依赖某个术语才能解释清楚，就说明对这个术语的概念并没有吃透。

◎ 越是凝练，越有价值。当我们刚接触一个新概念时，简洁的定义或许会让我们一时手足无措。我们需要将这个概念放在不同情景下反复验证。当我们试图解释概念时，我们一开始会陷在各种前提和术语里，只能给出复杂的解释。只有通过反复锤炼，我们才能用自己的话语说出凝练的语言。

最后需要强调，听明白不是真的明白，说明白才是真的明白。

我工作时经常要帮客户解决问题。一个常见的问题就是客户将银行账户和保险公司绑定之后，就默认为保费会自动扣款，因此在扣款失败后就会恼火。这种乌龙往往是因为客户没有太多金融概念，不了解金融机构之间的运作，所以我不能用复杂的术语把客户绕晕了。那么我要怎么解释才能让他们理解问题症结呢？

我是这么说的。

银行和保险公司是两家机构，就好像咱们两家是邻居，虽然感情很好，但是毕竟不是同一家人。

如果今天我做饭少了瓶醋，我可以直接闯进你家翻冰箱，拿了东西就走吗？当然不行啦。正确的做法是，我要到你家门口敲门，问你能不能借点醋，然后等你拿给我，这才符合邻居间的礼节。

那么银行和保险公司也是一样的。有了绑定协议，并不意味着银行直接就会把账户里的钱全部划进保险公司了。而是说，绑定协议规定了两家机构的操作流程。保险公司在月初时去银行敲门，询问能不能把钱给我交保费，这就是保险公司向银行发送扣款的指令。那么银行打开钱柜一看发现有钱，于是就答应了保险公司的请求，把钱拿给保险公司。但如果银行发现钱不够了，就会告诉保险公司，自动扣款的申请失败。保险公司就说："哦，那好吧，那我等半个月后再过来敲门。"

所以我们想一想，会有哪些情况导致扣款失败呢？比如我们存钱的时候存错了，该存港币结果存了美元，该存储蓄账户结果存了支票账户。那么银行打开冰箱一看，没有醋只有酱油，银行也不会擅自把酱油拿给保险公司抵醋呀。

再比如，我们没有记清楚时间，保险公司都走了才把钱存进银行，或者没算好信用卡还款时间，那么银行自然也认为自动扣款的申请失败了。

所以，当我们理解了绑定协议的运作方式之后，就好判断问题出在哪里了。

我用打比方来解释，完全不了解金融的客户也充分能理解这个概念，恼火的情绪一下子就能消弭殆尽。以后再遇到类似的问题，客户自己也知道怎么处理了。

3.4 知识留存：学习金字塔的宝贵经验

"学习金字塔"这一概念来自美国学者埃德加·戴尔，其核心就是，主动地学习比被动地学习更有效。

他在 *Audio-Visual Methods in Teaching* 一书中提出了"经验之塔"这一概念，将不同的学习行为做了排列。他认为，学习行为越抽象，学习效果越差；反之，效果就越好。

美国缅因州的国家训练实验室进行了实验，引入了知识留存（Retention）这一概念，得到了更加直观的结果。

学生通过不同方式学习，检测两周后的学习结果，情况如下。

听讲只能记住学习内容的5%，阅读能够记住10%，视听结合能够记住20%，看影像、看展览、看演示、现场观摩能够记住30%，参与讨论、发言能够记住50%，学习之后立刻运用能够记住70%，做报告、教授他人能够记住90%。

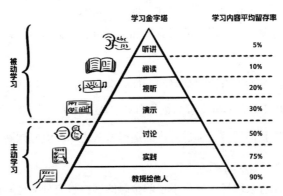

传统的学习方式，如听讲、阅读、视听、演示，都属于被动学习，保留率都在30%以下。而讨论、实践、教授他人，则属于主动学习，保留率

都在 50% 以上。

在中小学，学习节奏紧凑、教师资源少、教育理念传统等种种因素导致我们的学生习惯于被动学习，所以常常有人戏称我们是填鸭式教育。平时学生坐在教室里，常用的学习方式就是视听结合：一边看幻灯片，一边听老师讲课。老师通常会直接灌输理论，很少给同学留出足够多的时间进行探索和思考。如果按照学习金字塔中的数据，两周之后知识的保留率只在 30%。

> **Tips**
>
> 从被动学习到主动学习的跨越是巨大的，这不仅要求学习方法要转变，也是对心态的巨大考验。我就深刻地体会过这一点。

香港大学的本科过去是三年制，那时对内地同学有委培制度的要求，在正式入读港大之前需要先在内地一所大学读一年。北大、清华、复旦、浙大、交大，一共五所委培学校，我读的是复旦。

高考后的这一年，我沉浸在复旦"自由而无用"的氛围里，过得特别自在。

复旦的这一年，学习以上课、看书、做题、考试为主，只有一门英语课需要我独立做专题演示，一门宏观经济学需要我组队做小组汇报。学习方式与高中并无太大差距，只需要加强自我管理，就能适应大学生活。

而且从评分体系来说，演示和汇报的比重很低，成绩的大头落在期中、期末两次考试上。可想而知，同学们不会对演示汇报这类环节有足够高的重视。因此平时轻松，期末压力爆炸就是常态了。

而到了港大之后，我立刻就被当头一棒打蒙了。

港大的每一门课，都要学生自行组队，与组员一起讨论做大大小小的项目。

就以投资学和组合分析一课来说，每周除了完成常规作业，有两个大项目我需要和三个同学组队，调查报告、研究数据、建立模型、调试结果、论证结论、撰写报告、演示成果……每一个环节都需要大量的讨论、分工和合作。

港大的学习节奏，从开学到考试一直是紧绷的。开学头两周，同学们还在紧张地试听课程、选课、排课，第三周就要组队讨论选题方向了。第四周确定选题、规划项目，第五周分头研究材料和数据，第六周汇总讨论、调整细节，第七周撰写报告，第八周项目演示。好不容易忙完项目，眼睛一闭一睁就是期中了。期中结束喘口气，各门课再来一轮项目，就是期末了。

每门课都如此，除了应接不暇的项目，每周还有常规作业要赶。

港大学生的日常，就是追赶一个又一个项目，在一个又一个死线边缘反复试探。图书馆里有 24 小时的自习室，里面常常坐着一群焦头烂额的学生。

这样的学制就对学生提出了很高的要求。

◎ 沟通能力要强。因为队友可能来自任何一个国家。我和德国同学组过队，浓重的口音大大降低了我们的交流效率。但语言关还不是最难的，怕的是组上不靠谱的队友，一到开会就失踪，很令人头大。

◎ 领导能力要强。项目中反复拉锯、争论是司空见惯的，互相推诿、甩锅也是屡见不鲜的。如何团结起一个团队并向着同一个目标前进，也让我们这些习惯于埋头读书的人不知所措。

◎ 管理能力要强。要在诸多项目里反复横跳，就必须具备高超的时间管理能力和自我管理能力。港大有句老话：睡眠、学习和社交，你只能拥有两个。

◎ 演示能力要强。商科课程尤其重视演示，在短短几分钟内要把自己所学的知识全部展示出来，背后凝聚的是许多不眠的夜晚。

除上述困难外，港大的评分考核体系也是错综复杂的：考核花样之多、次数之频繁，也是我在复旦时难以想象的。

考核包括很多类：考试（Exam）、作业（Assignment）、课题项目（Project）、演讲展示（Presentation）、论文（Essay）、研究（Research）、参与度（Participation）。

就以考试为例，除了期中、期末两大考，随堂测试（Quiz）、章节抽考、开卷考等都会计入总分。教授布置的每一项任务都要慎重对待，因为成绩都会加权后被计算在总分里。

在这样的体系下，一学期从头到尾都得绷着弦。平时优哉游哉，想要靠着期末前临时突击拿个好成绩，在港大是不可能的。

从复旦到港大，我的学习生涯遭遇了巨大的落差，我第一次意识到原来自己方方面面都不堪一击。

与我有同样感受的人想必还有很多。曾经有同学以省状元的成绩考入港大，读了一年之后退学重新参加高考，再次以状元的成绩考入清华。个人的选择或许很复杂，但两地大学不同的学习模式，我想对于任何人来说都是一种考验。

进入社会后我才发现，那些让人咬牙切齿的任务是那么锻炼人。我能在月会上做即兴分享，能对着大老板侃侃而谈金融衍生品，能在临时接到任务时用一周末时间组建队伍，漂亮地完成一场活动，这些能力都是在港大期间培养的。

Tips

蜕变总是伴随着进退维艰和自我否定的痛苦，但我们会在不知不觉间脱胎换骨。

回看过去，我越发觉得港大的教学模式，就是将人从被动学习的模式中直接拽进主动学习的模式中。通过不断地输出来逼迫学生自己寻找答案，验证理解。

我的经历，只是中西方不同的高等教育模式的小小缩影。在教育资源有限的情况下，我国只能通过被动教育来提高知识的普及率。但作为学生，我们应该寻找更高效的学习手段，勇敢跨越到主动学习的行列。

3.5 主动学习：让你提高效率的4种方法

初高中阶段虽然学习紧张，课程作业压力重，但还有以下4种主动学习的方法可以借鉴。

1. 以积极的眼光看待同学之间的交流和竞争

有些同学可能会有藏私的想法，觉得给同学解答问题、交流学习方法，不仅耽误自己的时间，还培养了竞争对手。但其实没有人是科科全能的，你来我往才能互相弥补弱势科目。总是害怕别人偷学自己的招式，处处保留、时时介意，到最后反而是自己闭门造车。

在争辩解答的过程中，道理越辩越明，我们就能更深刻地理解概念、加强记忆。用简洁明了的话语将别人教会，就是在加强我们对概念的理解；能发现别人的症结，带领别人走出误区，就是在培养我们换位思考的能力；和同伴一起头脑风暴，就是在锻炼我们的发散思维。

更不用说，同学间的友谊也能支撑我们一起面对压力，相互扶持着走下去。

与同学的良性交流、竞争，一定是利大于弊的。我们终将汇入大河大海，中考和高考要和全市、全省乃至全国的学生竞争，进入社会后更要和不同背景的人竞争，没有必要纠结于小池塘里的竞争。

2. 灵活利用时间，运用费曼学习法输出

很多同学会利用碎片时间背单词、背公式，但记忆是需要专注的。排队等车之类的碎片时间，我们很难全心投入进去，因此记忆的效果并不一定好。

很多同学会在睡前复盘当天的学习情况，并安排第二天的学习任务。每天做学习总结是很好的习惯，但不一定适合所有人。有些人会因为没有达到目标而对自己过分苛责，总是带着焦虑入睡；也有些人会越想越亢奋，导致失眠。

对此，我们可以针对自己的情况适当进行调整。每天学习一直处于输入的状态，就可以专门找时间进行输出。比如，用上一节我们说过的费曼学习法，把当天学到的知识教授给想象中的人物，从而巩固理解，加深记忆。

3. 为知识寻找运用场景

所有的知识，包括公式、概念、数据、结论……都无法脱离运用而单独存在。

如果受客观条件限制，我们没办法通过实践来主动学习，我们就可以为知识寻找运用场景，用生动的细节加深记忆，用故事串联起知识点，从而构筑知识体系。

就像罗翔，他并不是枯燥地讲解法律知识，而是通过一个个"法外狂徒张三"的故事，将法律概念串联了起来，让学习充满趣味性和思考性。

这也是为什么，他的科普可以冲破狭窄的学术圈子，吸引普罗大众来学习深奥晦涩的法律的原因。

再举个例子，我第一次参加政协会议的时候，听政府工作报告听得实在是头昏脑涨。这类报告中的每句话都用简洁的词语交代了密集的信息量，加上很多概念我不熟悉，所以听起来很累。

后来我再听报告时，我就想象了这么一个场景：开完会回家的路上我遇到了我们市政府的领导，领导问我："好雨啊，今天听完报告后你有什么感受吗？"我总不能回答领导说"政府工作做得太牛了"，总得说点心得体会出来吧。

我就只能逼着自己在字里行间找亮点。比如，看到跟自己家乡相关的成绩时就将其画出来；看到跟自己行业相关的政策、不熟悉的概念，如"地瓜经济"也画出来。再如，世界互联网大会有什么新进展，搜一搜。就这样，两个小时的报告听下来，不但不觉得累，还大有收获。

我常用的为知识寻找运用场景的方法是想象自己穿越到了过去。

如果我恰好穿越到大航海时代的荷兰，想通过出海贸易白手起家，就必须熟悉全世界的洋流和风带，这样我才能计算出合理的航线和适宜的季节。我要根据太阳位置测算出纬度，通过时间判断经度，这是地理。我必须熟悉不同国家的政治体系和文化，以避免宗教压迫、政治斗争、殖民扩张等种种历史事件。当时西班牙还陷于通货膨胀，英国却已经亮起工业革命的曙光，作为"海上马车夫"的我该如何发展贸易呢？这就是历史。

有时我还要像鲁滨孙一样孤岛求生，有时我又要通过化学冶炼一展抱负。我在幻想的国度里纵横捭阖，将每一节课堂中学到的知识点穿插于勾人心弦的剧情里。

4. 尝试不同的学习形式

很多学校有学习小组、兴趣社团、英语角、读书会等多种学习形式。

比如，我在高中时外教组织了英语角，还有兴趣社组织的张爱玲读书会，复旦有红楼梦社团等，港大有中华文化社等种种社团。

有组织、有章程的活动可以极大程度地提高我们的学习效率，不论是讨论、演示还是教授他人，都是通过输出的方式进行主动学习。另外，基于同样的兴趣与同学探讨，还能收获一帮志同道合的好友。

填鸭式的学习会让人失去探索的乐趣，而养成预习的好习惯，课前留出时间过一遍课本，记录下难以理解的知识点才是更为正确的选择。思考之后再上课，这样才能在老师讲授结论时获得启发，而非被动地接受结论。

在教别人的时候，我们能学到更多的东西。所以，我们不应该把自己局限在小天地里闭门造车，而是应该积极地与他人交流，在教授他人的同时收获成长和友谊。

3.6　1万小时定律：只注重数量不关心质量是不行的

很多同学都听说过"1万小时定律"。

作家格拉德威尔在《异类》一书中写道："人们眼中的天才之所以卓越，并非天资超人一等，而是付出了持续不断的努力。1万小时的锤炼是任何人从平凡变成世界级大师的必要条件。"

1万小时是什么概念呢？假设每天工作8小时，一周工作5天，那么成为这个领域的专家需要约5年时间。或者每天利用2小时休息时间练习，成为专家至少需要约20年时间。

这个概念广为人所知，因为它破解了成功的玄学，将看不见、摸不着的努力变成了可以量化的时间，让人觉得，只要自己投入足够多的时间，就也可以成为专家！

但是，只靠堆时间就能成为专家吗？当然不是！

比如说，一个人天天"煲"剧，对大热的美剧、韩剧如数家珍，但是他能因此成为电视剧行业中的翘楚吗？不太可能吧。

一个人没日没夜打游戏，投入了远远超过同龄人的时间，他就一定能成为电子竞技选手，或者游戏设计师、比赛解说吗？都不太可能。

有的人做了一辈子的菜，还是很难吃。有的人在岗位上干了一辈子，还是一事无成。同样投入了时间，差距在哪里？

1万小时定律只是成功的必要不充分条件。

在任何一个领域成功的大师，都积累了1万小时的努力。但不是任何一个花了1万小时的人都能成为大师。

Tips

作为消遣和作为专业去投入时间，结果是截然不同的。后者需要明确的目标，高度专注，重复练习。

低水平的重复只是磨洋工，因缺乏专注的时间而毫无价值。

一个人练琴时只是想着弹完一小时就可以吃饭了，另一个人练琴时想的却是"我这儿节奏快了半拍，指法还不够熟练"。日复一日，两个人的差距会越来越大。

一个人在锻炼时心里只想着太累了，坚持不下去了；另一个人却在感受肌肉发力的部位，寻找适合自己的节奏。你觉得谁更有可能减肥成功？自然是后者。

综上，为了让同样的时间发挥出最好的效果，我们必须克服干扰，全神贯注投入学习。

在一间光线充足的屋子里，我们虽对屋内陈设一览无余，却无法聚焦。而把所有光源都关掉，只打一盏聚光灯，我们就可以只专注于眼前的一事一物。专注力就像这盏聚光灯，能让我们目光和心思都集中于某一件事情上，如学习。下面我们讲解如何提升专注力。

3.6.1 排除干扰：手机是最大的干扰源

我读书的时候，常见的电子产品，初中时是录音机，高中时是 MP 3。每周末回家，都要从电脑上把英语的音频导到 MP 3 里，这样才有下周的英语学习材料。除英语音频，还会导入一些音乐。晚自习时戴着耳机边听音乐边做作业，还要防备神出鬼没的班主任没收"作案"工具。

那时手机还没有那么普及，但已经是家长严防死守的对象了。现在各类电子产品带来的信息过载和干扰，已经成为专注力的一大阻碍。

有一次我给初二一个班级的同学做分享，统计大家在学习中遇到的干扰。

95% 的同学提到了手机，换句话说，全班只有两个同学没有玩手机的困扰。我特地了解了一下，一位同学是年级前五名中的"常客"，非常自律，只在周末玩两个小时手机；另一位同学家教甚严，至今都没有手机，还在用小天才电话手表。

手机里的短视频、游戏、微信、动漫、小说等内容占据了大部分休息时间，更糟糕的是，触手可及的手机让我们难以进入专注的状态。写两行字就刷一下微博，写一张卷子总得听点音乐，这样的状态怎么能让人沉下心来投入学习？！

除了手机，还有很多很多干扰：电视上看不完的节目、电脑里大制作的游戏、家里过分可爱的宠物、一趟趟来给我们送水果的父母、窗外蝉鸣蛙叫、楼上孩童的玩闹、班里同学的聊天，风声雨声读书声，声声入耳，烦不胜烦。由此看来，我们处在嘈杂的环境中，想要摒除干扰专注学习，实在是难上加难。

我尤其需要提醒的，是那些我们没有意识到的干扰源。比如，有的同学情绪起伏大，课间和朋友拌了几句嘴，上课后还在复盘，越想越气。这就是容易受到情绪的干扰。

同龄人的压力一直都是青春期常见的压力来源。有的同学过于在意他人眼光，总会下意识比较，患得患失。这就是容易受到同伴的干扰。

有的同学观察力敏锐，生性也较为敏感，总是下意识地关注他人的情绪。别的同学听课时忙着做笔记，他们心里却在想："老师刚刚点我名回答问题，我没回答好，是不是因为我上次没考好老师对我有意见了？"父母说话语气重了一些，他们心里便会委屈。这就是容易受到社交的干扰。

有的同学在班里自习总是没有在家里自在，看到同学奋笔疾书就满心焦躁。有的同学恰恰相反，在写作业的沙沙声中能够静下心来看书，在家里安逸的环境里反而不能集中精力。这就是容易受到环境的干扰。

Tips

> 各种各样的干扰充斥在我们身边。我们只有保持足够的敏感度，才能意识到导致自己烦躁、焦虑、分神的干扰源，才能做出判断，是排除干扰源，还是通过刻意练习逐渐脱敏。

我让很多同学回想自己周末在家复习的状态，很多人觉得效率比较差，浪费一下午也看不进去几页书，只能回到学校后抓紧时间补作业。

我们会发现，在家学习状态差是有理由的：打开考卷写了两个字，端起水杯发现没水了，于是起身去烧水，给自己泡上一壶咖啡。在咖啡的香味中状态满满地回到座位上，决定一鼓作气完成作业，结果又拿起了手机……

就以学习中最大的困扰——手机来说，想要排除干扰源，主要有以下几种方法。

◎　处于学习和工作状态时，将手机设置为静音、免打扰模式或飞行模式；

◎　关闭一切不必要的App通知；

◎　对于微信，不要设置消息弹出，并且要设置群消息免打扰，只保留小圆点提示；

◎　把手机放到别的房间；

◎　戴上降噪耳机；

◎　设置社交媒体的使用时间；

◎　让家人、同学、同事知道你在专注学习或工作，不希望被打扰；

……

就我而言，我发现物理隔离是最有效的。眼不见心不烦，看不见自然想不到，这对于大脑而言是最节能的方式。

很多同学会借助 App 监督自己，比如，通过番茄钟进行时间管理，防止自己因控制不住而玩手机，以加强学习氛围。

现在已经有各式各样的专注力和任务管理工具，对此我的建议是，可以多多尝试，但不要依赖某一种手段。因为这些 App 实际上还是要通过手机才能操作，做事时多了点开 App 进行设置的步骤。这样一来，一方面是打断了我们的状态，另一方面是增加了我们接触手机的机会。若是没有自制力的人，捧起手机就放不下来了。最好是直接切割，整个儿排除手机这个干扰源，这才是釜底抽薪的好办法。

Tips

> 让一切学习回归原始状态。有的人一张纸一支笔一样可以专心复习，有的人满桌子花哨的文具也不见得能坐定半小时。关键不在于手里的工具，而在于使用工具的人。

拿我来说，我的工作环境并不理想。公司大部分工作都要求无纸化办公，与秘书、团队成员和各部门之间的沟通要在不同渠道切换，还需要及时回应客户的需求，所以我尝试过很多工具。

如果是为了方便，那么这些工具是极其有效的。比如，语音转文字功能，可以让我在嘈杂的环境里慢条斯理地回应客户；云笔记可以让我在手机、电脑、平板等不同输入端无缝切换，快速记录课程和会议重点。

但如果是为了提升能力，这些工具的优点就都会变成缺点。比如，语音转文字功能无法梳理我混乱的思路，云笔记固定的格式不能让我随意发挥联想。

但在最原始的纸笔上，这些缺点就都不复存在了。心随意转，笔随心走。我的笔轻轻巧巧就能捕捉我所有飘忽的思绪，纸上的草稿经过反复推敲就变成大纲，扩充大纲成为正文，我能在字里行间看到每一句话的思路。

可以这么说，我真正的产出都是在纸上完成的。同样一篇文章，手写创作大纲，只需要花费运用电脑创作时的一半时间。不论是总结案例经验、给团队讲课，还是代表公司为参加比赛做准备，我最信赖的伙伴就是手中的纸和笔。

屏蔽的能力和专注的能力，既截然不同，又是一体两面。

3.6.2 两列清单法：巴菲特重要的成功秘诀

从更广的角度来说，明确边界的意义远超我们的认知。每个人的时间和精力都是有限的，所以明确"坚持不做什么"比"坚持做什么"更重要。

就以投资家沃伦·巴菲特来说，他把自己的成功归结于"专注"。

在巴菲特的官方传记《滚雪球：巴菲特和他的财富人生》中，作者艾丽斯·施罗德如此说道："他除了关注商业活动，几乎对其他一切艺术、文学、科学、旅行、建筑等都充耳不闻——因此他能够专心致志地追寻自己的激情。"

关于巴菲特，有一个更广为人知的故事。

迈克·弗林特（Mike Flint）是一名杰出的机长，他曾经担任过四位美国总统的飞机师，更为巴菲特做了十年以上的机长。但他发觉，自己没有明确的人生目标和职业规划，为此，他请教了巴菲特。

巴菲特请弗林特写下他认为较为重要的 25 个目标，于是弗林特思考之后，罗列出了他的人生目标清单。

巴菲特要求弗林特回顾清单，并圈出他认为较为重要的 5 个目标。这对弗林特来说很难，因为列在清单上的已经是他认为很重要的事情了。但巴菲特坚持只能选出 5 项。为此，弗林特犹豫了很长时间，最终选定了 5 个目标。

于是，弗林特有了两份清单：清单 A 只有他圈出的 5 个目标，清单 B 则是剩下的 20 个目标。

这时巴菲特问弗林特，计划如何达成这 5 个目标，另外 20 个目标又是怎么打算的？

弗林特回答："这5件事就是我的重点目标，我会全力以赴达成。剩下的20项虽然没有那么重要，但也是我的人生目标。在为这5项目标努力的同时，我会找时机陆续完成剩下的项目。毕竟它们没有那么紧迫，我可以抽空完成。"

巴菲特说："不，你完全搞错了。这些没被你圈出来的目标，都是应该尽力避免的目标。在你完成重要的5个目标之前，这些事都不应该占用你任何时间、精力。"

这就是巴菲特的两列清单法。一份是关于重点目标的待办清单，一份是不做清单。

Tips

> 我们总有很多事想做，但我们的时间、精力都是有限的。虽然很多事情看上去很重要，但当我们将之排在次重要的位置时，这些事对于我们真正重要的目标来说，就成了干扰因素和阻碍。

当我们明确目标后，只看着要达成的任务是不够的，我们要对目标之外的事物保持足够的警惕，全力将它们排除在规划之外。

3.6.3 专注力训练1：舒尔特方格法

舒尔特方格是一种训练注意力的游戏，十分简单、方便，一个人也可以玩。操作方法是，在9、16、25、36、49、64、81等不同数量的方格内，以任意顺序填上数字1~9、1~16、1~25、1~36、1~49、1~64、1~81。训练时，从1开始，按顺序依次辨认出各个数字的位置，边念边指，并记录时间。用时越短，则说明注意力越集中。

舒尔特方格

9	24	3	15	20
19	21	14	25	1
16	7	5	23	13
6	12	4	18	10
2	22	8	17	11

Tips

舒尔特方格很容易购买，到任何网店搜索关键字都可以。

舒尔特方格可以训练我们的专注力，一方面是让我们注意力更为集中，让我们更好地控制和运用自己的注意力，另一方面是可以增强我们的视觉能力。久而久之，我们视觉的辨别能力和搜索能力都能不断加强，一眼就能快速获取、处理信息。

因此，舒尔特方格常常被用于飞行员、航天员的注意力训练。以25格为例，据说我国飞行员平均用时在6.25秒以内，杨利伟平均用时3.04秒，是我国用时最短的飞行员之一。

练习时，目光不要停留在某一个数字上，也不要一个一个数字看过去，而是要扫过一片区域，对其中的数字有大致的印象，然后在不断扫视的过程中寻找一个接一个的数字。常常训练，可以拓展我们的纵横视幅，加快我们的阅读速度，从而达到一目十行的效果。

与舒尔特方格较为类似的专注力训练方法还有数独。每次刷新最短通关时间，都能让人成就感满满。我静不下心时就会刷上一道数独题，然后会心满意足地打开书本。

3.6.4　专注力训练2：呼吸训练

吸气 4 秒，自然深吸气直到感觉气沉入腹部，想象身体关节逐渐打开。

屏气 3 秒。

呼气 6 秒，缓缓呼气。鼻吸鼻呼，不要张嘴，想象压力随着二氧化碳的排出也从身体里被呼了出去。

放空 5 秒。

这样的呼吸练习，晚上睡前、早上起床后、课间休息时都可以做上两分钟。它可以帮助我们舒缓焦虑的情绪，调整心率，为大脑提供充足的氧气、清空大脑，让我们从心到身做好准备。

习惯于口呼吸，或者晚上睡觉易打鼾、有睡眠障碍的同学，也可以刻意练习上述呼吸法，改善呼吸习惯。

3.6.5　专注力训练3：正念冥想

《十分钟冥想》的作者安迪·普迪科姆曾经在 Ted Talk 上说过这么一段话：“我们生活在一个异常纷杂的世界中，生活的步调时常快得发狂，我们的头脑一直忙碌的运转着。而我们每时每刻都在做着事情。大家来想象，上一次自己什么都不做是什么时候？没有电子邮件、短信，没有互联网，没有电视、聊天、食物、阅读，甚至不包括坐着回想过去，或者思考将来。”

现在的我们很难让自己空下来，眼睛什么也不看，双手什么也不做，大脑什么也不想。吃个饭、看个电视甚至上个厕所，我们都会拿上手机，打发碎片时间。

回想自己这一天，与昨天、前天有什么不同，回想这一年，和上一年是否有所长进，回想过去是否有特别的片刻，值得我们长久回忆？

我们的每一刻都被琐碎的事务所填充，让我们难以感受到时间的流逝，也难以体会自己的心境。我们可以尝试正念冥想，每天只需要十分钟也许就可以让身心找到更好的状态。

Tips

> 正念冥想，不只是单纯地放空，更不是宗教禅修，而是一种经过科学验证的工具，它可以帮助我们缓解焦虑、压力，改善抑郁、失眠，提高专注力。

Cahn、Delorme 和 Polich 三位学者在 2010 年的试验中研究了大脑在冥想中的机制。通过探测脑电波，对比冥想前后的数据发现，人在冥想后大脑的 θ 波和 γ 波会发生变化。

◎ θ波是频率在4~8Hz之间的脑电波，一般在人放松、浅睡眠或者沉思时出现。这时候人很容易接受暗示，创造力和灵感都会有较好的表现，记忆效率也会有所提高。

◎ γ波是频率在35Hz以上的脑电波，与记忆力和思考能力有关。

在进行大量试验并对比数据之后，三位研究者发现，个体冥想经验水平越高，冥想后 θ 波和 γ 波的波幅越大。脑半球进入深层次冥想后，大脑的脑波会以一种更平衡的方式逐渐同步，逻辑左脑和创意右脑可以更好地协调，并且大脑部分区域的神经灰质的厚度也会增加，使得人的记忆改善，注意力集中，情绪平稳。

2012 年戴斯博德在扫描试验人员冥想前后的大脑影像后进行研究，结果发现，在进行了冥想练习后，大脑控制情感的中心区域——杏仁核对情绪的反应活性降低了，说明冥想后人的情绪变得更平稳，不会轻易因受到刺激而起伏。而大脑中负责记忆的两大区域——海马体和额叶，却变得活跃起来，说明冥想会加强记忆能力，提高我们短期和长期记忆的表现。

关于正念冥想具体应该怎么做呢？

（1）选择一个安静、舒适的地方，如卧室、书房、图书馆不被人打扰的角落，只要自己觉得自在即可。

（2）固定时间，设置闹钟。闹钟时长可以从 5 分钟慢慢增加。最好根据自己的作息选择固定的时间段，如早饭前、午休后、晚自行前。

我习惯于早上留出一定的时间，先处理工作上的杂事，如处理邮件、回复客户、跟进项目进程、制定当天工作目标、布置秘书任务等。处理完毕之后，我就会静心冥想 5 分钟，为之后的深度工作做准备。

（3）放松身体。活动下关节，选择舒适的姿势，如盘腿而坐。

（4）关注呼吸。缓慢地鼻吸鼻呼，想象气流从鼻子涌进身体，填满胸肺腹部，然后再缓缓呼出。随着呼吸，在心里数息。

（5）放任脑海里的念头流动，再拉回到呼吸上。我们会感到脑海里有各种念头涌动，也许会东想西想，也许会情绪起伏。这些都是非常正常的，不用抗拒，也不必做评价。想象自己是水流中的石头，水流从我们身边流过，我自岿然不动。

当我们觉察到自己思绪飘远时，再提醒自己把注意力收回，放到一呼一吸上。

（6）配合舒缓的纯音乐或者自然音。刚开始练习时如果难以进入状态，那么可以用声音营造舒适的氛围，如雨声、流水之类的白噪声。

通过正念冥想，我们可以短暂地从纷杂的环境中抽离出来，就像把自己清零，过去的阶段在此告结，下一个阶段正要开始。我们可以从嘈杂的声音中分辨出重要的信息，在高度专注的状态下进行深度思考，用平静、积极的状态来面对下一个挑战。

3.7　奖赏刺激：像设计游戏一样学习

为什么拿起书本连半个小时都坐不住的同学，可以专心打上一晚上游戏？

为什么做题时兴趣索然、百无聊赖的同学，可以为游戏里的一场胜利而兴奋？

为什么游戏就一定是快乐的、爽的，学习就非得是痛苦的、漫长的？

我们这一代人，从小到大都要面对游戏的诱惑。小时候，父母没空管我们，就把手机丢给我们，换回一个晚上安静的时间；读书后，同学们都在游戏里社交，不玩上两把就没了共同话题；工作后，终于有了经济能力，自然要玩几个单机游戏好好弥补自己……

为了保护未成年人，各种游戏都推出了防沉迷系统，但是只靠禁止游戏是不够的，即使没有电子游戏，孩子们一样可以沉迷于其他玩乐。早些年没有手游的时候，人们在电脑上玩扫雷、接龙等游戏都能玩得废寝忘食；再早一点，没有电脑的时候，人们还可以搓麻将、斗地主、下象棋；更早一点，遛鸟、斗蛐蛐、泡戏园子，照样让人上瘾。

所以，我们要做的不是禁止游戏，而是破解游戏的沉迷机制。

为什么游戏这么吸引人？答案很简单，因为游戏就是为了吸引我们，争夺我们每一秒的注意力。每一个游戏都会通过任务指引我们行动。不论是简单的"打倒5个怪兽，收集5份药材"，还是复杂的"潜入敌方阵营，盗取目标宝箱"，不论是渺小的"探索地图，寻找线索"，还是宏大的"拯救公主，征服大陆"，所有游戏都会用一个个明确的任务串联，带领我们一步一步走向下一个关卡。

尤其是在竞争激烈的游戏里，设计师们更是绞尽脑汁抢占玩家的每一秒，费尽心思培养玩家习惯。一开始用简单快速的关卡让玩家轻松完成新手任务，获取大量奖励和成就感。比如，连续 7 天登录就能获取大礼包，连续 1 个月登录能获得更高成就，而且每天还会有额外的丰厚奖励……以此培养玩家的习惯，留住更多活跃玩家。

习惯了奖赏的刺激，玩家的阈值就会不由自主地提高，从而投入更多的精力，追求更高的等级、更丰厚的奖励。

我们打开游戏时，只是计划做完一个任务就去睡觉。可做完任务收获经验值之后，发现很快就能升级了，于是还会接着玩。半小时甚至更长时间后，武器磨损得差不多了，我们又会四处搜集材料升级装备。带着新道具、穿着新服装，我们又不由自主地开启下一个地图……

每完成一个任务，我们都能立刻获得积极的反馈：大把的经验值、大笔的金钱、崭新的装备、强化的道具，还有可以向朋友炫耀的成就……兴奋之余，我们眼前又晃荡起一根新的胡萝卜，于是我们趁热打铁，向下一个目标进发，等回过神来时才发现已熬了一个通宵。

难度的提升并非一蹴而就，而是循序渐进的。游戏设计使用不同的玩法和机制来丰富战术，而非一味地提升 Boss 血条，这样才能让每一个关卡充满趣味和挑战。每一次挑战失败、任务终止和角色死亡，对于玩家来说都是一次学习经验：让玩家看到自己犯的错误，思考新的策略，提高游戏技巧。这样才不会让玩家在饱受挫折之后放弃，而是让玩家享受挑战的乐趣，鼓励自己发挥最大的能力。

玩游戏时，每一项任务都有进度条，完成每一关都可以增加经验值，每一次面对怪物都能感受到难度的提升，每一次升级都能感受到战斗力的提升。

于是我们就这么一点一点消磨了自己的意志力，沉迷于游戏而无法自拔。

学习时，我们难以从学习中获得及时反馈。老师布置了一堆周末的作业，于是我们脑海里会叮咚叮咚发布一堆任务：数学卷子一张，专项练习题20道，英语卷子一张，阅读理解两篇，语文作文一篇，古文背诵两篇……

做完一套卷子，下次考试就一定能提高一分吗？对知识的掌握就会更扎实吗？学习中的困惑就能解决吗？做题速度就能提升吗？答案是否定的。

Tips

> 　　学习中的正向反馈是微弱的、缓慢的，更没有物质奖励。当投入无法带来稳定的产出时，我们就感受不到自己的成长，自然很难收获成就感。

目标明确，及时反馈，可视化的进度条，适宜的难度提升，游戏设计师的法宝你掌握了吗？

现在就让我们站在游戏设计师的角度，来提升学习的用户体验吧。

1. 将宏大的目标拆解成可量化的任务

如果我们的目标是"下次月考年级排名提升20名"，我们便容易迷失在长途跋涉中。这个大目标可以通过哪些方法来实现呢？首先是判断自己各科目的实力，然后将大目标分解成小目标，如"数学考到100分""英语考到120分"。

然后重点针对弱势科目进行加强，主要包括巩固基础、专项训练、考试演练、考后总结这4个方面。

我们进一步思考，如果要把这几项小目标转变成每天的学习计划，那么应该怎么给自己设置任务呢？举例如下。

（1）半小时专题训练。比如，我们常在平面几何题上失分，就针对这项专题逐个击破。

（2）利用碎片时间复习公式和单词，比如，在食堂排队时背十分钟。总之，碎片化的知识点就利用碎片化的时间，见缝插针完成。

（3）半小时整理错题，总结消化。及时总结错题，既可以巩固知识，也可以缓解压力，因为这样就不会把问题拖延下去。需要注意的是，要归纳同类型错题，反思自己的解题思路，这样才不会总在同一个地方跌倒。

（4）睡前十分钟总结。回顾当天的学习情况，有哪些任务完成得比较出色，有哪些作业耗费了超过预期的时间，有哪些知识点没有熟练掌握，有哪些学习方法可以改进。只要利用睡前十分钟时间进行复盘，就能在第二天起床后有个大概的学习计划。

布置任务一方面要针对个人的情况，另一方面要注意量化，限定时间或者题目数量。我们可以把代办清单改进一下，原来只是在一项项任务上打钩，现在是在任务下画一个进度条，每完成一项都可以在进度条上直观地表示出来。

Tips

> 每一点细小的改变，都可以激励我们向着下一个目标前进。

2. 设置正向反馈

学习中的成就感来自哪里？

一是比较。答出了别人答不出的题会开心，考试排名上升了会开心，考了第一成就感更是会"爆棚"。但这种成就感只有少数同学或者少数时刻才能收获。在绝大多数的时间里，我们只能埋头耕耘，不问收获。

二是克服困难。冥思苦想之后醍醐灌顶的那一刻，特别让人上头。很多同学爱刷难题，就是为了在主动迎接困难和挑战的过程中，享受克服困难的快感。

三是满足求知欲。对知识保有纯粹的好奇心，这在长期的学习中是非常宝贵的品质。很多人习惯于被鞭策着学习，木然地接受知识，忘记了自己为什么而学。

上述三种成就感，都只是个人的精神感受，无法给我们带来物质上的奖励。为了弥补这一缺憾，我们可以像设计游戏一样，为自己设置奖励。举例如下。

（1）每天完成所有的日常项目，奖励自己玩半小时游戏；连续一周成功打卡背单词任务，奖励自己一杯奶茶；限定时间内完成了周末的作业，就把心仪已久的文具或其他小物件买回家。

（2）每完成一道题，都踏踏实实地将进度条向前推进一步。

（3）若取得了进步，就给自己解锁成就。比如，数学考试第一次突破130 分——解锁"数学新星"称号；连续一周成功打卡所有日常任务——解锁"打卡达人"称号；收集齐同类型题目——解锁"专题标兵"称号；班级排名进入前十名——荣获"冉冉升起"成就；年级排名第一次挺进前50 名——晋级"至尊星耀"段位……

（4）将成就记录在日记里，或者设置成手机壁纸。你就会发现，带着成就的自己就好像能力增强，不仅疲劳感会降低，学习的热情也会提升，小马达哒哒转个不停了。

3. 根据"50-30-20 法则"设置学习任务

50-30-20 法则原本是用于进行个人预算管理和理财的，简言之，就是将开支分为三部分：50% 的收入作为生存必须开支，30% 的收入用于生活需要，20% 的开支用于储蓄或者偿还债务。

学习中我们也可以借鉴这个框架，通过设置不同比例的学习任务来调节自己的状态。举例如下。

（1）将 20% 的时间用于预习。预习可以让我们在课堂上更快进入状态，当老师讲解知识点解答我们预习时的疑惑时，我们就能收获正向反馈。尤其要注重弱势科目的预习，我们要收集每一点微小的正向反馈来鼓励自己，积少成多才能破除畏难的心理。

（2）将 50% 的时间用于难度适中的任务。巩固基础，培养语感，强化记忆，保持状态，都要占有这 50% 的时间。

（3）将 30% 的时间用于突破提升，包括搭建框架，攻克难题，提升技巧。只有在提升难度之后，我们才能获得突破的机会。

4. 将学习和生活简化成一道选择题

游戏中的选择总是很简单，是或否，战或逃，现在或以后，成功或失败。而现实中的学习和生活则是一片混沌，从来没有清晰的选择摆在我们眼前。

当我们学习疲惫时，可以选择玩会儿手机，看会儿电视，也可以选择吃点零食，或出去散散心。当我们面临太多选择时，我们的大脑就会倾向于按照过去的习惯拿起手机打上一盘游戏，这样大脑就可以免于选择而悄悄偷懒，从而获得精神上的愉悦。

打完一盘游戏，我们却意识不到自己面前的选择：要么继续玩手机，要么放下手机开始做事。于是一拖再拖，怎么也抗拒不了手机的诱惑。

若没有清晰的选择，我们就会轻易地滑向简单的，令人感觉轻松、快乐的选择。于是乎我们便可以想象，自己的大脑中似乎有一个尽职尽责的 NPC，时刻监督我们。

比如，早上闹钟响了，询问我们是要立刻起床迎接清醒的一天，还是按下闹钟再眯上半个小时，顺便还会提醒我们，多睡一会儿就有可能会赶上通勤早高峰。再如，在我们已经玩了半小时游戏时，他会询问我们，可以选择继续玩，也可以选择放下游戏进行复习。

又如，周末作业太多时，他会询问我们是想先从简单的题目开始做起，还是先解决难度较高的考卷。

抑或是，询问我们晚上是想专心复习一个小时后玩会儿游戏呢，还是低效率地耗上一晚上然后睡觉。

> **Tips**
>
> 　遵守自己设置的游戏机制和规则，才有玩下去的动力。如此这样，要不了多久我们就会发现，原来学习也可以是一件令人很上头的事。

3.8　心流状态：让你沉浸其中不能自拔

心流，是一种心理和生理状态的巅峰表现，人深深专注在"当下"，完全沉浸甚至感觉不到疲劳、饥饿和时间的流逝。

在 20 世纪 70 年代，心理学家米哈里·契克森米哈赖（Mihaly Csikszentmihalyi）提出了心流 Flow 这个概念，指人深度沉浸的状态。其实心流离我们并不遥远，也许很多人都在没意识到情况下已体验过心流：读书读得废寝忘食，做题做得忘了时间，写代码时听不到别人说话，下完一局棋才发现菜煳锅里了……

心流状态下，去甲肾上腺素、多巴胺、内啡肽、大麻素、血清素充斥着我们的身体。这些是大脑奖励机制下产生的神经化学物质，让沉浸于心流状态的人愉悦、安定，甚至欲罢不能。

心流并不玄妙，当我们全神贯注做事时，我们就感受不到环境的打扰，甚至会忘记时间的流逝。回想一下你以前有过的类似经历，是做什么事这么投入的。

我印象特别深刻的是高中的一次晚自习上，我专心做着数学题，突然眼前一黑，教室灯都关了，我一时没反应过来，还以为是停电了。抬头观察，发现周围空无一人，教室门口有个同学告诉我，晚自习结束了，大家都回寝室了，他们喊我，见我没反应，就把灯关了，我这才抬头。晚自习的下课铃和同学打招呼我都完全没听见。

高考时我也有过类似经历。只记得我在做完卷子后长长地舒了一口气，内心十分平静、满足。对于很多同学而言，面对人生大考情绪很容易起伏，考前会焦虑，做完考卷后也会急着检查，为一题一分而提心吊胆，反复纠结。这种时候很难体会到内心的平静。但那时的我，的确从专注的解题中获得了快乐，甚至不合时宜地想：这张考卷出得可真好啊！因为一张考卷做下来，我感受到了题目难度在慢慢攀升，我也被带进状态了。

回想过去的经历，我意识到自己进入心流状态有三个因素：在人多的环境里，大家看书、写字的窸窣声；书和题目的内容有一定的深度、难度，能让人感受到探索的乐趣；不被打扰的大段时间。

这三点对我而言很重要，同学们可以总结适合自己的经验。

反观我在家中自习就很难深度沉浸，因为没有和同学共同学习的压力，我会过于放松。所以我寒暑假常常去图书馆自习，大学时虽然寝室条件很好，但只要没课，我就会"泡"在港大图书馆里，常常待到图书馆闭馆。

疫情期间居家办公，我就会在工作时听白噪声，如图书馆的翻书声、在牛皮纸上写字的声音、运用键盘打字时轻柔的敲击声，这些白噪声总能让我集中精神。

我喜欢大块大块的学习时间，如果可以不喝水、不上厕所，我常常希望自己能坐上一下午，把屁股焊死在座位上更好。

以前我一直无法理解为什么番茄钟工作法会受人追捧，因为在我看来，番茄钟会频繁打断人的状态，重新进入状态比休息更花时间。在事务性工作增多之后，我才意识到番茄钟的正确用法，我把琐碎的不需要高度专注的工作交给番茄钟，给自己 15 分钟时间处理邮件，或者给秘书布置任务。然后我才会把大块大块的时间交给有难度、有成长性的工作。

在我写这本书的时候，我的孩子刚出生不久。每天工作、带娃之余，我得想办法腾出时间来写书。每天我只能整理出两块固定的时间专注做事：一段是孩子午睡后的两个小时，另一段是晚上九点半孩子睡着以后。而下午容易被同事、客户打断，各类工作需要我及时回复，于是我只能把晚上的黄金时间留出来写书。

心流状态

上图诠释了不同的能力和任务条件下人会达到的状态。

（1）当我们能力低，做难度低的任务时，我们会感到"冷漠"，我理解为"无感"。比如，我们刚开始学一项技能、做一种运动时，我们只能从基本功开始，反反复复练习、记忆，我们很难提起兴趣，也很难感受到其中的乐趣。这其中没什么情绪波动，我们只是单纯地不带入思考地做一件事而已。

（2）当我们有中等的能力，却做难度低的任务时，我们会感到"无聊"。比如，明明球技已经大有提高，可以打一场比赛或者研究战术，却还是要天天练发球。再如，某些知识点我们早懂了，可老师还一个劲儿布置基础题，我们就会感到无聊。当我们能力提升了，任务难度却没有跟着提升时，我们很容易感到枯燥无聊，并且想要尽快进入下一个阶段。这时的情绪是厌烦的，进益也有限。

（3）当我们用高能力完成低难度的任务时，我们会感到"放松"。想象一下科比，这个世界上最会打篮球的人之一，在世时还是会每天练习基本功。对于他来说，发球这么简单的事，他还是会坚持练习，因为反复练习既可以热身，也可以帮助他保持状态。他不会厌倦基本功，反而会在简单的练习中令状态和心态保持松弛，从而更好地为高强度的练习做准备。

再如，我晚自习时常常会这么安排：先做英语作业，把状态带起来，然后做数学难题。因为我英语好，英语作业对我来说就是热热身，做完英语一身轻松，这时候再做棘手的数学题时就好像带上了状态。

（4）当我们能力低，却要做中等难度的任务时，我们会感到"担忧"。当我们急于提升能力以提高任务难度时，我们就踏出了舒适区，自然会感到不适应。此时我们无法完全掌控局面，状态是紧绷的。

（5）当我们用高能力完成中等难度的任务时，我们会感到"有掌握"。这些任务需要动一些脑筋、费一些功夫，但完全在我们的能力范围内，这会让我们觉得游刃有余。

（6）当我们能力太低，任务太难时，我们会感到"焦虑"。任务难度超出能力太多，我们就会感到焦虑。比如说，还在打基础的阶段的我们就去挑战高难度的题，不但于自己毫无进益，还会打击自信心，让我们无法踏踏实实地提升自身能力。

（7）当我们有一定的能力，挑战高难度的任务时，我们会感到"激励"。只有能力足够了，我们提升任务难度时才能感到挑战性。很多同学沉迷于冲难题，就是因为长久思索之后获得答案的一刻会带给他们纯粹的快乐。

（8）当我们用高能力完成高难度的任务时，我们会感到"心流"。高难度的任务要求高度的专注，当我们能力相匹配时，就能在专注中获得挑战的乐趣，沉浸在心流中时，我们的感受是平静而满足的。

就以做题来说，我们只停留在低难度的题目时，完全感受不到挑战性。刷了一套又一套题，自以为很努力，其实脑子早已经走神。如果只刷高难度题目，我们又容易感到挫败，提不起做题的积极性。

所以，当我们拿到作业时，不要盲目机械地开始刷题，而是要先浏览一遍题目，标记出太简单和太难的题目，主动调整任务难度。有的人适合易难一张一弛的节奏，有的人喜欢从易到难逐渐攀升的状态，有的人会把太难的题目留在全部作业完成之后再突击，这些都是找到了自己适宜的区间。

Tips

要达到心流状态，并不是说一味地要求自己专心就可以。如果我们把专心作为目标，那么越是强求，就越是难得。只有设置一定挑战性的任务，是我们跳一跳就能够得着的程度，才能促使我们离开舒适区，获得专注和成长。

在我们具备足够的能力之后，当挑战水平和技能水平相对平衡时，我们才能全神贯注，进入心流状态。整个过程中有高度的控制感，我们能感受到每一点细微的反馈，这将促使我们全身心投入此时此刻，如老僧入定般浑然忘我。

3.9 刻意练习：上乘的武功，往往只需要简单的招式

我小时候学钢琴时，有一个非常崇拜的大姐姐，听她弹琴就是一种享受。不过对于她的邻居来说，就完全是一种折磨了。这话怎么说呢？

一般人弹琴，先把右手练熟，再把左手练熟，然后双手合起来反复练。但是她弹琴从来都是一句一句练，练到什么程度呢？弹上两小时钢琴，可能来来回回就只磨一两句乐句。她妈妈出门买菜时听她在练哪一句，等回来时还在练那一句。这就非常令人抓狂了，邻居好不容易听她弹出感觉了，"当"地戛然而止，又重新开始。

好不容易等上一个星期她把整首曲子练熟了，她又开始一节一节地练，把每一个容易弹错的小节拆开细抠。

等两个星期过去，好像把每一个部位都打磨完毕，最花时间的任务已经完成，只剩下最后一步组装了。她把曲子完完整整地弹下来，每一个音符都恰到好处。每次上钢琴课，我们总有各种不熟练的段落，但是只有她，每次的完成度最高。好几次老师开玩笑，说她是"一条过"。

从"一句磨"到"一节抠"，再到"一条过"，听起来是那么简单，其中难道有什么不为人知的诀窍吗？

我练琴时也想学她，可往往弹十几遍就没耐心了。于是我请教她，为什么她一句弹上一小时也不会厌烦。她说："因为你反复弹是为了完成任务，弹一遍数一遍，自然就会不耐烦啦。如果仔细去听，每一遍都是不同的。"

仔细去听，听什么呢？比如，左右手有没有衔接好，节奏是否准确，装

饰音弹得是否清晰，轻重处理是否得当，曲子换气是否自然，踏板踩得是否生硬……有太多可以听的啦。这么弹上一个小时，就是精益求精的过程。

我听她弹莫扎特的曲子，各个音符饱满明亮，有着珍珠般的质感；听她弹巴赫的曲子，韵律平稳流畅，毫不僵硬死板；听她弹肖邦的曲子，千回百转，细节处理得细致入微……

我一直以为她会走上专业演奏的道路，可惜没有，她后来考上北大了。

Tips

> 这个姐姐练琴的故事给了我很多启发。把简单的招式反复练，练到极致，就是大招。把简单的事情反复做，做到极致，就是大师。

"学渣"问学霸，英语成绩为什么这么好，有没有补课，学的什么教材，学霸说他学了《新概念英语》。"学渣"想，自己也学了《新概念英语》呀，怎么成绩就不见提高呢，是不是学霸藏着掖着呢？他不知道，其实学霸没有绝招，只是那一套《新概念英语》从小开始学，每一篇课文都倒背如流。学霸学了五年的《新概念英语》，"学渣"妄想一学期赶上，可能吗？

学妹问考上中央美院的学姐，如何保证文化课的成绩。学姐说，她每天晚上都要画画，只能抓紧时间做题，不懂的题目多请教老师。学妹听完觉得没什么收获，但她不知道，学姐艺考前半年的生活简单到了极点，每天就只有读、画、吃、洗、睡这五件事。为了把晚自习时间留出来画画，她总是利用下课时间追着老师问问题。这种程度的努力，总结下来也不过就是一句废话："成绩好也没什么特别的技巧，就是做好时间管理。"

"学渣"的家长问学霸的家长，学霸的知识面这么广是如何培养出来的。学霸家长说，孩子平时爱看闲书和纪录片。于是"学渣"家长抄了书单，回去让孩子每天读上半小时。"学渣"读了一肚子野史八卦，历史成绩没有半点提高。是书单没有用呢，还是学霸天赋异禀呢？都不是。"学渣"的家长不知道，学霸一本书往往要看上好几遍，还要和史料、纪录片交叉印证。学霸小学时看《傲慢与偏见》，就知道小说中第一次工业革命和摄政时期的时代背景，简·奥斯丁书中那宁静悠然的乡村生活之外，是英国一页浓墨重彩的历史篇章。如此积累，历史怎么可能学不好呢？

为什么别人的经验难以复制？

从来没有什么金玉良言，可以让人突然顿悟。从来都只有开水一般没营养的大白话，道理谁都知道，可从来都做不透彻。从来都没有什么一招制胜的手段，从来都没有一劳永逸的秘诀，从来没有一锤定音的绝招。

因为那不是一句咒语，也不是一条捷径，只是一种学习方法而已。只有被汗水加持，被时间放大，才会展现出巨大的力量。

刻意练习的过程中，我们能得到的不只是做题的熟练度，更是无形中培养的坚韧品质，耐得住寂寞，坐得住冷板凳。进入社会后，许多工作刚上手时，往往多是无聊、琐碎、枯燥、机械的内容。有的人整天抱怨，于是毫无进益，有心人却会留意细节，改善工作的流程，快速提高自己的能力。如此一来，差距便会渐渐拉开。

Tips

> 人的差距，不见得是由先天的智商或者后天的家境导致的，却一定是靠着水滴石穿的笨功夫拉开的。量变积累成质变，刻意练习就是这么一个大巧不工的招式。

第四章

思维模式：
行为背后的底层逻辑

4.1 捕捞知识：用思维编织一张密集结实的渔网

同样是听课，为什么不同的人吸收的程度会大相径庭呢？

有个笑话，老师在台上讲课，台下有的人开着 Wi-Fi 听课，有的人用 3G 的速度听课，而有的人听着听着就掉线了。其中差距到底在哪里呢？

如果将课程中密集的信息比作湍急的水流，那么其中的知识点就是水流中的一条条鱼，我们听课就是捕鱼的过程。

有的人将渔网编得密集又结实，所以总能收获满满。有的人手里只有一张破渔网，自然会有很多漏网之鱼。而这张渔网，就是我们的思维习惯。

每个人对信息的识别、分析、加工、提取的方式，构成了自己独有的思维习惯。比如，帮助我们快速判断并反应的直觉，就是我们未经觉察的思维习惯。这些思维习惯一边指导着我们的行为，同时逐渐定型成一套成熟而稳定的思维模式。

思维是因，行动是果；思维在暗，行动在明。有一句俗语是，播种行为，收获习惯；播种习惯，收获性格；播种性格，收获命运。我认为，在这之前应该加上一句：播种思维，收获行为。

心理学家卡罗尔·德韦克在《终身成长》一书中，阐述了思维模式的影响：在我们没有觉察时，思维模式就带动了我们的行为模式，从而在不知不觉间，塑造我们的人生，或者操纵我们的人生。

我们的行为遵守着思维的指示，沿着既定的方向发展。当我们疏于反思时，就像走在走了成千上万次的路上，我们总会对路边的花草，还有其他小路视而不见。当思维产生路径依赖时，我们就会对思维的漏洞视而不见，于是认知就有了盲区，行动就有了偏差。

路径依赖并不是坏处，我们每天都要面临许多选择，做出许多判断，路径依赖可以帮我们省时省力，高效决策。像是走什么路线跑去食堂能早点打到饭，玩游戏时释放大招要怎么配合，老师布置太多周末作业时该怎么安排轻重缓急，怎么应对父母的唠叨——这些我们都不需要做太多思考，依照记忆就做了。用记忆代替思考，这就是路径依赖，大脑避轻就重，是人的本能。

Tips

> 更关键的是，每一个人的思维模式都深深隐藏在冰山的水面之下的部分，我们很难通过对比和自查去发掘自己的不足之处。

就好像一个大泳池，平静的水面下藏着小小的漏水点，水位会在不知不觉中下降。家长不论是请家教、上补习班还是耳提面命、亲自督导，都只是扭开水龙头往泳池里加水。该漏水的地方依旧在夜以继日地漏水。

这让我想起了小学时的经典数学题：一边加水一边放水，请问泳池什么时候才会加满？

那时候我们常常吐槽题目瞎编乱造，哪有这么蠢的泳池管理员嘛。可到了现实生活中，我们不还是在犯那些显而易见的错误吗？一边放着错误的思维习惯不去改正，一边花大力气补课，把自己逼得又焦虑又疲惫。

我们真正要做的，不是给自己拼命加水龙头，而是要找到漏水点，解决根深蒂固的问题。

如何了解一个人思考的路径，如何改变一个人固有的思维模式，这就是我们这一章要讨论的话题。

4.2　上课走神：脑子里到底在想什么？

我刚进入初中时，老师隔三岔五就向我父母反馈："好雨上课老走神，家长必须得管管了。"一般说起走神，老师和家长的反应不外乎以下几种：

（1）孩子不用心，态度不端正；

（2）孩子跟不上，智商不够用；

（3）孩子没精力，注意力涣散；

（4）孩子没兴趣，心思跑偏了。

一旦下了这样的结论，家长不是训斥孩子，就是唠唠叨叨，还会用抽象的语言嘱咐孩子："你上课要多用心啊！""你得集中注意力，跟牢老师的话呀。"

可至于到底什么是用心，具体要怎么集中注意力，孩子却没有明确的概念。说得多了，孩子还会觉得，自己明明已经够辛苦了，还要怎么用心？家长白费劲，孩子还委屈。

我很感谢我的父母，没有武断地跳到结论，而是找到了第五个答案。爸爸一有空就到教室外，隔着窗子看我上课，看完就走，我全然不知。

妈妈跟我谈天说地，从上课的细节到学习的安排，我们无话不谈。

他们有着丰富的教学经验，我的症结在他们看来或许一目了然。但是他们没有告诉我应该怎么做，而是引导我了解自己。

上课时我浮想联翩，课后回想时才发现已经神游天外。

譬如老师讲定理，我在想应用，老师讲应用，我在想例外。老师讲诗词，我在想作者生平，老师讲明清，我在想看过的哪本小说里有这段历史。听着灵感来了，就一股脑钻进自己感兴趣的内容里。

比如，有一次老师在讲解题目时说道，相比牛和羊，猪是生活中消费量和养殖量最大的种类。我当时就扭头跟同桌嘀咕，为啥有牛奶、羊奶、马奶，怎么就是没有猪奶呢？是猪奶不好喝还是有寄生虫呢？这么大的养殖量不产奶不可惜吗？当场收获一枚大白眼。

还有一次，老师在讲地球的自转运动，举了一个例子：火箭升空后，助推器会与箭体剥离掉落，火箭残骸一般会坠落在发射点以东。

乍一听很难理解，但是当我们作图，把地面和高空的火箭看成两个同心圆上与大圆同一直径相交的两点时，我们就会发现，地面和火箭带着地球自转的惯性，角速度相等而线速度不同。当火箭残骸带着高空的惯性，以高于地面的线速度下落时，就会落在发射点的东面。

而我则进一步想到，其实如果知道发射点的纬度，加上自由落体的重力加速度，我们完全可以通过落点的远近来倒推出助推器剥离的高度。

我低头画起图来，在纸上演算。其实这种思考已经从地理题变成纯粹的数学题了。至于老师又讲了什么内容，我是完全没听进去。我这才知道，原来自己思维太跳跃发散，以至于我总是沉浸在自己的思路里，一发不可收。

一个人的思维习惯，从小就略见端倪。很小的时候我就很爱看书，一目十行，读得很快，但总是漏字跳字。

我复述小说剧情，有时颠三倒四，有时缺斤少两，有时还会自己发挥。明明词汇量挺大，懂的成语也挺多，但老是读错，遇到不认识的字就自己瞎理解。大家常笑我小时候把"秦兵马俑"读成"泰兵马俑"，把"慷他人之慨"读成"慨他人之慷"，把"大义凛然"读成"太义凛然"……诸如此类的错误还有很多。

乍一看像是马虎，实则是我没有办法慢下速度来，一个字一个字细读。

后来到了小学，我的反应总是慢一拍，仿佛沉浸在自己的世界里，很难和老师同频。

老师课上提问，一个很简单很常规的问题我却会说出一个风马牛不相及的答案。从问题到答案也许有一定内在的联系，可我说不上来。

小时候的种种表现，现在看来就是思维极度活跃但无法驯服的结果。但毕竟小学的课程相对简单，无法暴露问题，就算上课走神也很少引起老师重视。我敢说，那时候老师并不觉得我聪明，只会觉得我"不同"。

回顾从小到大的表现，从小学时成绩中游，到初中时转变突破，再到高中时力争上游，这就是一个努力逆袭的故事。

4.3 发现盲区：思维过于发散怎么办？

我的思维过于发散，虽然有好的一面：我可以从看似不相关的内容中发现联系，从而将无序的信息建立有序的牢固的连接；而知识面越广，可以连接的纽带越多，我就能更容易地扩展认知边界。但更多的时候，我的思维仿佛野马脱缰，难以驯服，这就给学习带来了不少问题。

1. 上课容易走神，难以跟上节奏

在课程难度低时，我还可以跟上。可到了高中、大学，知识点密集，老师讲课速度快，思维一发散，再想集中注意力就难了。稍微开一会儿小差，老师已经进入下一个环节了。这就造成了恶性循环，越是走神就越是听不进去，越是听不进去就越容易走神，一节课最后就完全荒废了。

2. 思维发散跳跃，基础掌握不扎实

听了开头就想结尾，听了概念就想应用。自以为懂了，不踏踏实实学习，就会产生盲区。

我曾经观察过我的同学，有些人看上去理解慢，掌握新概念的时间比我长，但是在第一次考这些新概念的时候，我的错误率却可能比他们高。原因在于他们在第一次学习的时候就已经吃透了概念，而我却要到考试时才能通过错误，意识到自己原来的理解是存在偏差的。

3. 过于关注新知识，而忽略了知识体系的搭建

老师讲课时我只爱听不了解的内容，听到熟悉的内容就自以为懂了，心态放松之下就容易魂游天外。课后回看笔记，记下来的内容往往浅薄且碎片化，无法融入已有的知识体系里，更无法真正被内化吸收。看上去忙忙碌碌，实际上都是低水平重复。

我曾经整理过初一、初二时期历次重要考试的表现，起伏比较大，状态不稳定。虽然难题能拿下来，但容易栽在基础题上，失分漏分多。我喜欢钻研难题，但在基础内容上掉以轻心。其实越是熟悉的内容，反而会大意失荆州。

4. 过快得到结论，难以复盘

在我整理错题本时，我发现考试中常有一些发挥失常的错误，可事后回想却怎么也想不起当时的思路。

知道一道题怎样才能做对，这只是基础要求。除此之外，还要明确地知道自己为什么做错，是对概念理解不清晰，是对数据不敏感，是推导过程有疏漏，还是无法领会出题者的意图。明确之后，再举一反三，同类型的题目都能吃透，这才算真正掌握。

如此看来，我这张渔网看上去是在打鱼，实际上松松垮垮，一不小心就会漏掉知识点。于是我做出了以下改变。

1. 抓取关键词，管理注意力

不经过专门的训练，很少有人可以在高密度、长时间的课程中高度集中注意力。

如果大家能够录下自己在上课时的状态，复盘时能回想起当时在想什么，就可以发现自己的习惯。有些同学会被复杂的逻辑绕晕；有些同学

不由自主地总爱观察老师的衣服、表情；有些同学听老师讲案例时就会放松，满脑子都在想中午吃什么；有些同学不耐烦听已经了解的内容，可往往就栽在这些半懂不懂的内容上……

对此，在听课时我们要格外注重关键词，这样才能理顺课程的脉络和结构。

推导公式、提炼理论、阐述现象、引申意义，关于这些，课上老师都有特定的常用词汇，比如，"从这里我们可以得出这个结论……""接下来我们引进这个概念……""需要注意的是……""在这种情况下……""这里注意了……"这类连接词。

老师们都有自己习惯的用语和风格，为了更好地掌握知识，我们要熟悉每个老师的特点。当老师说到自己常用的关键词时，往往会提高音量或者放慢速度，这时我们就需要提醒自己集中注意力了。

刻意听关键词，能使我们的注意力处在"紧——松——紧——松——紧"的起伏中。就像手中扯着时紧时松的线，这样我们思维的风筝就不至于在天空中肆意飘荡。这样的注意力训练简单有效，可以帮助我们逐渐适应高强度的听课节奏。

知识点由主到次，从上至下，都有明确的结构和层次。对于老师话语中传达出的递进、转折、包含等意思，不够敏感的人在做笔记时就会抓不住重点。而心思敏感的人就能准确把握连接词、引导词、关键词等，在做笔记时就能有的放矢，从而关注与上下文的联系，而非关注细节。这样才能梳理清楚知识体系，宏观把控学习内容。

2. 用听觉代替视觉

我发现，看着老师讲课的效果总是没有听课来得好。

很多同学看老师讲课，不由自主就会盯住老师的嘴皮子，一张一合特别催眠。要不就是照抄老师板书，写着写着睡意上来，从逐渐潦草的字迹中就能看出当事人逐渐失去意识的过程。

这就是没带脑子上课，没有主动思考，老师讲再多也是左耳进右耳出。

而对于我来说，多听少看反而效果更好。因为听觉吸收信息的效率比视觉低，听的时候反而会提着一根弦，不容易走神。低头做笔记时也会专注于梳理思路，而不会被老师带着走。

如果我一直看着黑板，看上去很专心，但目光可能会慢慢呆滞。而如果我一直低着头边听边做笔记，偶有所得时抬头和老师对个眼神，这时候眼神一定是清亮的，头脑也是清醒的。

这是适合我个人的学习方法，不一定适合所有人，但建议大家可以尝试一下，做下对比。

3. 刻意放慢速度

考试时粗心的同学可能经常会被老师这么交代：要注意审题啊！

一个非常实用的审题技巧，就是一边读题一边做记号。我的习惯是，关键词画圈，像"下列哪一项不是"，我就会画双线，在有陷阱的地方画个小三角。读题速度慢一些，审题就能仔细一些。

在平时的学习中，我们很难注意到要放慢速度。

我阅读速度很快，总是跳字漏字。如果是深奥晦涩的专业书，对匆匆扫过的术语理解不够深刻，看不了几页就会犯困。所以我就刻意练习放慢速度阅读。

有一段时间我做完一套考卷，就会拿出《红楼梦》，用偏慢的语速读上两页。这对我来说是思维上的转化，也是很好的放松方式。

《红楼梦》里描绘人物衣着和周围的环境，总有长长的形容词。过去我总是囫囵吞枣，并没有留下深刻印象。但是当我朗读时，速度自然会放慢，我就能在脑海中一字一句地勾勒人物的音容笑貌。

这样一来我作文的词汇量将大大增加，想象力也能得到提升。更重要的是，用不了多久，我在读专业书时也能自如地控制阅读速度了。读得细致，才能学得扎实。

4. 和老师沟通，多提问多反馈

曾经有个老师这么点评我：一点就通，悟性够用。我曾经挺自得于这句评语，殊不知，"够用"两字藏着另一层意思。

只有一点小悟性的同学最是可惜。比旁人聪明那么一点，学起来轻松就不会用笨功夫。但又只是聪明一点，领先的一点距离很容易就被人赶上。很多好苗子就是差在这"一点"上，心性差了那么一点坚韧，高不成低不就，时间一长就落了下风，等意识到时已经没有重拾山河的心气。

好在我遇到的老师都很有责任心，不愿意看到好苗子重蹈覆辙，对我很是严格。每当我走神厉害时，老师都会故意喊我回答问题。后来我意识到了自己的坏习惯，就常找老师交流。有的老师的课堂气氛活跃，我就会要求自己多提问；有的老师不喜欢学生打断思路，我就在课后主动找老师反馈。

一来二去，老师们也知道我学习态度是认真的，只是思路容易跑偏，需要时不时敲打一番。

5 记录灵感，自主学习

上课是我思维最活跃的时候，总有层出不穷的想法。后来我养成习惯，做笔记时会把这些岔开的思路记录在笔记的角落里，在自习课上梳理一遍。事后回看思路就清晰了很多，有些想法没有讨论的必要，有些想法则值得继续研究。

比如说，看到新单词，我就会研究词根、词缀，整理出同类型的单词。老师课上没教过这种方法，但是我课后总会去琢磨，乐在其中。

如果大脑储存了太多的想法而不处理，那么大脑就只会变成一个臃肿的杂物间。做笔记的好处在于，及时收纳那些蹦出来的想法、一闪而过的灵感、不合时宜的感慨、兴之所至的计划，然后清空大脑。

这样既不会打断听课节奏，又保持了好奇心。学习累了，我就会像抽盲盒一样，抽出一个思路遐想一番，这对于我来说是切换一种方式刺激大脑。

我在意识到自己会习惯性走神之后，就花了很长时间摸索着调整。从初中到高中再到大学，在不断的尝试中，我改变了自己的行为方式，以上五个习惯直到现在都令我受益匪浅。

4.4 对比验证：和他人讨论会让你收获更多

港大毕业时，我和几个同学一起去土耳其毕业旅行。

漫长的飞行中我们聊起了《三体》这本书。有一个同学没有看过，于是我和另一个同学便将故事梗概讲给他听。有趣的是，我和这个同学虽然讲的是同一个故事，但我们发现，我们讲述的都只是自己片面的了解。

比如说，同样是讲述叶文洁在红岸基地的经历，我的同学着重的是技术层面，基于某种物理学原理和假设，叶文洁预测太阳具有反射和增益信号波的能力，并使用红岸基地的仪器，通过将太阳作为放大器来发射强信号波，最终收到了三体文明的信息。

而在我的叙述里，这些段落都被简略成一句话：叶文洁向宇宙发出信号，并发现了外星文明。我叙述的重点在于叶文洁年轻时的经历，历史洪流中的种种斗争让她对人性逐渐失望。所以在收到三体文明的信息后，出于对人类社会的绝望，叶文洁发射了邀请三体文明到来的信息，并寄希望于利用更高等的文明改造人类文明。

再比如说，同样是讲述地球三体组织，我同学重点描述的是三体传送的质子，如何利用先进的技术进行二维展开，变成超级计算机之后送到地球，从而锁死地球科学的发展。

而我重点描述的则是地球三体组织中的个体，因为背景和目标不同，组织中分成了降临派、拯救派和幸存派这三种不同的派系。

Tips

> 同一本书，我们在阅读时，并不会明显感觉到自己关注的偏好，只有在叙述和交流时，才会发现彼此之间巨大的差异。

为什么我们讲述的角度会如此不同呢？

一方面，虽然我和这位同学都是金融专业出身，但她物理、化学等学科的基础比我更深厚，她严谨的性格也促使她深入了解知识盲区。而我看到生僻的术语不求甚解，便读了个囫囵吞枣。

另一方面，更深层的原因在于，她凡事更关注 How——怎么做，而我凡事更关注 Why——为什么去做。

对于她而言，解决问题推进进程，是她首要关注的目标；而对于我而言，我更关注行动本身的意义。我必须想明白，我为什么要做这件事，才能全心投入进去。我也必须想明白，别人为什么要做这件事，这样我才知道该如何驱动别人。至于具体应该怎么做，就不是我关心的重点了，我可以请教别人，可以边做边摸索。总之，只要决定做一件事，就能放开手大干一场。

一个人的思维方式是深层的、隐蔽的，但幸运的是，思维方式会诚实地反映在行为方式上。就像我这位同学，谋定而后动，做事严谨、踏实、有条理，但有时候想得太多，容易给自己造成负担。而我呢，想清楚了就开干，果断直接，但有时候会因为缺乏规划而显得不着调。

4.5 开放心态：捕捉更多的可能性

我们想象这样一个场景：一个妈妈正准备送孩子上学，孩子却还在磨磨蹭蹭地吃早饭，咬下一口包子，嚼老半天才吞下去，然后慢条斯理地喝牛奶，仿佛怎么都喝不完。妈妈一看表，血压噌地上去了，看来今天又要迟到了。这时，你觉得妈妈会怎么说？

如果妈妈说："别磨蹭了，赶紧吃完我们去学校了！"孩子也许会乖乖听话，加快速度，但是封闭了沟通的渠道。孩子感受不到妈妈的尊重，妈妈也无从得知孩子的想法，更没法改进，下次依旧会重复这个模式。

如果妈妈说："我们现在要去学校啦，你为什么还拖拖拉拉的呀？"虽然妈妈的语气温和了，但孩子依旧能从妈妈的话中感受到，妈妈是不认可自己的。因为这句话中暗含了妈妈的价值判断，孩子可以敏锐地觉察到，"拖拖拉拉"是妈妈不赞许的，妈妈并不是疑问而是在催促。这样的沟通依旧是无效的。

如果妈妈换一种方式，按捺下火急火燎的心情，和颜悦色地跟孩子交流："妈妈看你吃早饭吃得好香呀，你在想什么呢？妈妈先去把你的书包和红领巾准备好，你吃完后我们就一起去学校吧。"

这时候孩子不会带着抵触的情绪，而是会分享给妈妈听。妈妈便会知道，原来孩子并不是故意磨蹭。孩子可能是一边吃早饭一边在回想妈妈昨天睡觉前讲的故事；可能是对于时间没有概念，感受不到妈妈急迫的心情；可能是在想去学校的书本、文具有没有带够；可能是在享受可口的早饭，不喜欢被打扰；可能是学校里发生了一些事使得孩子有了抵触的情绪……了解了孩子的想法，彼此才能进行有效的沟通，妈妈才能对症下药，改进模式。

"妈妈小时候也有这种感觉，可以跟妈妈多说说你的感受吗？"这样孩子便能感受到自己所有的情绪都能被接纳，这样才能打开孩子的心扉。

开放的问题背后，是开放的心态。当我们开口之前先做价值判断，要么肯定要么否定时，就不会在交流时留出讨论的空间。

Tips

> 当我们不预先假设立场，不预先做价值判断，而是带着开放的心态去了解时，才有可能收获真实的回答。

面对别人是如此，面对自己也是如此。

比如说，有一个同学的成绩和你差不多，在竞选班委时他成功了，你却落选了。这时候你会怎么想呢？

"他不就是个好好先生，惯会在老师同学面前做好人嘛。"当我们这么想时就是预先做了价值判断，无法真实地面对竞选失败的结果，更无法直面与竞争对手的差距。自然，我们也就失去了从对方身上学习优点的机会。

如果换一种角度提问："除了成绩一样，他有什么我没有的特质吗？""同学们选他做班委，是因为他具有哪一种能力呢？"这种开放的问题背后，就是开放的心态，可以启发我们思考。我们不是站在竞争者的角度，而是站在老师、同学的角度，发现自己原本意识不到的差距。

面对自己尤其需要开放式的问题，这样才能帮助我们走出思维定式，找到不同的答案。举例如下。

"班上同学的竞争太激烈了，压力大到爆炸，怎么内卷成这样了啊？"——"班上同学竞争太激烈了，别人都是怎么缓解压力的呢？"

"这门课我怎么学都考不好，我果然没这个天分。"——"这门课的确很难掌握，我是不是在学习过程中走入误区了呢？"

"学霸分享的这个技巧，我觉得一点都不好用，他是不是故意误导我？"——"学霸分享的这个技巧，我用起来效果不好，是因为我们基础不同，还是因为我们学习习惯不同，所以我复制不了呢？"

Tips

> 带着开放的心态思考问题，有助于我们建立积极的正向思维，用更全面的视角看待问题。

4.6　记录表达：让你的思维从混乱到清晰

语言是具象化的思维，混乱的表达背后是混乱的思维。

每个人可能都有一个絮絮叨叨的长辈，家长里短说个不停，却怎么也说不到点子上。讲的人夸夸其谈，听得人早已神游千里。

有一回我在小区里散步，听见一对老夫妻聊天。说是聊天，其实是老太太单方面输出。

"早上我不是出门买菜去了嘛，冷得我直哆嗦。门口那个王老头还问我今天怎么这么晚，我就说让你早点遛狗，你偏偏不听。这下可好吧，狗把垃圾刨得满地都是，你前脚遛狗我后脚收拾，光拖地我就拖了老半天，你看你这人！我紧赶慢赶去菜场一看，猪肉都涨到12块一斤了，一袋子菠菜得有20块钱了！现在是肉也贵啊菜也贵，我买来买去就买了番茄、鸡蛋，晚上咱们做个番茄炒蛋，就着昨天的红烧肉凑合一顿就是了。我回来路上陈老太跟我说了，老钱他闺女回来了。你说他送个女娃出国读个书，一读就是五六年，这都老大了也不找对象。你说她都读了个啥呀，回来能做啥呀。还不如陈老太，女儿就养在身边，结婚结得也近，老了有人照顾多好呀。"

这是我能回想起来的内容，稍作整理后还是看得人一个头两个大。

这一段话就是老太从自己的记忆出发，从早到晚发生了什么、她的感受是什么，不加梳理地一股脑儿倒了出来，事实、想法和情绪混淆在一起。想到哪儿说哪儿，就像脚踩西瓜皮，滑到哪儿算哪儿。

这样混乱的表达，我们在日常生活中屡见不鲜。我们一生要和那么多人，说那么多话，为什么就不能学一学好好说话呢？

再有一次朋友们讨论起"鸡娃"的现象，有个朋友旗帜鲜明地表达了反对盲目"鸡娃"的立场。

"我觉得，太早给孩子灌输太多课，完全没有必要。比如说我们小时候，哪有那么多东西学，每天放了学就是疯玩，不是下河摸鱼就是上树掏鸟蛋。现在的孩子完全没有童年可言了。就比如说我小时候，小学哪儿有英语老师哟。那时候我们是一点英语基础都没有。到了初中，我们才正儿八经开始学英语。乡村学校的老师水平能有多好，教我们班的英语老师还兼职教社会，我们能把发音读标准就不错了。就这么读了三年，考上了镇里的高中，才知道原来还有美英和英英的区别。那时都说我们农村里出来的孩子读不了英语，可耽误了那么久，还不是赶上了。我想说什么来着？哦对，所以没必要太早给孩子太大压力嘛，'鸡娃'就是拔苗助长……"但长长一段话还没说完，就有人走神了。

其实我的这位朋友，本科和研究生阶段就读的学校排名都很高，我相信她在工作中也一样出色。但是她说话总是啰啰嗦嗦的，抓不住重点。问题出在哪里呢？

主要原因在于，她是一个过于关注细节的人。

因为过于关注细节，所以每说一句话，都要跟上一句解释。啰唆一箩筐话，其实只说了一个论据。过于关注细节，就容易犯以个体经验取代客观论证的问题。说得越详细，论证越无力。过于关注细节，就缺乏系统性思维。直线式的思维只能深钻，却不能发散。好比一道十分的论述题，只抓着一个知识点深入阐述，却忘了还有四个知识点同样重要。

我的这位朋友是一个慢条斯理的人，很少急躁和不耐烦。

生活中她格外善于倾听和观察，总能在细微之处照顾好朋友、家人的需求，让每个人都感到舒适自在。学习和工作中，她总是脚踏实地地完成任务。这些都脱离不开她关注细节的特质。

学习时，她的这一特质会在反复刻意的练习中得到控制，促使她观察全局，后天培养起系统性的思考方式。只有在交流时，她的思维习惯才会下意识地流露出来。

关注表达，我们会发现，很多思维深处的问题都会暴露在表达中：

有人认知浅显，无法理解精妙的概念；

有人保守封闭，无法接受新鲜的事物；

有人思维跳脱，无法打下扎实的基础；

有人直线单一，无法支撑复杂的体系；

有人逻辑薄弱，无法分清事实和观点……

Tips

生活中和学习中不乏锻炼表达能力的机会。不管是向同学阐述新学习的概念，还是讨论难题的解题方式，不论是交流读后感，还是参加辩论赛，都是我们有意识记录自己表述能力，并且学习他人的机会。

试一试，和同学朋友描述同一件事情、同一个故事、同一个概念，找找你们表述的区别。交叉印证之后你就会发现：啊！原来我漏掉了这个细节，或者原来我说错了那个逻辑。这些才是值得挖掘的部分，因为这些错误并不是因为意外或者记性差，而是固定的思维习惯导致我们不重视某些方面，或者跳过了逻辑推理，使得我们总是在不自知的时候陷入同样的错误。

4.7　思考方式：想到什么就会得到什么

为什么遇到同样的问题，不同的人会有不同的解决方式呢？我们解决问题的模式是这样的：问题——【认知——思维】——解决。

如果说遇到的问题是输入端，那么我们就需要认识问题，通过思维习惯，提出一个解决问题的答案，最终得到输出。输入输出都是可见的，中间的思考路径却是不可见的，就像一个黑箱。

所以我们能做的就是控制输入端、对比输出端，从而将结果反馈给黑箱中的程序，通过调整来发现我们思维中的盲区，进而不断优化思维方式。下面举个例子。

公司里老板正在给一群实习生开会，老板告诉大家，实习生转正的名额只有一个，希望实习期内大家好好表现，争取机会留下来。

小赵、小钱、小孙、小李听罢，各有想法。

小赵想：这家公司太破了，就是想压榨实习生的劳动力。就一个转正的名额还想让我们给他卖命，我才没那么傻，此处不留爷自有留爷处。

小钱想：这家公司在行业里很有影响力，我还是要抓住这个机会加倍努力，相信老板肯定看得见我的表现。

小孙在想：我有我的长处，在实习期内好好表现就是了。但是我也有薄弱的地方，怎样才可以提升自己的能力呢？

小李想：一群实习生各有所长，老板会希望什么样的人留下呢？

每个人的思考路径都在黑箱里，可他们采取的行动却是可以被人看见的。

小赵开始划水，简单的任务也做得拖拖拉拉。

小钱恰恰相反，每天最早到最晚走，认认真真完成每一个交代下来的任务。

小孙专业能力强，但沟通能力差，他会争取每一个对接项目的机会，观察经理的沟通技巧。

小李在完成本职工作的同时，还格外留心公司的业务，也常与不同部门的同事交流。

当我们从上帝视角观察时便会发现，他们的思维方式如此不同，得出的解决方案也就大相径庭。

小赵的认知层面就出现了偏差，他把公司和实习生放在了对立面。他觉得带薪划水是对抗无情剥削的资本家的方法。

这样的人在生活中屡见不鲜，他们的典型思维方式就是：都是别人的错。

工作不顺利，都是因为经理没能力。

长期不升职，怪办公室"政治斗争"太激烈。

买不起房子，都怪政府调控无力。

找不到对象，现在人都太拜金。

……

Tips

> 这样的认知，就隔绝了所有主动提升能力、解决问题的可能性。而且这样的思维模式会越来越僵化，每一次失败都会让他更习惯于推卸责任。

在认知层面上，小钱、小孙、小李没有犯小赵的错误，他们没有站在公司的对立面，而是积极面对，敢于竞争。

小钱这类人的典型思维方式就是：用努力来解决问题。

公司里的老黄牛就是这样，遇到问题就堆时间堆量。有时候量变导致质变，就会获得踏踏实实的成长。也有时候光靠努力不能解决，努力只是埋头走路，还需要抬头看方向。

小孙这类人的典型思维方式就是：方法总比问题多。

面对困难，能使巧劲就不使蛮力，他们会寻找更高效的方法并加以总结归纳和运用。

相较于小钱和小孙，小李的出发点完全不同：他不是站在自己的角度考虑，而是从老板的需求出发。因为小李知道，判断的标准并不是掌握在实习生手中，而是掌握在老板手中。

综上，面对同一个问题，小赵放弃问题，小钱和小孙解决问题，而小李，则是定义问题：老板要求好好表现，那么什么表现在老板眼里才算好呢？这个团队需要什么能力的人呢？

想明白了这一点，努力才会有具体的方向。

实习期结束后，小赵拿着实习证明离开了公司，继续求职。

小钱和小孙除了实习证明，还拿到了老板的推荐信。他们在实习期内的表现有了老板亲笔的背书，未来求职时是个加分项。

小孙抓住跟经理出差做项目的机会，近距离学习，积累谈业务的经验。在入职新公司后，扎实的专业能力让他在一众新人中脱颖而出，为自己争取了对接客户的机会。他将实习时学到的经验运用在了沟通上，赢得了客户的好评。

小李站在团队的角度思考应该如何融入团队，如何发挥自己的优势。因为实习期内他常留心公司的主营业务，和其他部门的同事都建立了信任基础，所以顺利转正后，很快就上手了新工作。实习期里大多是简单枯燥的工作，但是在每天的重复中小李依旧总结了经验，将日常流程做了简化。他将实习总结交给老板，为公司未来的实习项目提供了借鉴经验。

想一想，如果我们是实习生中的一员。失去了上帝视角的我们，能客观对比自己和他人的行动，并且如实地反馈给黑箱，从而调整自己的思考模式吗？

4.8　思维体操：思考就像举铁，只有酸痛才能成长

虽然我思维发散的特点会给我带来的诸多不便，其中夜晚精神亢奋难以入睡无疑是最糟糕的，但这种思维方式也有它独到的好处：知识积累越多，越能建立丰富的联系，从而更深刻地理解各种概念并加以运用，知识面自然也会越来越广博。

举个例子，初中时第一次知道雪上撒盐可以除雪时，我震惊了好久。

作为一个南方小孩，每年被冻到瑟瑟发抖却很少能盼来一场大雪，自然完全无法体会北方人雪天举步维艰的场景，更不用说了解如何防止车辆在雪天打滑这种冷知识。

自然而然地我就想探究背后的机制，一步一步地继续想了下去。

1. 为什么撒盐可以除雪呢？

答案很简单。当盐洒在雪上时，盐的可溶性和吸潮性就会使盐溶于雪水，又因为盐水的凝固点远远低于水，因此难以形成结冰层。而且盐是一种细小的晶体，可以增大路面的摩擦系数避免车胎打滑，成本低且没有污染，还容易获取，因此撒盐就成了一种常见的除雪手段。

2. 如果撒一条路的盐，那应该会很花钱吧。为什么会说成本低呢？

我进一步查了一下，原来除雪用的盐不是食用盐，而是工业用盐或者粗盐。区别在于，食用盐氯化钠的纯度更高，工业用盐是纯度更低的氯化钠，有时候还含有亚硝酸钠。

3. 北方的雪和南方的雪区别大吗？

我从来没在冬天去过北方，在我小时候的想象中，北方的雪充其量只是比南方厚一点而已。后来读《红楼梦》，湘云披着斗篷去堆雪人，我才知道原来雪人不光可以拿来堆，还可以拿来扑。北方的雪，又松又软又轻又厚，整个人摔进雪里不仅不会疼，还可以印出一个人形来。而南方的雪，又湿又密又重又黏，薄薄的雪刚积上一层，孩子们就迫不及待打起雪仗，因为也许再多等一阵，雪就会化了。两地的气候和降水量完全不同，下的雪自然也完全不同。

4. 古代也会撒盐除雪吗？

我想不会，因为盐在古代是重要的战略物资，从来都是政府严格管控的。为了提高财政收入，古代政府长期实行食盐专卖制度，由此引出了一系列概念，如私盐、盐引，历史上还有许多贩私盐起家的农民起义军首领。真要除雪的话，一般是出动人力铲雪，毕竟古代人力是最不值钱的。

5. 古代怎么得到食盐呢？

我查了一些史料，从上古时"夙沙煮海为盐"到唐代的"垦畦浇晒"，最后到"晒盐法"，古代制盐技术在不断的发展中降低燃料和人力的成本，提高了食盐的纯度。

首先将海水引入蒸发池，经过一定时间的日晒以充分蒸发水分。然后将盐水引入结晶池，继续日晒得到饱和的盐水溶液，最后逐渐析出结晶，就是粗盐了。这就是古人常用的制盐手法。

6. 盐在古代欧洲也有同样重要的地位吗？

我在脑海中检索了一番，的确想不起有什么国家是进行食盐垄断的。不过毋庸置疑，盐是极重要的民生和战略物资。英语中的许多俚语就是从盐派生出来的。

我一开始以为欧洲漫长的海岸线使得欧洲国家并不缺少盐场，但仔细一查发现，能大量生产食盐的盐田实际并不多。

我想，相比古代中国，欧洲各个国家长期处于分裂、合并和战争中，并没有经历过大一统和中央集权，这就使得垄断专卖的方式实现起来难度很高，只能采用简单粗暴的方式对食盐进行征税。

7. 盐场的形成条件是什么？

要讨论盐场的形成条件，就要先思考食盐的生产方式，然后思考相应的地形地势和气候。

地形地势上，地势平坦、滩涂广阔，才能在海边挖出足够大的蒸发池和结晶池。气温上，温度高、日晒足，才能蒸发旺盛。气候上，晴天多降水少，有明显的干季才有较好的晒盐条件，不然季风期暴雨一下台风一吹，好不容易晒干的盐分就都流失了。

渤海的长芦盐场、海南的莺歌海盐场、台湾的布袋盐场都非常出名，要结合不同盐场的区位条件进行具体分析。

同样的思考方式也可以搬到欧洲，找找欧洲漫长海岸线上有哪些地方具有适宜建设盐场的气候和地形因素。

这就是我在看到撒盐除雪时的一系列脑回路。自己给自己提问，自己给自己解答，每个问题往下都可以衍生出新的问题，化学、历史、地理方面的知识点在这其中就可以串联起来。

4.9　归纳类比：从已知探索未知的捷径

思维方式是一种放大器。如果我们为"成功"厘定一个公式，那么成功＝（天赋＋努力＋机遇）× 思维方式。

Tips

天赋、努力和机遇固然都很重要，但它们并非缺一不可。缺乏天赋的人可以勤能补拙，运气爆棚的人可以偷懒。这三者是加法，而思维方式却是乘法，会带来倍数级增长的结果。是事半功倍还是事倍功半，取决于我们的思维方式。

在所有思维方式中，归纳类比是一种极重要的底层能力。它能帮我们探寻事物之间的相似性，从而在它们之间建立联系。

比如，公务员考试和 GRE 考试中都有逻辑类比题，举例如下。

题目 1——树木：煤炭

（A）汽油：石油

（B）象牙：大象

（C）树脂：琥珀

（D）太阳：能源

树木经过沉淀变成煤炭，树脂经过沉淀变成琥珀。而汽油是从石油中分解转化而来的，象牙是大象的一部分，太阳可以产生能源。所以只有 C 项与题目构成类比关系。

题目 2——COLOR: SPECTRUM 颜色：光谱

（A）Tone: scale 音调：音阶

（B）Sound: wave 声音：波

（C）Verse: poem 诗句：诗歌

（D）Dimension: space 尺寸：空间

（E）Cell: organism 细胞：生物体

光谱是由多种颜色有序排列而成的，音阶是由高低音调有序排列而成的，这就构成了类比关系。

我们发现，归纳类比并不是某一门科目特殊的技巧，而是对所有科目都共通的能力。它能帮助我们领会现象深层共通的原理，发现跨学科知识点的联系，并将其主动运用在新事物的学习上，达到举一反三的效果。

这种能力实际上是将充满细节的复杂现象不断简化提炼，形成抽象的概念，然后将之进行比较。

比如，2008 年北京奥运会中梦幻五环从地面缓缓升起，就是受到了一张薄膜的启发。奥运会编导组讨论梦幻五环的创意出场方式时，头脑风暴陷入了僵局，大家都苦思冥想。一位导演在黑板上涂涂画画，擦除时却发现黑板上的字很难擦干净。大家喊来后勤人员询问才知道，原来黑板是新买的，表面的塑料薄膜没有撕掉。

就在掀起塑料薄膜的瞬间，薄膜上平面的字在大家眼前升起，从 2D 变成了 3D。大家终于找到了苦思已久的答案。

奥运会开幕式上，烟花脚印落在鸟巢上空，漫天璀璨的星星汇聚成了地面的五环，飞天仙子从天而降，揭起五环缓缓飘向天空。魔术一般如梦似幻，古典与现代巧妙融合，这就是让世界惊艳的梦幻五环。

而在 2022 年北京冬奥会开幕式上，编导组又将科技和艺术结合，用一种全新的方式将五环呈现给世界。黄河之水天上来，水墨奔涌而下，幻化成冰。冰砖升起，激光闪现，五环破冰而出，晶莹剔透，流光溢彩。

精彩的创意并非从天而降，想要突破窠臼，一方面要有恢宏大气的意象，一方面要有成熟的技术手段去实现。360 度裸眼 3D 技术、激光雕刻、大型钢结构装置等等，只有运用前沿的科技，才能很好地实现创意，承载华丽的视觉效果。

Tips

万事万物都有普遍而广泛的联系，只有放下孤立的眼光，才有可能击穿学科之间的壁垒，创建一座全新的桥梁。

第五章

统筹管理：
一个人就是一支队伍

5.1 自主学习：以我为本，抢回主动权

在跟许多学生的交流中我发现，培养学习节奏最大的阻碍，往往不是来自学生自己，而是僵化死板的教学模式。

学习的内容和节奏都被规定得死死的，学生没有机会自行安排学习计划。被剥夺自主权，就会产生无力感，会极大程度地伤害驱动力，最终导致低下的学习效率。

在一次学校讲座后，有一位学生向我诉说了她的困惑：每个晚自习她都想努力完成作业，但往往只做一张数学卷子，就会用去她绝大部分的时间，让她无法复习其他科目。但因为数学是她的薄弱学科，她觉得自己应该把数学作业的优先级放在最上面。只有完成了数学作业，她才能去完成其他科目的作业。

她很努力，总是熬夜赶作业，可她也意识到，再这么坚持下去，不光身体坚持不了，成绩也不会有太大提升。她很苦恼，有限的时间该怎样平衡呢？

再如，某学生总结上一次月考中暴露出来的失分点，发现电学模块还存在很多漏洞，如对于概念把握不清，对题型也不熟悉。他正准备抽晚自习的时间把这一模块好好捋一捋，结果老师又发下来几张试卷，复习计划只能一拖再拖。

又如，老师总是会安排很多背记作业，不但要背大段的课本，还要背讲义，学生们为了应付作业会耗尽太多心力和时间；前一天晚上熬夜赶作业，第二天你想趁着午休时间补会儿觉，结果老师直接占用了这段时间讲课。导致学生虽然想集中精力听课，但有心无力、头脑昏昏。

疫情防控期间长期上网课，老师无法直观地感受到学生的接受程度，也为了避免学生在家过于放松，普遍会布置大量作业，通过强制安排来确

保学生都能跟上进度。学生会觉得自己永远都在被作业牵着鼻子走，没有自学的时间，更没有自学的兴趣。

以上都是学习中常见的场景，大家有没有发现问题呢？

我们要知道，老师是针对班级的平均水平和平均节奏来讲课和布置作业的。老师必须兼顾班里大多数人的需求，才能提高班级整体的表现，但那不一定适合你个人的情况。老师布置的功课，一定是用来检测学生知识的掌握程度的，所以会优先布置可量化的一刀切的作业，如做50道习题，默写50个单词，完成一张卷子，写一篇作文。

老师尤其爱布置考卷，因为考卷有两个好处：一是量化和标准化的作业形式便于老师检查，二是考查范围广，容易发现易错的考点，便于老师讲解。但对于学生来说，考卷的作用只是查漏补缺。学生做考卷时，花了太多时间在已掌握的知识点上，真正需要解决的难题却是一错再错。

在考卷之外，学习中的很多功夫是难以量化的。如梳理概念、搭建体系、整理错题、难点攻坚……这些都是老师无法布置的，却是我们提升成绩的必经之路。

对于那些水平远远落后于班级平均水平的学生来说，他们的首要目标不是盲目刷题、完成作业，而是回归基础，真正梳理清楚知识脉络和精确记忆书中每一条定理、公式、概念的意义。若基础打不好，做再多的考卷也只会打击他们的信心。

对于那些水平远远超过班级平均水平的学生来说，他们需要更有挑战性的内容才能激发出更积极的学习意志，需要更多自主的时间去规划学习内容。

对于那些没有学习想法和意愿的学生来说，跟着老师的进度才能弥补欠缺的学习习惯，靠外力才能规划学习内容，依靠老师的调整才能掌握学习重心。对于这一类学生，老老实实跟着老师才有出路。

> **Tips**
>
> 我们要做的是以"我"为本去规划学习任务。作业不是学习的全部，它只是提高学习能力的工具。完成作业也并不是目的，我们要针对自己的情况去规划学习的节奏。

老师布置的作业，往往是紧急而非重要的任务；而针对自己的弱项去提升，却是重要而非紧急的任务。两者孰轻孰重，想必同学们一清二楚。

学习的过程，是将千头万绪归纳升级成一个体系的工程。学习中的任务管理，并不比一个经理处理工作中的各项任务来得轻松。因为对于学生而言，这也许是他们第一次真正意义上意识到任务管理的重要性。

时间永远那么紧张，功课却永远那么多。它们的主次轻重是什么，如何排布才能更节约时间，是否要做出一些牺牲来确保重要的作业得以完成，如何阶段性地调整学习规划，这些都需要学生自己来安排。

在学校里就能做好任务管理的同学，进入社会后无疑会在工作中表现得更出色。

掌握学习的主动权，就是我们自我管理的第一步。只有明确了学习目标，我们才能进一步思考每一天作业的作用，反思当下的学习状况并加以调整。

5.2 浪费时间：那些让人反感的"垃圾"作业

我和一个尖子班的学生交流时专门提问过："你们觉得什么类型的作业值得做，什么类型的作业不值得做呢？"

大家的回答五花八门，我总结下来，有以下几类作业是大家较为反感的。

1. 抄写类作业

低年级的老师经常会布置抄写类作业，不管是单词、公式、定理、范文还是名人名言，都恨不得让学生抄到手抽筋。但这种形式往往抄不了两三遍，就会让学生大脑放空。

比起机械性重复抄写，我建议用默写来替代。主动记忆比被动记忆的效果更好，而且能节省下宝贵的学习时间。一边记忆，一边抄上两遍，然后合上书本默写。等全部正确地默写出来时，就可以认为作业已经做完了，不一定非要达到老师要求的次数。

2. 过于追求形式的作业

老师总希望学生在自己这门功课上花更多的时间，所以布置的作业可能会过于追求形式。

比如说，绘制课程的思维导图，把知识点之间的逻辑和脉络梳理清楚就足够了，但图文并茂、颜色漂亮的思维导图总是更容易获得老师的表扬。我甚至还见过老师要求学生出手抄报，学生就会花很多时间在版面设计上，但这对于掌握知识毫无助益。

做作业之前先思考一下，这份作业是否能帮助"我"掌握知识点，填补学习的漏洞。我们只需要明确作业的目的，达到巩固的效果就可以了。就算其他同学花了再多时间，我们也没有必要跟着一起卷。

> **Tips**
>
> 做作业要追求实际的结果，而不能流于形式主义。

3. 太简单的重复性的作业

为了照顾班里基础不扎实的学生，老师有时候会降低作业的难度。对于学霸来说，这类作业提高成绩的效果非常有限。面对这种情况，很多学生会纠结：我真的可以跳过吗？有没有我没掌握的内容呢？于是只能花费大量的时间去做重复性劳动。

这种顾虑当然是有一定道理的。还记得我们刚学四则运算的时候吗？我们每天都要做大量的计算题，不但要追求数量，还要追求速度。那是因为我们不会四则运算吗？当然不是，我们反复练习是为了提高熟练度，只有做得又快又对，才能为今后的数学运算打下扎实的基础。平时作业中的很多练习，其实也是为了巩固记忆、提升速度，贸然跳过就会导致基础不扎实，考试中出现各种不应该的失分。

那么该如何判断哪些作业是低于我们水平的，哪些作业又是适合我们的呢？首先，优势科目可以有所挑选，专门针对自己容易失分的板块多做练习，如英语中的完形填空，地理中的人文地理等。其次，基础题中有许多一看就会的题目，这些也可以快速带过。

步骤复杂的题目的确很难判断，如数学的计算大题。我从一个一路走到国家级奥数选手的同学身上学到一招：看到一道题，只要你能够看懂题目考查的思路，写下运用的知识点，还可以联系到经典题型，识别出这道题与经典题型的变化条件和特定限制，就可以理解为你已经掌握了这道题。这样就可以节省下来更多时间去攻克难题了。

大家都是一天 24 小时，学霸为什么可以比别人做更多的题？区别就在于学霸会更高效地判断题目，为自己节省下宝贵的时间。

5.3 学会取舍：制订自己专属的作业计划

回到前文中那个苦恼于晚自习时间只够做数学卷的学生身上。

我问她："晚自习的数学考卷做不完会怎么样呢？"她顿了顿，说："也不会怎么样，但肯定不太好吧。"

我又问她："那你的最终目的，是完成晚自习的作业，还是高考时可以又快又好地完成数学考卷？"她马上回答："当然是为了高考能考好呀。"但她又疑惑了："作业做好了，才能考得好呀，这两者不矛盾啊。"

我说："你每天晚上都花了大量时间做数学考卷，但是你觉得并没有什么提升。你能告诉我，你觉得自己较为薄弱的内容是什么呢？你觉得错题中常犯的错误是什么类型呢？你觉得应该怎么提高成绩呢？"

她答不上来。

她的问题很典型，她只是在机械地做题，完成老师布置的任务而已。一方面，在老师的权威下，大部分学生会觉得只有完成作业才能赶上教学进度，而另一方面，缺乏对自己学习状态的深入了解。当她已经明显落后于平均水平时，她甚至都不能在一个晚自习内完成一张模拟卷，那还有什么必要纠缠那些远超自己能力的题目呢？

分析问题，回归概念，专题突破，这才是她当下应该做的。但这些只能是她给自己布置的作业。她在老师布置的作业上花的时间越多，留给自己的时间就越少。长此以往，她怎么可能不越学越累？

除了少部分学校会采用人性化的管理模式，给予学生自主学习的空间，国内大部分学校还是采取老师集中管理的模式，由老师来控制教学进度、布置作业、判断问题、调整重心。甚至在一些高压军事化管理的学校里，超额的学习任务、违反人性的作息时间表、高压的生理心理环境……重重障碍让人束手束脚。

这时候我们就要学会争取学习的自主空间，让老师适当放权。关于这一点，我给大家总结了"三步走"法。

1. 明确主要矛盾和核心问题，制订学习计划

我们当然不可能直接对老师说："您布置的作业太多了，我做不完，

我可不可以做点简单的？"

我们要做的，是明确当前学习阶段较为薄弱的内容，包括主要矛盾和核心问题。在这基础上我们才能有理有据，给出量化的可执行的学习方案。

比如说，小张在总结期中考试中各科目的失分情况之后发现，那些看似粗心造成的失误，实际上是因为对概念掌握得不扎实。比如，他分不清"公民"和"人民"的区别，混淆了"权利"和"权力"的概念；他无法领会高度概括性的知识点，那些弯弯绕绕的表述在他看来就像文字游戏，所以小张总是糊里糊涂丢分。

于是小张决定抽出时间，将书中的知识点梳理清楚，对易错的概念进行整理归纳。

而小王在总结之后发现，自己对于基础知识点掌握得很扎实，但是在大题上频频丢分，尤其是主观题。想要冲击高分，小王就必须啃下这块硬骨头。他决定抽出时间，结合往年真题，专门针对主观题总结解题技巧。

我们可以看到，对于基础薄弱的小张和精益求精的小王而言，常规的作业并不能帮助他们进一步提升。他们已经找到了问题的症结，对症下药才能帮助他们突破现阶段的瓶颈。

为了争取学习的自主权，他们要准备周全的学习计划，向老师说明学习中遇到的问题，预备用什么方法、多少时间来解决。

2. 主动沟通，争取放权

老师布置作业、安排课程有他的规划，如果没有成熟的方案就贸然要求自我调整，就很容易和老师对立起来。毕竟老师要面对四五十名学生，不能了解每一个学生的学习进度和感受，这就会造成双方信息不对等、沟通不畅。

对此，只有在第一步中明确自己学习的核心问题，才能翔实地向老师阐述自己规划学习内容的必要性。

不要一下子就想争取老师完全放手，要从小块时间、小任务开始争取。比如，基础薄弱的小张，总结了自己的错题之后告诉老师："我需要在今天晚自习把这两章的概念梳理清楚，可能会耽误作业，但是我明天会把整理出来的总结交给老师检查。"以此来表明积极学习的态度。

再如，基础扎实的小王，一直以来学习态度都很端正，在老师心里有很高的信用分，所以他在跟老师沟通时会更加顺畅："这个周末我想专门针对主观题做专项训练，周一我会把总结交给老师检查。下个阶段的作业我也会着重做主观题，争取攻克这一类题型，提高得分率。"

从一张考卷、一节晚自习开始跟老师沟通，争取一定的自主时间。一方面可以锻炼我们自主学习管理能力，另一方面也可以循序渐进地摸索出一条与老师有效沟通的道路。

Tips

> 要知道，老师从来不是站在我们的对立面。我们有着一致的目标，就是掌握知识、考出好成绩，所以老师天然就是我们的盟友。学会主动争取老师的支持，将盟友变得多多的，我们的学习才会越来越顺利。

3. 探索试错，及时调整

小张在争取了一节晚自习的自主时间后，用思维导图将两章的概念重新梳理了一遍，并且针对易错、易混淆的考点整理了各类题型。

比如说，期中考试时一道题中的某一选项是"人民民主专政具有广泛性和真实性的特点"。当他对概念不敏感时，他就难以察觉出问题。而在他梳理了每个名词的概念，掌握了知识点之间的脉络后，他很容易就能发觉这个选项混淆了概念：广泛性和真实性是社会主义民主的特点，而非人民民主专政的特点。这两个词看上去相似，内涵则完全不同，只有在扎扎实实回顾概念后，他才能提升对关键词的敏感性，避免重复同样的错误。

而小王利用周末的时间，整理了历年高考中的主观题，总结出 10 类题型和解题技巧。举例如下。

（1）对于"体现了什么"类的主观题，首先要明确考点，梳理知识点并且联系材料一一对应，再进行作答；

（2）对于"为什么"类的主观题，分析其必然性、必要性、紧迫性，再分析其实现或不能实现的现实条件；

（3）对于"怎么办"类的主观题，明确考点后通过思维导图发散并联系相关的知识点，角度会更加全面；

（4）对于"评价某一现象"类的主观题，首先要判断性质并进行表态，然后结合知识点阐述道理，最后明确做法和措施；

（5）对于图表材料类的主观题，首先通过数据分析现象，着重分析数据的变化和对比，然后联系理论，用知识点进行概括归纳；

……

这就是摸索出了答题的结构和框架。那么多千变万化的题目，刷题是永远刷不完的。但是万变不离其宗，只要抓住了题目的核心考法，我们就能以不变应万变。

在之后老师布置的作业中，小王更加注重针对主观题的专项练习，运用自己总结出的套路，再与老师给出的解题思路对照，不断完善思路，巩固记忆。在之后的考试中再遇到同类型的题目，他就能运用这套方法，大大提高得分率了。

这就是自我学习管理带来的突破。比起被动地完成作业，自我管理有更强的目的性、针对性和计划性，所以能帮助我们突破学习中的瓶颈。

但改变学习方式不是一朝一夕的事情，试错和反弹是很正常的。有些同学可能缺乏时间管理能力，或者因为懒惰而浪费了机会，失去了老师的信任，或者没有根据自己的实际情况制订学习计划，选择了过难或者过易的任务……这些都是有可能发生的。

我们可以从小任务开始，锻炼自主管理能力的同时也是在争取老师的信任，然后循序渐进，争取做作业的自由和安排学习时间的自由，然后一定要利用好这来之不易的机会，明确学习计划之后再行动。在遇到反弹时，我们要及时向老师请教，除了难题上的答疑解惑，还可以请老师为我们的学习方向把关。

Tips

> 以自我为中心来安排学习计划，并不与老师的安排有根本性的冲突。老师的安排始终是大方向，老师必须跟着教学大纲走，把握整体教学进程，而我们的自主学习则是弥补性的，针对薄弱环节来调整学习计划。学习中的我本位并不是自以为是，而是从个人的学习需求出发，安排学习计划、调配学习资源、协调不同科目的任务，这都是对自我管理能力的锻炼。

做学习的主人翁，成为自己的教练，是我们每一位同学的必修课。培养自主学习能力是成长过程中的必经之路，而且宜早不宜迟。如果初高中不重视对这一能力的培养，甚至缺了这门课，到了大学必然要面对艰难的转型，毕竟大学教授是不会督促每一个学生的。

5.4 认识大脑：不要和天性作对

在讨论管理之前，我们要了解管理的出发点是什么，是一味地逼迫自己吗？绝对不是。管理应该是基于对自己的了解，结合自身的习惯和特点相应地调整我们的学习计划。因此，我们势必要了解人类大脑天生的运作机制。

1. 大脑不喜欢长时间做同一件事

大脑皮层不同部分有不同的分工，各有擅长的领域。所以我们在安排学习任务时，可以把不同性质的内容交替进行，让工作区和休息区轮换，这样可以有效地刺激不同部位，让大脑保持活力。

比如说，长时间背诵，脑子会越来越糊涂，各种信息夹杂在一起反而会让大脑变得迟钝。比较好的做法是，记忆性的任务可以和练习穿插在一起，输入——输出——输入——输出，这样的切换反而可以让大脑不同部位都得到锻炼。

比如，单词背得烦了，可以写一会儿日记，转换一下思路。数学题做久了，可以听听音乐放松一下，让左右脑轮流上岗。

2. 大脑喜欢刺激

刺激有很多种，颜色、声音、气味会造成多种感官上的刺激，场景、情绪甚至音乐也会给大脑造成不同的刺激。

在学习时，我们不要总是埋头于书本，拘泥于传统的学习方法，而是要多多尝试用不同的方式，调动眼、耳、口、鼻等多感官的全方位参与。

比如，做笔记时用不同颜色的笔区分重要程度，大声朗读语文课文和英语。在脑海中回想化学实验室，同时配合做实验的动作，想象化学反应中的气味和温度。老师通过有趣的案例来讲解理论，我们可以把难记的知识点编成口诀。将文字信息转变成图像或表格，将知识点串联，或者绘制思维导图。这些都可以给大脑带来全新的刺激，从而有效提升我们的记忆效果。

3.大脑喜欢问题

问题能带来目的。当大脑面对大量信息时，一个明确的目标可以让大脑主动搜索答案，而不是被信息所湮没。所以，阅读时不要漫无目的地看到哪儿就读到哪儿，而是要时刻保持清醒的头脑，一边阅读一边给自己提问题。

4.大脑喜欢重复

大脑中的神经元细胞通过突触实现信息的传递。只有通过重复，将知识点消化吸收，大脑才会建立起新的神经通路。

艾宾浩斯遗忘曲线的原理，便是利用了大脑喜欢重复这一个特点。遗忘的进程是不均衡的，有先快后慢的特点。通过遗忘曲线确定复习时间，就可以最大限度地提升记忆效率，从而形成长期牢固的记忆。

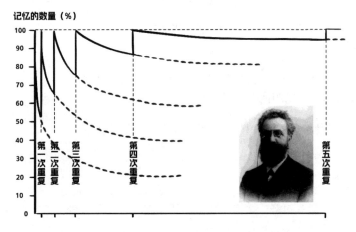

5.大脑需要休息

2001 年，圣路易斯华盛顿大学医学院的神经学家马库斯·赖克尔（Marcus Raichle）在研究中发现，相较于专注于某件事，大脑在走神或者执行被动任务时，一部分神经系统会更加活跃。如进行拖地、洗碗、开车、洗澡等只需要简单操作的活动时，我们的大脑会一边放松并产生阿尔法波，一边放任思维流窜。就像电脑运行后台程序一样，思维在排列重组中能迸发出灵感。

比如，阿基米德在洗澡时发现了浮力定律；我高中时的一位同学，在寝室洗头时突然想明白了一道数学大题，顾不上满头的泡泡便激动地到处找笔把思路写了下来。

6. 身体会奖励自己

我们人体中有 4 种神经递质，分别是多巴胺、内啡肽、催产素、血清素。它们都能给我们带来愉悦、放松、兴奋和快乐的感受，这就是大脑奖励自己的方式。这 4 种快乐因子产生的机制全然不同，我们会在下一节详细介绍。

5.5 快乐因子：那些引起快乐的神经递质

上一节提到，多巴胺、内啡肽、催产素、血清素能给我们带来愉悦的感受。那么它们是如何起作用的呢？本节将详细介绍。

1. 多巴胺（Dopamine）来自欲望被满足后的快乐

大脑中的纹状体协调思维，帮助大脑做决定，是产生奖励和快乐的感觉的区域。

多巴胺喜欢新鲜、刺激、挑战。累了就躺，困了就睡，饿了就吃，打一盘游戏，喝一杯奶茶，买一个包包，短视频一个接一个往下滑，这些都会带给我们即刻的满足。酒精和尼古丁等许多物质也能提高多巴胺的水平，导致上瘾。因此，多巴胺又被称为"欲望得到神经递质"。

2. 内啡肽（Endorphin）来自大脑对痛苦的补偿

内啡肽又叫胺多酚，是一种类吗啡的生物化学合成物激素，能产生一定止痛效果。

就拿长跑来说，刚开始跑时活力满满，跑半小时便会步履沉重，再跑上一会儿我们会觉得筋疲力尽。可要是再咬牙坚持一会儿，我们就会发现双腿变得轻快起来，等跑完整个人会精神焕发。这就是"跑步者的愉悦感"，其中就是内啡肽在起作用。坚持做高投入的事情，熬过了最艰难的阶段，大脑就会用内啡肽补偿自己，我们就会体会到先苦后甜。攻克学术难关，啃下一部专业书籍，做有氧运动，甚至吃辣的食物，这些看上去困难甚至痛苦的任务都会在内啡肽的作用下，变得让人欲罢不能。

3. 血清素（Serotonin）来自规律和稳定的奖励

血清素大部分存在于肠道、血小板和中枢神经系统中，可以调节情绪，有助于增强睡眠质量，提升食欲和记忆力等功能。

早睡早起并冲澡，这么一个简单的行为就能激发我们大脑内的血清素。巧克力中的色氨酸也能影响血清素，还有规律饮食、晒太阳、做瑜伽、冥想、散步、晚上泡脚、在房间里摆放植物……这些都能提高我们身体内的血清素水平，让我们心情平和，认识到生活中积极的一面，获得对自己人生的掌控感。因此，血清素又被称为"情绪稳定剂"。

4. 催产素（Oxytocin）来自亲密关系的陪伴

催产素是一种肽类激素，由下丘脑的室旁核和视上核合成，从垂体后叶分泌出来。虽然这个名字来自产妇在分娩的过程中会产生催产素，刺激子宫收缩和分泌乳汁，但实际上不论男女，身体中都可以产生催产素。

哪怕只是抚摸宠物 15 分钟，就足以让人体释放出血清素和催产素，同时还能降低皮质醇和肾上腺酮等压力激素的水平。除此以外，拥抱家人，和朋友聊天、陪伴子女，这些温情时刻在释放催产素的同时，还能降低血压和心率，让我们愉悦和放松，并产生归属感和安全感。因此，催产素又被称为"爱的情绪递质"。

"从多巴胺的角度来说，拥有是无趣的，只有获得才有趣。"《贪婪的多巴胺》一书中如此说道。多巴胺带来的满足转瞬即逝，因此，我们不要屈从于多巴胺的诱惑，不要沉迷于自我放纵。而是要追逐内啡肽，在艰辛的努力中收获先苦后甜的喜悦。

> **Tips**
>
> 不要觉得自律一定是痛苦的。告别了多巴胺，我们在坚持中迎来了内啡肽，在血清素的帮助下培养良好的习惯，在亲密关系中收获催产素。这些快乐因子都能帮助我们走出低谷。

5.6　饥饿工作：记忆能力和思考能力会提升

不管是动物还是人，肚子饿时身体都会产生危机感。血糖降低，刺激肾上腺激素分泌，引起交感神经兴奋。这时候我们的注意力会更加集中，记忆的效果也会更好。

当我们饥饿时，胃黏膜上皮细胞会分泌一种饥饿激素（Ghrelin）来刺激食欲。耶鲁大学医学院的 Diana 研究发现，这种饥饿激素可以作用于海马体，使海马体时程增强（Long-term Potentiation，LTP）。

甚至在给实验小鼠静脉注射饥饿激素后，显示出阿尔兹海默症状和病理学改变的小鼠，在实验中表现都得到了改善。Diana 认为，高饥饿激素水平之所以会导致学习和记忆能力的增强，是因为动物此时需要更高的认知技能来追踪食物源。

而在正常的生理情况下，外周循环中饥饿激素的浓度在白天空腹时最高。饭后饥饿激素水平快速降低，血液更加集中于消化系统，导致脑活动水平降低，于是我们便容易感到"饭气攻心"，吃饱就困。

对我们而言，饭前饥饿时的学习、记忆效率可能比饭后更高。另外，吃饭时注意要慢一点。饱腹感传到大脑一般需要 20 分钟，慢慢吃，吃到七八分饱即可。不过也要注意，适度饥饿即可，饿过头了可就得不偿失了。

再赠送大家一个狮子记忆法，什么意思呢？

狮子通过巡逻来明确地盘和记忆地形。我们也可以尝试边走动边记忆，这就是池谷裕二在《考试脑科学》中提到的狮子记忆法。走动时，人会因为担心被碰撞，所以注意力更集中，学习效率也就会更高。大脑指挥身体，身体影响大脑，两者协同发展。

5.7 行动指南：关注圈和影响圈

在我第一次读到巴菲特两列清单法的故事时，我想起了我的父母。从小我就知道他们是非常优秀的教师，但我总觉得他们只关心教学这一亩三分地，好像有点跟不上社会。

他们错过了每一次投资风口，聚会时也很少就时事发表意见，叫得出每一届学生的名字，但对大多数艺人都脸盲。他们甚至不知道哪儿有美食街，半夜带着饿肚子的我开车兜了好久，只好回家拆饼干吃。我总笑我妈，只认识从家到学校的路，作为地理老师，开车回家却把自己兜迷路了。

但长大以后我才知道，有些事情很容易，比如只要看过电视剧就能讨论剧情。有些事却是很难的，比如，十年如一日拒绝轻松的消遣。

> 追逐大众和流行是简单的，判断什么会成为经典是复杂的；放纵自己的注意力是轻松的，专注于自己的事业是困难的；在不懂的领域夸夸其谈是肤浅的，在自己的专业上前进一步是艰难的。

在资讯发达的当今社会，每天都有海量的信息争夺我们的注意力。尤其以抖音为代表的视频软件，算法、瀑布流、沉浸式体验轮番上阵，绑架我们的眼球。只要轻轻动一下手指，大脑就不会去主动思考：我现在真的需要这段信息吗？那些艺人八卦、搞笑段子、可爱宠物、电影解说、综艺节目、狗血剧情……真的能帮助我们解决学习上的问题吗？能提升我们的学习技巧吗？能激励我们再背一页单词吗？

于是，我们会变得空虚，因为海量的信息刷过大脑，就像海浪离开海滩，什么都不会留下。

我们会变得迷茫，因为当我们关掉视频时已经忘了自己打开手机的初衷。

我们会变得烦躁，因为该解决的问题一再拖延，成为一颗无法忽视的定时炸弹。

我们会变得痛苦，因为这些视频脱离生活，我们回归生活时只会觉得无所适从。

我们会变得悔恨，因为看再多的视频也无法帮助我们改变耿耿于怀的过去。

所以我觉得，"专注"是我们这个时代最宝贵的财富。

就像方舱里的人，不得不按下暂停键，适应艰苦的环境。当然会有许多焦虑烦躁的人，但也有人捧着一本书，安安静静从第一页读到最后一页，还有人拉起了小提琴，为了考级每天从早练到晚。

只有在专注的时候，我们才是时间的主人。

哪些内容是我们应该关注的呢？要回答这个问题，就不得不提到美国管理学大师史蒂芬·柯维提出的两个概念：关注圈和影响圈。

关注圈里，是我们关注的所有事情；影响圈里，是我们能够改变的所有事情。两者就像两个同心圆，影响圈在关注圈之中。当我们把精力和时间投放在我们无法影响的事情上时，影响圈就会变得越来越小，而我们会变得越来越消极、被动。反之，影响圈会越来越大，我们会变得越来越积极、主动。由此可见，二者是此消彼长的关系。

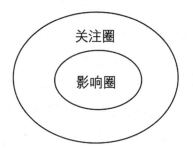

每个人的精力都是有限的，所以决定精力投放在什么领域，对我们来说是至关重要的。

比如，我们多刷一小时抖音，就会少刷一小时习题；当我们多抱怨一句环境，就会少一个改变自己心态的机会。

"上帝，请赐予我平静，去接受我无法改变的。赐予我勇气，去改变我能改变的。赐予我智慧，分辨这两者的区别。"

这句古老的箴言一直流传到今天。但我们真的能分清关注圈和影响圈的区别吗？我们知道电视剧的剧情在关注圈，因为我们无法改变剧情的走向，但同学之间的八卦呢？是不是关系足够近就代表这件事在我们的影响圈呢？

我们知道市场的经济状况并不在我们的影响圈之内，因为我们无法影响宏观经济的走势，但父母的收入呢？父母的收入会影响我们的生活，但我们能影响甚至控制父母的收入吗？

我们知道要为了高考要拼尽全力，但当听说有同学拿到了加分政策，心中还会波澜不惊吗？这些统统都不在影响圈。

我们每一个人，一开始都只有一个很小的影响圈，小到只包括自己和最亲密的家人。

我们是选择看书还是选择刷剧，是选择晚睡还是选择早起，是选择积极面对还是满腹抱怨……这些才在我们的影响圈。

只有随着我们的能量和资源越来越大，我们的影响圈才会随之扩大。当父母认可我们的能力时，我们才会影响到父母；当我们能帮助朋友时，我们才会影响到朋友；当我们升入管理层时，我们才能影响自己带领的团队成员；当我们做出学术成果时，我们才能影响到专业领域的研究……

区分关注圈和影响圈，坦然接受无能为力的事，会让我们不再患得患失，不再消极被动，不再愤愤不平。

Tips

> 两列清单法与区分关注圈和影响圈不只是一个时间管理的技巧，更是一个坚持边界、专注目标的技巧。专注不只是效率的放大器，更是前行的指南针。

5.8 情绪管理：一个经典的对话

情绪管理的核心，从来不在情绪本身。当我们被情绪支配时，种种感受蜂拥而来：焦虑、迷茫、消极、偏激……很多人为焦虑和迷茫而苦恼，都是因为搞错了一点：焦虑时需要的不是情绪管理，而是任务管理；迷茫时需要的不是目标管理，而是行动管理。

我和同学小王有过这么一场对话。

小王："我的成绩在班里只能算中等，怎么努力都不上不下。入学时我的同桌跟我如同难兄难弟，天天互相打气，现在他成绩上去了，我还是一点进步都没有。刚开始时我看到考试成绩还心急火燎的，但现在我已经不敢抱希望了，差距明摆着就是越来越大。好雨姐，我真的有那么差吗？我是不是不适合读书？"

我："你觉得自己做了哪些努力呢？"

小王："比如说，我的短板科目是数学和英语，除了老师布置的作业，我每天额外给自己布置两套题。"

我："那你觉得，为什么自己的努力没有效果呢？"

小王："我基础太差，平时上课都有些跟不上，做这些题真的很累，每次强撑着做完才去睡觉。我都不知道自己是不是应该继续坚持下去。"

我："你有没有请老师帮忙指点一下呢？"

小王："说实话，我挺内向的，成绩又一般，在班里很边缘，老师可能对我没什么印象。我不觉得去请教老师就会有多大变化，也许老师只会鼓励我吧。"

我："你说你的同桌提升很大，你有没有试过请教他呢？"

小王："我们从入学到现在一直是同桌，上一样的课做一样的作业。

我们平时也经常交流，不存在他用了什么我不知道的学习技巧。但现实就是，他成绩上去了，我还在原地踏步。看不到希望真的让人心力交瘁。"

大家发现了吗？小王焦虑于自己的成绩，这种焦虑就像一块沉重的锚，死死地拽着他在水面原地打转，激起一阵阵情绪的涟漪。

Tips

> 只有等涟漪平静下来，我们才能看清水面的倒影；只有等情绪平静下来，我们才能聚焦事实本身。

我们每个人在读书时，或许都有过破防的一瞬间。被比较、被打击、陷入自我怀疑，如何才能走出这段至暗时刻呢？

我回答小王："不够聪明那又怎样呢？你觉得你是在跟比你更聪明的人竞争吗？"

他说："难道不是这样吗？"

真正特别聪明的人一定有，只不过咱们可能见不着。真正智商超高的人，早就通过学科竞赛等方式突围了，不会和我们一起挤高考这条赛道。

为什么呢？因为高考从来不是一场比拼智商的考试。学科竞赛才是纯粹比拼智商的阵地，天才们都在那儿探索极限呢。而高考是多维度的竞争，智商、技巧、习惯、心态等因素，都会影响我们的发挥。

在一个赛道里竞争的人，能有多大差距？他比你聪明一点，你比他勤奋一点；他拿高分，你不偏科；他精力旺盛，你心态平稳。总之，总有你胜出的地方。

我们应该警惕的不是成绩差，也不是自以为不够聪明，而是这种宣泄情绪的提问方式。

我们可以排解负面情绪，也可以寻求感情支持，但一味地宣泄只会让我们偏移方向。

"你明明很棒""我相信你一定可以的""再坚持一下"……如果你每次只能收获空洞的鼓励，那你就应该思考下自己的表达方式。你到底是在寻找帮助还是在寻找借口？是在寻求鼓励还是在宣泄抱怨？

小王到底差不差、适不适合读书、内不内向、边不边缘、老师对他有没有印象，这些重要吗？这些抽象又主观的判断对于提高成绩而言，毫无意义。

> **Tips**
>
> 沉湎于情绪价值，是廉价的、上瘾的，甚至是有害的。因为我们会借此逃避沉重的思考，错失成长的机会。

上述对话还有另一个角度的启发。

作为家长，在遇到孩子宣泄情绪时，往往会有两种典型的反应：

一是只解决情绪，不解决问题；

二是不接纳情绪，只输出观念。

第一种家长愿意和孩子共情，这当然是优点。但如果只接收了孩子的情绪，却无视了孩子深层的需求，就容易使得安慰流于表面，空洞而无力。这种危害是隐性的。

譬如案例中的小王，我们可以猜测他的父母很可能就是第一种反应：在面对小王的抱怨时，光鼓励安慰，不解决问题。小王的情绪被暂时性安抚住了，但问题没有解决，反而养成了回路：发现问题——抱怨——被安慰——问题没解决——继续抱怨——再次被安慰，这样的回路就成了闭环。小王会下意识地觉得向其他人求助也只能收获同样的反馈，从此选择封闭主动交流的大门。

比如，孩子在大考之前过于害怕失败，与父母交流时流露出负面的想法。如果父母没有正视孩子的需求，只说："爸爸妈妈相信你一定可以的！"其实反而会增加孩子的心理负担。

这时候一味地鼓励其实是一种温柔但不可抗拒的压力，告诉他只许前进，只许成功。

但如果父母能够看到孩子情绪背后的需求，那么这其实就是一次教会孩子如何面对失败的机会。父母可以整理出孩子每次模拟考的成绩，告诉他正常发挥就是父母期望的表现，告诉他，只要尽力了，什么结果父母都能接受。从而帮助孩子卸下心里的包袱，才是处理情绪的关键。

只解决情绪是治标不治本，只图一时风平浪静的后果就是按下葫芦浮起瓢，在父母看不见的地方肯定会有更大的情绪反弹在等着。

第二种家长无法接纳孩子的情绪，动辄就会斥责孩子悲观、消极。

同样是大考之前过于害怕失败，孩子稍微流露出一点负面的想法，父母就会转移话题："就知道想东想西，你今天的单词背好了没有？"或者会说："你怎么总是这么消极，你就以这种态度迎接高考吗？"

不承认孩子负面情绪的存在，长此以往，亲子关系就会陷入僵局，孩子不愿意再对父母坦露心声。

从大脑发育的角度来说，处于青春期的人的额叶还在发育中，还不能像成年人一样成熟地进行理性思考，更多的是在本能和情绪支配下做决定。偏激、片面、起伏，甚至走极端，这些在青春期的孩子身上尤为常见。

所以对于家长而言，疏解和引导同等重要。疏解是站在孩子的视角接纳情绪，引导是站在成年人的视角理性思考。

多用开放式的问题一步步逼近孩子深层的需求，才能帮助孩子避免过多地索求情绪价值，从而专注于解决问题的目标上。

总之，管理情绪，堵不如疏。

5.9 负面情绪：接纳自己才能完善自己

关于情绪像什么，每个人的感受和理解都不同。

其实负面情绪就像感冒发烧，也像一场大雨，都是在所难免的，一时的坏情绪也是如此。飘风不终朝，骤雨不终日，再激烈的情绪也会归于平静。

Tips

> 我们要承认情绪，接纳情绪，而不是否认情绪，甚至是戒掉情绪。情绪就像流动的泉水，若找不到宣泄的出口，久而久之就会决堤。

当我们被情绪裹挟的时候，不妨问问自己以下几个问题。

1. "我"现在的感受是什么？

当我们沉湎于激烈的情绪时，只有提高自己感知、分辨情绪的能力，才能感受到情绪的流动。

任何情绪都是有来由的。柏拉图曾经说过，愤怒有时作为欲望之外的一个东西和欲望发生冲突。换言之，当事情发展和我们预期不同，脱离了我们的期待和掌控时，我们便容易愤怒。我们的情绪中掺杂着对自己无能的失望，对别人成就的嫉妒……

了解了这些，我们才能梳理清楚自己真实的想法，而不是受情绪和本能驱使，凭着冲动做决定。只有提升感知的颗粒度，才不至于被激烈的情绪冲昏头脑。

2. 现在是什么情况呢？

放任情绪不仅无法解决问题，还会让我们失去对问题和事态发展的掌控。想要从情绪中抽离出来，我们就需要提醒自己关注自己的处境和事态的发展。情况有没有超出我们的掌控，当务之急是什么，如果放任不管，只顾着发泄情绪，那么会有什么后果呢？

3. "我"希望达到什么样的结果？

明确目标，才能将关注点转移到事情本身。我们可以改变的，就尽力而为；我们无法改变的，就勇敢接受。判断现状与目标之间有多大的距离，我们才能对目标有更清晰的认知，这将有利于我采取不同的行动。

4. 有什么是"我"可以做的？

很多同学觉得焦虑，因为沉重的期望像山一样压在头上，让人透不过气来。我现在模拟考试下来只有普通"一本"的水平，可是我想考出能上"985"的成绩。这样的期望，太过宏大也太过模糊，我们连步子怎么迈出去都不知道。你说这能不焦虑吗？

那我们如何拆解目标呢？假设我希望高考成绩能上"985"学校，我至少要在现在的总分基础上提30分。从现在到高考，我还有4轮模拟考的机会。换句话说，我们有4次验证自己提升并且调整的机会。下一次模拟考，我希望能在哪些科目进一步提分？如果我要在英语这门课提升5分，我觉得什么题型更容易提分？我数学最容易失分的模块，是三角函数还是圆锥曲线，我是否有可能在下次模拟考前针对短板再重新梳理一遍？我觉得语文这门课提分难，花进去时间效果不明显，我这阶段是不是可以针对文言文去训练，每天做一篇保证手感？这门课是我的优势科目，如果挪出一点时间给短板科目，能不能确保我目前的成绩不下滑？每门课分析一遍准备重点，我们能不能给自己定一个合理的提分预期？等模拟考成绩出来，我是不是就可以对比预期来调整我下一阶段的备考策略？

当我们把一个看似不可能完成的大目标，拆解成一步步可控可调整的小任务，我们是不是就会觉得那些喘不过气的压力就慢慢消散了？

再遥远的目标，也是一步一步走过去的。所以学会拆解目标，降低我们的心理门槛，并且在前进的过程中不断调整方向，才能确保我们的行动力，同时还能化解各种负面情绪。不要以为情绪是不可控的，只要我们行动起来，就能把不可控的因素转变为我们可以控制的因素。

第六章

自我驱动：
找到专属于自己的那把钥匙

6.1　认识驱动：一个老人和一群孩子的故事

一个老人独自居住在城郊，那里环境清幽，生活很惬意。有一天来了一群淘气的孩子，整天喧哗打闹，将酒瓶、罐头扔得满地，踢得哐当作响。

老人不胜其扰，于是找到了他们，说："好孩子们，谢谢你们给我这个孤独的老人带来热闹，听着你们游戏的声音我觉得很快乐。我准备了一些零钱，大家买些小吃吧，希望大家以后常来玩。"

这些孩子本就以扰民为乐，拿到钱后更是变本加厉，几乎每天都要去老人家旁发出种种噪声。老人每次都乐呵呵地奖励一笔小钱。

如此过了一段时间，老人找到孩子头子，面露难色地说，他现在退休生活很拮据，最近没办法给大家奖励了，希望大家见谅，以后还是多来玩。

孩子头嗤之以鼻："哼，不给钱还想听响？想得美！"于是带着一伙人离开了，再也没回来。

为什么他们会离开呢？

他们将乐趣建立在别人的烦恼上，这是单纯的内在动机，恶作剧和搞破坏本身就是奖励。而当老人提出奖励的时候，孩子的动机从内在慢慢变成了外在的物质奖励，于是曾经好玩的恶作剧就变成了一项任务。他们觉得自己付出了劳动和时间就应该获得回报。

就这样，老人成功将奖励和动机绑定在了一起。当奖励消失时，动机也就消失了。孩子们再也无法从单纯的恶作剧中获得乐趣，反而觉得发出的声音若是让老人听到了，那就是吃亏了，所以一去不回。

这个故事带给我们什么启发呢？

Tips

> 所有的行为背后都存在动机，而内在动机和外在动机导致的结果是截然不同的。内在动机是指我们做一件事，不是为了事情带来的结果，也不是为了附带的利益，而是为了事情本身的乐趣和从中获得的满足感。外在动机是指我们做一件事，不是出于事情本身，而是为了外在的结果。

刚出发时，我们兴致使然，单纯地享受出发的快乐，不需要用意志力逼迫自己也能坚持下来。可旅途漫漫，乱花渐欲迷人眼。为名为利，为面子，为安全感，为种种说不清道不明的缘由，我们会忘记为什么出发。

当有一天这些外在奖励消失时，前进的动力就会随之烟消云散。于是我们会迷茫焦虑，后悔苦恼，再也找不回曾经的乐趣。

6.2 动机转移：让你改变动机的思维陷阱

无论做任何事，很多人在初期是有内驱力（内在动机）的，但不知怎么回事，就被转变成了外部动机。这里举两个典型情况。

1. 沉迷打卡，忘记初心

终身学习是非常优秀的品质，现在有各式各样的知识付费课程供我们选择，这本是好事。可很多人发现，打卡之后发朋友圈，带来的成就感掩盖了求知的快乐。

在刚开始时凭着高涨的热情，坚持并不难。可随着时间推移，热情消退，靠着意志力便难以为继了。原本锦上添花的打卡，不可避免就会转变成任务心态——完成即可，点到为止。更有甚者，糊弄一下，每天只是机械地打钩，应付任务，忘了为什么而学习，陷入了为学而学的尴尬境地。

2. 物质奖励，适得其反

求知欲旺盛的孩子，从书本中就能收获满足感。而很多家庭用错了激励手段，对孩子过分夸奖赞美，甚至用到了物质奖励。当孩子为了外在的结果而读书时，想的是如何达到父母的要求，如何让父母高兴；如果完不成，父母会不会惩罚我……如此这般，自然就没什么心思真正投入在课本上了。

"鸡娃"一时能看到立竿见影的成效，可让孩子丧失了求知欲，无法从内心感受努力带给自己的变化，可谓是得不偿失。

我经常在朋友圈里看到家长发孩子练钢琴、毛笔字、学英语的记录，并骄傲地公布孩子坚持的天数。我也经常看到老师布置寒暑假作业，要求学生每天在班级群里打卡。

这种打卡方式表面上看可以激励人养成习惯，但是实际上却把我们内在的驱动力偷偷地置换成了外在的驱动力。当我们弹琴时，我们不再为弹出一段顺畅的旋律而欢欣鼓舞，只是为了弹够时间好打卡。当我们沉迷于朋友圈里的一个个点赞时，却忘了自己的初衷，一旦遇到挫折或是成绩有所倒退，就会变得心浮气躁。

《看不见的力量》指出："外部压力杀死内部动机。要成为优秀的孩子，就必须通过一系列严格的外部评价，如分数、比赛名次、艺术考级、体育技能等。所谓教育内卷，卷的就是外部评价。而这种内卷和压力杀死的是内驱力。"

有的学生喜欢被表扬、被注视的感觉。若得到了表扬，就有干劲；一旦没人关注，就会松懈。

家庭教育这么激励孩子，等孩子到了学校，必然是会有落差的。一个老师要面对几十个学生，肯定没有家里几个大人整天盯着一个孩子可劲儿夸来得轻松。费尽心思在每个人身上找闪光点，对于老师来说也是很大的负担。

Tips

所有的表扬和奖励都是边际效益递减的，甚至会起反作用。上一节中老人奖励吵闹的孩子的故事就说明了这一点。

6.3　寻找驱动：正视自己，明确初心

什么是驱动？其实没有玄之又玄的概念，距离我们也并不遥远。人生中遇到的点点滴滴，都可以成为前进的养分（也就是驱动）。

1. 再坚持一下

深吸一口气，第 n 次研究一道怎么也解不开的题，眼泪在眼眶里打转。新思路依旧被绊住了，你怎么都想不明白到底错在什么地方。你猛地把草稿纸揉成团，用尽全力将它扔到了地上，扑在桌子上号啕大哭。

哭完了，你叹口气，捡起草稿纸小心翼翼展开，第 $n+1$ 次重新开始解题。此时，驱动力也许就是咬牙再坚持一下。

2. 一股子不服气的劲儿

你向来以自己的英语成绩为傲，直到一次英语比赛，你的口语演讲输给了另一位同学。这就像一个耳光打在脸上，你本以为手到擒来的胜利就这么在不经意间悄悄溜走了。

夜深了，你躲在被子里戴上耳机，第 10 遍看起了演讲冠军的比赛视频。此时，驱动力也许就是这一股子不服气的劲儿。

3. 最初的梦想

小时候你看着电视剧里的大律师，时而镇定自若地侃侃而谈，时而言辞如剑大杀四方，可真威风啊！其他孩子幻想自己是超人、是仙女、是公

主，而你幻想自己是一个心怀正义的律师。

长大后，你埋头在一张张卷子里，童年的梦想离你有时很遥远，有时又很近。此时，驱动力也许就是最初的梦想。

4. 深切的向往

你放下笔，揉了揉疲惫的双眼，然后缓缓闭上，思绪回到了未名湖畔。初春柳条间的微风扑面而来，那是你在晨跑。盛夏的蝉鸣里你满头大汗，骑着车去图书馆抢座位。秋天博雅塔倒映在湖面上，天光云影，层林尽染。冬天你第一次穿上溜冰鞋，在未名湖上摔得四仰八叉。

睁开眼，你从密密麻麻的笔记中仿佛看到了北大的招生简章。此时，驱动力也许就是一种深切的向往。

5. 成年人的艰辛

门被推开的时候你迅速把手机塞到了书本下，头也不回地抱怨："妈，我不是说了吗，进来之前你敲个门，思路都被你打断了！"妈妈永远都是那么好脾气："我喊你啦，两只手都占着你也不来开个门。"她放下了水果和牛奶转身就出去了。

门轻轻地合上了，你有点失落又有点后悔。你突然从牛奶的香气中闻到了一丝苦涩的中药气味。你走出门，看到妈妈弯着腰，爸爸一边为她贴伤筋膏药，一边抱怨："让你休息，你偏不听，加班加到腰肌劳损，我看也就只有你了。"妈妈嘶嘶抽着冷气，说道："能有多大事，贴两剂膏药就好了。"

此时，驱动力也许就是终于长大的那一刻，体会到了成年人的艰辛。

6. 不服输的心性

送走亲戚的那一刻，全家人脸上的笑容再也挂不住了。你沉默着收拾剩菜，耳边还回响着亲戚喋喋不休的八卦：谁家的孩子考上了好大学，谁家的孩子拿着高薪，而谁家的孩子当年没考上大学现在只能开出租。上下嘴皮子翻飞间，亲戚一边吐着瓜子皮，一边斜眼看你，看你低头耷脑，看你愁眉苦脸。

你沉默着洗碗，沉默着攥紧了拳头。你在想，会不会有那么一天，一辈子老实巴交的父母能因为你而扬眉吐气；会不会有那么一天，你能在虚伪势利的亲戚脸上看到掩饰不住的嫉妒；会不会有那么一天，你能考上一所好大学，一所让所有人都啧啧称赞的好大学。

此时，驱动力也许就是一份倔强的少年心性。

7. 被肯定的进步

放学铃声响起，同学们一个个冲出教室，归心似箭。你突然被老师叫住，正惴惴不安的时候，没想到老师说："这次月考你英语成绩进步很大呀，怎么突然就开窍了呢？"

你惊讶地抬起头，第一次发现原来老师笑起来时眼睛是亮亮的。老师塞过一盘磁带，说："词汇和语法都下苦功练了，听力也不能落下。这盘磁带你周末拿回家好好听听，把你的耳朵磨一磨。"

此时，驱动力也许就是每一点小小的进步都得到了肯定。

Tips

> 驱动力，从来不是遥远宏大的词汇，它就是我们生活中小小的碎片。这些碎片支撑着我们，迈开右脚，再迈开左脚，再迈开右脚，循环往复，直到我们抵达终点。

驱动力，就像是一颗种子，从黑暗幽深的土里生根发芽。不论是瓢泼的大雨还是泥泞的污水，不论是悉心灌溉还是随手一盏残茶，你都视为养分，甘之如饴。因为你知道，终有一天你会仰天开出桀骜的花朵。

6.4　调整状态：消除杂音回归目标

花哨的名词、宏大的叙事，为什么对青少年那么有吸引力？只是因为这个年纪还没有建立起成熟的判断力吗？并不是的。这些概念的迷惑性就在，既可以当成逃避现实的窗口，又可以当成否认失败的借口。

"现在卷成这样，我们努力读书有什么意义？"

"学历越来越不值钱了，我们考得再好有什么用？"

"好多工作对女性又是歧视又是限制，凭什么这么不公平？"

"高考就是把所有人放到一个模具里面看谁最适应，难道高考考得好未来就一定好吗？"

"我们现在学的这些有什么用啊，谁会用三角函数买菜啊？手机上翻译软件不要太好用，谁还要学英语啊？"

"考进'985'，也不过就是保证未来进大厂有个'996'的位置嘛！"

……

去高中做分享时，偶尔就会有这种尖锐的问题出现在台下同学提问的小纸条上。很多老师对于这类刺头学生也总是很头疼，觉得现在的孩子接触了互联网，各种想法太多了，不像以前学生想法很纯粹，满脑子就是提高成绩。

但是回过头来想想，这些想法对我们实际的学习有半点帮助吗？只是把我们的焦虑、内耗、负面的情绪，转移到外界，仿佛只要觉得是这个高考机制不合理、这个社会运作有问题，我们的困难就能迎刃而解。事实果真如此吗，这些抱怨有用吗，世界会因为你的不满而改变吗？并不会。反而会让我们偏离前进的轨道，把宝贵的注意力消耗掉，失去了提升的机会。

第七章

高中学习：
一路向前，其他的交给时间

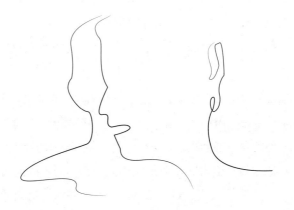

7.1　初入高中：必须升级学习方法

离开初中的小池塘来到高中，想必很多同学都雄心满满。但是往往不到一个月，种种变化会让很多人备受打击，对比入学时的摸底考和第一次月考，排名上会有很大的波动。

经常有高一新生向我反馈，进入高中后落差特别大。一方面是学习跟不上，却不知道问题出在哪里；另一方面是心态跟不上，过去的自负一下子变成了自卑。

一般都有哪些具体体现呢？

一是听课跟不上。老师讲解概念时，刚开始听得好好的，不知道到了哪一点就反应不过来了，然后越来越难跟上。最后一堂课听下来，往往不是走神，就是听得云里雾里。这种情况就是逻辑思维较弱所导致的。初中知识点简单，各科之间没有太强的关联性，老师反复灌输之下，学生只需要死记硬背，并不注重逻辑推理。到了高中，每堂课的知识点都很密集，老师不会把每个知识点都掰开了揉碎了讲，基础不扎实的结果就是听老师讲课会觉得特别跳跃，比别人慢上几拍才能反应过来。课上一个不留神，老师的进度已经翻篇了。

二是做题反应不过来。看到题目只觉得眼熟，但是用什么解法却是全无头绪，只能用老师教的套路一次次往上套。这就是初中时背套路的后果，知其然不知其所以然。到了高中，题量加大，过去穷举刷题的方法行不通了，考试时一下子心态就崩溃了。

就比如说函数，光是背"奇变偶不变，符号看象限"这种口诀完全没有用，题目变化得稍微复杂些，学生都不知道该怎么套公式了。而函数又是后续各种数学概念的基础，如果这一块内容拿不下了，没建立起关于函数的思维方式，那么后面学复合函数、三角函数、导数等概念都会很吃力。

都说高中的知识比初中难，在我看来，初中到高中是一个跃变的过程，主要体现在以下几个方面。

1. 高中知识量增大，学习节奏快

初中知识点相对高中少很多，初中的一个知识点老师会反复讲，学生总能吃透。靠自己掌握的学生，和靠老师"喂饭"的学生，体现不出太大的差距。反而有些学生习惯了"喂饭"，懒于思考和总结，因此被消磨了悟性。这样的学生进入高中之后，必然是跟不上高中的学习节奏的。

高中接触到的题型，数量之多和变化之灵活，也远远超过初中死板僵硬的题型。高中一学期的知识点，就超过了整个初中三年的知识点，而且知识点的理论性、系统性、综合性都在增强，如果学生跟不上学习节奏，靠自己是很难消化吸收的。如果不能及时发现和解决问题，那么等问题积压成堆以后再想解决，不但难度大，还会打击学生的信心。

2. 高中知识点更抽象

初中的大部分知识点都非常具体，而到了高中，知识点一下子变得抽象起来。很多学生无法建立联系，对概念无感，更无法把概念转变为认知。

想象一下数学老师怎么解释函数中单值对应的概念：挖一个坑埋一把种子，最后坑里也许会长出一棵白菜或几棵白菜，但一棵白菜永远不会长在几个坑里。

运用联想法、类比法、归纳法，才能在抽象的思维中找到着力点，以便于更好地理解和记忆。

3. 高中课程多，平衡各科需要提高自我管理能力

初中时期主要的三门课就是语文、数学和英语，其他科目相对简单，有的科目只要达到会考要求就可以了。有些学生在中考前突击两个月，就

能把副科成绩快速提高上来。

带着这样的想法进入高中，以为副科可以靠突击、吃老本，一定会在考试时摔跟头。高中阶段要注重均衡发展，一旦某科成绩落了下来，之后就要用数倍的精力去弥补。每门课都需要根据自己的薄弱项目去进行针对性调整，对新高中生来说，这就意味着要提升自己自律和时间管理能力。如果只靠堆时间应付科目，那么很快就会发现自己在各科目之间左支右绌，疲于应对。

4. 高中要升级学习方法

初中以知识点积累为主，很多学生光靠背都能应付考试。

高中不能光靠知识点的堆砌，因为每一个知识点背后都需要扎实的储备量，每一个知识点之间都要打通联系。死记硬背会在庞杂的知识量前败下阵来，越是依赖背书，就越是混乱。

体现在考试中就是考查基础知识的题目的占比降低，而基于材料的阅读理解、分析，对公式定理的推导归纳，这类题目的占比大大提高。这说明考试并不是单纯通过考查知识点来对不同层次的学生进行区分，而是通过考查学生的知识储备和思考分析能力，以及学生对知识点的运用来进行水平分层。这样一来，自然会剔除那些以堆时间刷题来提升熟练度的"伪学霸"。

转变学习方法是非常困难的，因为我们必须得摒弃原来熟悉的方式，从头培养思考分析的能力。同样是背，习惯了为背而背的人，很难一下子转变成理解基础上的记忆模式。

转变不是一朝一夕的事，有的学生会经历排名倒退，有的学生会自信心受挫，也有的学生会重新走回老路上。能否成功升级，最终决定了大家能否适应高中阶段的学习方式。

5. 高中没有捷径可走

初中时上一上补习班，被父母逼一逼，成绩提升会很快，甚至有的学生暑假里就能把下学期的课本都上一遍。这样的"偷跑"和"催熟"，短期内的确能提高成绩，的确很有成就感，但这种提高是虚假繁荣。

因为如果提前学习，课堂上就只不过是把暑假里的课又重新上了一遍。对于有追求的学生来说，吃老本是浪费时间；而对于另一些学生来说，提前学只是走马观花，听课时自以为懂了，结果基本功"四处漏风"。

Tips

> 投机取巧对学习能力的提升毫无助益，内卷更是耗费心力。走捷径欠下的债，迟早要还回来。

进入高中阶段，我们需要重新定位，将过去所有的成绩都抛诸脑后，从零出发，带着全新的开放的心态进入新阶段。

在我看来，高一是一道坎，高二是一个坡，高三是一道接着一道关。

高一，难度陡然提升，对于绝大多数学生来说都是挑战。要将初中的学习方法转型升级，就必须逼着自己跳过这道坎，才能窥见一片全新的天地。

高二，学生们已经逐渐适应高中的强度，但正处于过渡期，基础要打扎实，才能为之后的攀登和冲刺积蓄能量。所以高一时的成绩还会大起大伏，到了高二，有些学生的成绩只会不动声色地慢慢往下掉，等意识到时发现已无力回天了。

高三，闯过一道又一道关口，需要有碾碎一切障碍的决心和气魄。在学习中反复锤炼，塑造强大的内心，才能带着一往无前的气势冲过一道道狭隘的关口。关关难过关关过，直到迎来胜利的终点。

7.2　面对现实：你比你以为的弱很多

刚升入高中的第一次月考或期中考，很多人会大失所望。原本以为初中成绩优异的自己，能很好地适应高中的学习生活，没想到第一次大考就被当头一棒。

其实，把考试难度特意设置得比较高，也有老师的用意。

进入高中后，有的同学还保留着初中是尖子生的优越感；有的同学处处拔尖争先出风头；有的同学埋头学习，希望一鸣惊人；有的同学还没意识到高中和初中的区别；有的同学参加社团、竞选班委；有的同学已经跟人闹起了别扭；有的同学还在艰难适应宿舍生活。总之，大家都在互相试探，衡量自己与他人的实力，都忙得不亦乐乎，就是没把多少心思放在学习上。

这时候老师就要给"新兵蛋子"们兜头泼一盆冷水了。考试成绩一出来，入学成绩和考试排名形成了鲜明的对比。有的同学会被打击得一蹶不振，有的同学可能还停留在初中的"辉煌"里，觉得这一次只不过是发挥失利。等到高一下学期甚至高二，几次考试之后排名稳定下来，他们才会惊觉，原来这就是自己的真实水平。可到那时候，落下的功课太多，再从头调整心态为时已晚。

有同学曾跟我说："我一直以为自己以前只是没有发力，可当我真的用尽全力努力以后才发现，居然还是没有提升，那时候我是真的害怕了。我不知道除了熬更多的夜、做更多的问题以外，我还能做什么。"

这样会产生挫败感的时刻，在高中三年也许还有很多次。比如，文理分班时没有被选入尖子班；三角函数就是啃不下来，越焦虑越开不了窍；晚自习时大家都埋头做题，只有自己看不进书；父母总数落自己态度不够端正，委屈又着急；多少次熬夜打排位，自责懊悔却于事无补；好友成绩稳步上升，自己却一直原地踏步；前脚化学老师找谈话，后脚班主任告家长；明明全力以赴了，成绩却一落千丈……

有那么多瞬间，让人委屈让人失落，让人自卑让人懊恼，让人自我怀疑，还让人陷入绝望。屋漏偏逢连夜雨，麻绳偏挑细处断。也许就在我们觉得自己已经够糟的时候，事情还会变得更糟糕。我们就好像陷在泥潭里，越是挣扎哭喊，越是徒劳无功。

一个又一个打击劈头盖脸打下来，我们措手不及，分外狼狈。那种感觉就像是黑夜里走进了一个长长的隧道，我们知道一定会有尽头，我们也知道尽头很遥远，遥远得只能看到一个小小的光点。光点那头有个更小的人影，也许是我们的家人，也许是我们的同学。他们一边朝我们招手一边喊着："快过来呀，很快就出来啦！"

我们在黑暗中摸索，小心翼翼地落脚，心里再急也只能一步步慢慢走。可是不管我们走了多久，那光点还是那么小、那么遥远。

我们对自己说："没有一个困难，会在我们调整好状态之后再降临。"

Tips

> 学习一定会有低谷和瓶颈。低谷会筛掉 80% 的人。越是低谷，越能看出一个人的心性。

2022 年一篇高考作文，题目是《跨越，再跨越》。

有天我和几个高二的同学一起讨论这篇作文该如何破题，有哪些素材。很多同学着眼点放在如何"跨越"上，举出的例子是关于在学习中如何努力拼搏，再创新高。但这道题的题眼，其实落在了"再"这一字上。

一次突破，或许有运气的成分，但再次突破往往更难。因为这需要我们不为过去的成果沾沾自喜而止步不前，更需要我们敢于抛弃成见，在正确的方向上不断尝试探索。

当我看到这个考题时，其实我想到的是——第二曲线。

7.3　第二曲线：进步是非连续的

1996 年美国未来学院院长 Y.Morrison（杨·莫里森）在研究生意周期和企业发展规律之后，提出了"第二曲线"理论。第一曲线，是企业在熟知的环境中开展传统业务而形成的企业生命周期。而第二曲线，则是企业在面对新技术、新消费者、新市场的挑战下，进行一场彻底的、不可逆转的变革，并由此形成的全新的企业生命周期，如下图所示。

第二曲线创新模型

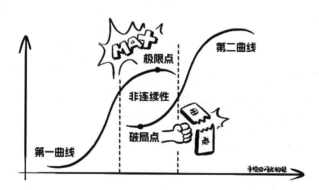

问题在于，从第一曲线到第二曲线往往是非连续性的，甚至是跃迁式的创新。

举个例子，电视机是我们生活中最常见的家用电器。电视机的发展经历了很多次技术革新和升级，从黑白到彩色，从等离子到液晶屏，从平面到曲面……

想象一下，如果我们是一家电视机厂家，现在生产的等离子电视机销量特别好，每年的利润都非常可观。这时候，市场上出现了一种新技术——液晶屏，它有更高的分辨率和更鲜亮的颜色。这时候我们作为电视机厂家，应该怎么办呢？

要跟进新技术，需要大量的人力资源和经费投入在研发、专利和产品线上，甚至可能会影响目前等离子电视的生产。

但是如果不跟进新技术，目前也许销量还可观，但等液晶技术成熟起来价格降低时，市场份额就会被蚕食。

毕竟我们没有开上帝视角，无法得知这项技术是否有广阔的市场前景，需要多少年才能成熟，也无法判断未来市场价格的走向。如果我们是做决策的人，我们该如何决定呢？

这就是商业发展的规律。第一曲线就是原有的商业模式，随着技术积累、成本管理和市场拓展，在原有的环境里收益会不断上升，到达市场的上限。

但是随着技术升级、市场变化、供应链变化，需求也会随之改变，总会出现更新更好更便宜的产品抢占市场份额。如果长期依赖于原有的商业模式，靠着等离子技术吃老本，错过了新技术的发展机会，市场份额就会不断被新产品蚕食。

但是想要从第一曲线转到第二曲线，就要需要大量的投入研发新技术，甚至要做好长期没有产出和盈利的可能性。从第一曲线转换到第二曲线，不但要有长远的眼光，还要有接受后退的勇气。

在商业社会中，第二曲线理论有非常丰富广泛的运用。而在学习中，我认为也一样存在第二曲线。初中时知识点少，讲课进度慢。很多同学不重视概念理解，基础掌握得不扎实也没有关系，因为上课时老师会翻来覆去地讲，下课后可以刷题验证理解。遇到难题套模板，不求甚解，只要刷题刷得足够多，总能熟练运用。

这一套方法到了高中还行得通吗？当然不行了，高中知识点密集，教学进度快。很多同学进入高中之后就发现，每门课都很花时间，刷题看不到效果。起早贪黑做不完的作业，成绩却是不见起色。

这就意味着，学习方法要升级了。不能再依赖刷题来提升熟练度，要重新建立一套学习模式。

但是建立一套新的学习模式，谈何容易？

比如学习新概念时，过去的方法是照抄老师的板书，笔记写得满满当当的。每次做作业，先摊开笔记背一遍新学的公式。但是如果让你扔掉笔记清空记忆，自己根据已知的定理和公式去重新推导一遍，能不能得到正确的结论？

人是会路径依赖的。不由自主地用起了熟悉的模式，堆时间换成绩，那我们只是把初中的硬盘升级成了高中的硬盘，却没想过应该升级一下我们的 CPU。抛弃过去熟悉的模式，采用一种全新的学习模式是令人痛苦和恐惧的，一开始可能会花上比过去更多的时间，也可能得不到很好的分数。但这就是从第一曲线转型到第二曲线必然面对的情况，我们要接受退步，才能进步。

就好像爬山时，只有爬到了一座小山丘，我们才能看到更高的山峰。但想要到达更高的山峰，我们可没办法直接从这个山顶直接飞到另一个山顶。我们还是要一步一步，先下山，再上山。登上小山丘，是为了让我们窥见更高远的风光，让我们明确前进的目标。下山，是为了让我们调整方法，才能向更高峰出发。

根据这个曲线，转变学习方法是一定会有后退的。可以说，第一曲线相当于卷硬盘，第二曲线相当于卷 CPU。从第一曲线转变到第二曲线，必然会面对转型的挫折、成绩的滑坡。但低谷期之后学会用一种全新的方式理解知识点之间的联系，才能适应高中更加庞杂的知识体系。

7.4　垫底辣妹：一个典型的逆袭故事

大家再看看达克效应曲线。

下图所示为达克效应曲线，它是由心理学家邓宁和克鲁格首次描述的，于是命名为邓宁 - 克鲁格效应，也可以称为达克效应。意思是说，能力越差的人往往越会高估自己，能力越高的人往往越会低估自己。用达尔文的话说就是，"无知要比博学更容易产生自信。"

达克效应曲线

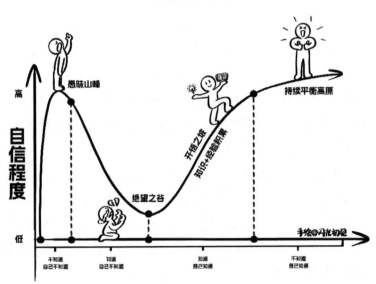

达克效应随着能力的提升会有 4 个相应的阶段。

1. 盲目自信

能力低下时对自己的认知不足，就容易自我营造出一种虚幻的能力和优越感，过高地评估自己的水平，却无法客观公正地评价他人的能力。拒绝学习，拒绝进步，这就是"不知道自己不知道"的阶段。

2. 自信崩溃

通过学习终于意识到自己的无知和无能，一下子自信崩塌。做什么事都缺乏底气，也无法正确地认识和评价他人。这就是"知道自己不知道"的阶段。

3. 重新成长

接受自己的不足之后，随着不断学习，一方面对自己的能力有了更加清晰的认知，另一方面心态也变得开放积极，愿意接受新事物，更加变通。这就是"知道自己知道"的阶段。

4. 成熟稳定

当能力成长到一定阶段，成为这个领域中的精英，并且经过社会比较后，便可以准确调整对自我和他人的评价。但正是因为谦逊的求知心态，他们会假定别人也同样渊博，有时候就会过于谨慎和自我怀疑。这就是"不知道自己知道"的阶段。

日本电影《垫底辣妹》，主角工藤沙耶加与朋友整天玩得昏天黑地，成了时尚小辣妹。在家人和老师的打击之下，他也自暴自弃、荒废学业，即使成绩在年级垫底也无动于衷。

直到去了补习班，在老师的鼓励下，沙耶加定下了一年后考上庆应大学的目标。庆应大学是日本老牌名校，考入难度不低于我们考上清北。尽管老师评估下来，她的知识水平只相当于小学四年级，但那时的她并不知道，自己距离庆应大学有着多么遥远的距离。她开始为了心中的目标拼命学习，一点一点弥补过去几年落下的功课。

她受到的最大的打击，并不是刚开始学习时完全看不懂题目，次次测试都是 0 分，而是在她已经有了长足的进步，开始为高考准备冲刺时。当她看到庆应历年的高考题时，才真正意识到自己与目标之间犹如天堑般的鸿沟。一向积极的她消沉下来，翘了补习班的课，怀疑自己的努力根本没有意义。

电影里沙耶加泪流满面，电影外我感同身受。

沙耶加的经历对应的就是达克效应曲线的不同阶段。当我们能力低下时对自己认知不足，也无法正确评估现实与期望的差距。而当我们能力提升时，却又会被巨大的落差一下子撂倒。

> 很多人过不去这个坎，便沉浸在绝望中一蹶不振。但殊不知，恰恰是因为有了长足的进步，才会有"我怎么也做不到"的认知。只有继续努力，才能冲开这一层表象，进入下一个阶段。

就如同电影中的沙耶加，她在家人、友人的鼓励下，鼓起勇气重新调整心态，为考上庆应拼命奋斗。

当我们了解了达克效应曲线，我们就会知道，"自信低谷"的状态只是一道障眼法。只有继续前进，走出迷雾，才能窥见另一番豁然开朗的天地。

大家不要以为《垫底辣妹》这部电影只是为了打鸡血，电影故事其实是由真人真事改编的。女主人公的原型小林沙耶加，她的经历比电影中的更精彩更励志。电影结束了，可是沙耶加的人生并没有停下。从庆应大学毕业后，她成为一名婚礼策划师，而在 2022 年，34 岁的她宣布自己被哥伦比亚大学和加利福尼亚大学洛杉矶分校同时录取。

她在离婚之后一直思考自己的未来。受恩师影响，她希望可以学习心理学，用自己的经历鼓励更多的孩子。可是，离校多年又做了很长时间的家庭主妇，英语差，记性更差，以她当时的托福成绩，根本不可能申请到国外的研究生。而这一次她没有自暴自弃，她重新捡起书本，一边工作一边学习，终于考出了漂亮的成绩，前往哥伦比亚大学进修教育心理学硕士。

> 不管多少岁，都要奋力追求自己的梦想，永远不要告诉自己不行。

7.5　不是凡尔赛：因为学霸知道自己不知道

我们经常看到一些学霸，考试前总说自己没准备好，结果考出来分数比谁都高。我们总觉得他们故意在"凡尔赛"，但其实还有一种可能，就是他们对知识的掌握度更高，所以也比其他同学更清晰地知道自己没掌握的部分。

与之相反的是，我们也经常看到那些对概念还一知半解的同学，却总是过度自信，看不起其他同学，直到考试成绩出来，才发现没找准自己的定位。往往只有在饱受了打击之后，他们才能意识到，原来对自己和他人的认知存在巨大的偏差，于是开始放下过去的自我感觉良好，踏踏实实投入学习当中。

再比如说，我们观察一下班里的同学就会发现，往往成绩越好的同学越爱问问题，成绩差的同学遇到解不开的难题，自己捣鼓很久也很少请教他人，更别提跟同学交流学习经验了。

这是为什么呢？有些同学是因为过于自信，看谁都没自己厉害，不屑于交流。更多的同学是因为敏感自卑，觉得别人都会做，自己提这种问题会被看不起我。这就是对自己和他人的认知存在偏差。

而成绩好的同学，心态更加开放。正因为他们对自己的能力有着清晰的认知，所以他们的关注点在于自己有没有掌握这个知识点，而不是同学们的态度。

又比如说，不管是在学习中还是在生活中，我们总会遇到争执。也许一开始只是因为观念不同，到后面就演变成"杠精"吵架。

达克效应给我们的启发是，不要过度关注他人，因为每个人了解的信息不同，获取信息的渠道不同，看待问题的角度不同，认知观和价值观也不同，解决问题的方式自然也不同。更重要的是保持学习，只有开放心态、坚持学习，我们才有可能修正错误、获得成长。知道这一点，再遇到争执时，我们的心态就会超然许多。

正如罗素所说："我们这个时代让人困扰的事之一，是那些对事情确信无疑的人其实很蠢，而那些富有想象力和理解力的人却总是怀疑和优柔寡断。"

Tips

> 达克效应对于很多同学，尤其是陷入低谷的同学来说，其实是一种刺耳的鼓励。目前的低谷，其实是成长的结果。正因为我们走在正确的道路上，才会认识到自己过去的错误，我们才有了未来提升的可能。只要保持开放的心态坚持学习，我们就会一步步成长起来，因为这是再客观不过的规律了。

7.6 张弛有度：寻找学习的韵律和乐趣

学习是高强度的脑力劳动，睡眠就是对大脑最好的修养。

其实学习和运动有着太多的相似之处，而我们常常将高考比作马拉松。

让我们想象一个运动员每天是如何锻炼的：先热身，活动开关节；然后做针对性训练，带着明确的目标锻炼某一块肌肉或者练习某一组动作。训练结束之后要完全放松肌肉，最后教练要复盘。

思维和学习的锻炼也是如此。让我们回想一下，每天的晚自习自己一般是怎么安排的。

◎ 在任务安排上，是毫无规划，什么作业紧张就先做什么，还是有固定的流程，每天按部就班地安排时间？

◎ 在每门课的时间分配上，有没有统计过弱势科目和强势科目的时间分配呢？

◎ 在作业难度上，是习惯于先完成简单的作业，还是先攻克高难度的作业？

这么一问，很多同学就会发现，其实我们并没有那么了解自己的学习状态。晚自习没有形成固定的流程，没有掌握让自己舒适的节奏，每天的安排都有随意性。

一周有五六个晚自习，每天晚上都是我们调整学习状态、规划学习进度的时间。如果不深入审视自己的学习状态，我们就会浪费很多提高的机会。

晚自习就像一场运动，我们一样可以通过锻炼，让自己渐入佳境，下面分享我的做法。

（1）晚自习刚开始，我会先来个热身运动：完成难度较低、不怎么费脑子的任务，如复习单词、阅读英语课文，背诵文言文。

艾宾浩斯记忆法告诉我们，只要定期复习就能牢固记忆，每次复习的间隔越来越长，记忆效果越来越好。记忆性的内容虽然繁杂琐碎，但是难度低，只需要占用少量的大脑 CPU 就可以运转起来，这就好像给自己的思维做个拉伸，帮助我们进入状态。

（2）我会做一些机械性的任务，如刷题，完成老师布置的作业中中低难度的部分。这一步的目的是通过沉浸地刷题来清空思绪，让大脑进入一个持续的学习状态。

人的思维具有滞后性，我们有时候虽然坐在书桌前，考卷摊放在眼前，看上去已经处于学习的状态，但大脑不能快速切换，我们要给它过渡的时间。刷题就是一种过渡方式，刷基础题没有滞涩的感觉，熟练度上去了，速度提升了，更让人觉得酣畅淋漓。

（3）当我心无旁骛时，就可以带着高度专注的状态去提升难度了。最关键的学习目标要留到这时候来攻克。搭建知识体系，解决平时啃不下来的硬骨头，针对弱点进行专项训练，这就是攻坚。

社会中存在八二法则（帕累托法则）：20%的人掌握着80%的社会财富。我认为，学习中一样存在八二法则：20%的精华时间提升80%的学习表现。只有在这种高度专注的状态下，投入少量的精华时间才能收获巨大的学习成果，是量变到质变的临界点。

（4）留一小段时间做调整总结。回顾一天的学习表现，总结学习收获，自我鼓励或批评，安排第二天的学习任务，这些只需要晚自习结束前十分钟就可以完成。

以上就是我关于晚自习的规划，就像运动一样，通过布置不同类型的任务来进行锻炼。小到晚自习、周末的任务安排，大到一个学习周期，其实都遵循着八二法则。我们要做的就是在紧张的学习任务中，摸索出适合自己的节奏。

Tips

学习中最忌讳的，就是间歇式"鸡血"，冲动型突击。

7.7 适度锻炼：让你精神百倍

只有强健的体魄才能带来强韧的精神。锻炼既能调节我们的精神状态，也能让我们保持充沛的体力，还能降低生病概率，保证我们临场发挥得好。

一些同学平时身体状况很好，但是一到关键性大考，身体就容易掉链子，不是肚子痛，就是心跳加快、精神萎靡，甚至看到考卷就会反胃恶心。这些都是因为情绪过度紧张导致身体的功能紊乱，尤其是娇气的消化系统，面对压力动不动就要罢工。

为了杜绝上述问题，除了临考时要注意饮食，不喝冰水、不吃凉食，平时也要注意锻炼身体，提高抵抗力。

还有一些同学，长期埋头做题，精神压力得不到缓解，很容易失眠。而运动可以将头脑疲劳转变成身体疲劳，这样我们就不会过于亢奋，睡眠质量也会提高。

但要注意，不要参加激烈的对抗性运动，几乎每年高考前都有同学，因为篮球、足球、羽毛球之类的运动而骨折。而且大量的无氧运动之后，人容易昏昏欲睡，这样反而会降低学习效率。

正确的做法是，多进行有氧运动，每周保持 3~4 小时的运动量。比如，我们可以养成习惯在固定时间慢跑。锻炼的同时也能给自己留出独处的空间，整理思绪，稳定情绪。有时候怎么也想不明白的题目，说不定精神一放松就有了灵感。还有做操、俯卧撑和跳绳，都是很适合一个人的运动。

> **Tips**
>
> 适度运动，是学习的调剂品。

7.8　调整状态：优化自己的生物钟

每个人的精华时间都不同，有的人觉得早起记忆力最好，有的人觉得晚上做事效率高，这都是正常的。但我们要逐渐把自己专注力最强的兴奋时间调整到高考的考试时间，也就是每天上午 9:00—11:00，下午 3:00—5:00。

临近高考，老师就会逐渐放手，留出更多时间让同学们进行针对性复习。甚至在高考前一周，很多学校会放假，让同学们回家备考。一方面是为了给同学们充足的时间自我调整，另一方面是为了避免同学们在高压环境下情绪波动太大。

那么我们在规划复习内容时，可以针对考试时间进行调整。把轻松的记忆性内容，比如背一背文言文、作文佳句、公式，放在高考考试时间前，给思维热个身。把大题难题的时间安排在高考的考试时间，让自己的生物钟适应压力，培养专注的精神状态。

在过去的模拟考里，我们已经体验过很多次考试时间，有充分的机会调试备考状态。早上几点起、中午是否要午睡、晚上几点睡等细节我们都要养成习惯。这样我们才会熟悉自己的状态，在起起伏伏中学会调整自己的节奏。

Tips

迎接考试最好的状态是兴奋而不亢奋，最好的心态是松弛而不松懈。

7.9　高效听课：如何在课上吸收更多知识

大家一定听过这句话："听课时要跟着老师的思维走。"这句话到底是什么意思呢？很多同学单纯地以为，是听课时不要走神，其实远远不止。

比如，老师讲解公式时说"大家看好我要变形了"，底下一片哄笑。

或者有同学挑老师某个字眼打岔，别人注意力都被打断了他还觉得自己很幽默。这就是思维上过于放松，没有进入老师在努力构建的语境中，去思考老师正在讲授的内容。

还有一种，听是听了，听完了什么也没留下。

父母总是耳提面命："不要左耳朵进右耳朵出"，但其实真正在听课的时候还是听过就忘。左耳朵进右耳朵出，在大多数父母看来好像是学习态度问题，但实际上，这是一个学习技巧的问题。单纯去强调态度，只会让同学困惑甚至逆反：明明我已经听得很认真了，为什么还这么说我呢？

我这么说，左耳右耳中间是大脑。听课时大脑不转，自然就左耳进右耳出。大脑转得快，才能把信息截留下来。

除了专注于老师的讲课内容，我们还要边听边思考。

什么叫作"跟着老师的思维走"？就是把听课这种单方面输入的事情，想象成你和老师之间的过招。虽然老师是对着全班四五十号人讲课，但此时此刻，那四五十个人对你来说一点都不重要。你的眼里应该只有讲台上的老师。

老师的提问，就是对你一个人的提问；老师的回答，就是对你一个人的回答。老师讲到关键点，你在心里应和："原来如此，这条定理原来是这么理解的。"老师讲到案例，你要在心里立刻印证预习时读的阅读材料。老师讲解难题，你拍案叫绝："怪不得我做错了，原来这个条件这么设置就是一个陷阱啊！"

Tips

把课堂当作高手过招，才会时时刻刻有参与感。听课就不再是老师单方面输出，而是一场无声的神交。

第八章

聚焦课本：
把书读厚再读薄

8.1　问题先行：开启思考的黄金钥匙

在读书时一定要有意识地搜集和整理信息，目的越明确，收获越多。比如，在预习过程中不断问以下 4 个问题。

◎　有哪些是常出现的知识点？

◎　有哪些是常考的运用场景？

◎　有哪些是值得总结的答题技巧？

◎　有没有例外情况？

举个例子，很多同学读《傲慢与偏见》只是沉浸在剧情里，读完之后除了男女主人公坎坷的爱情之路，其他啥都不记得。

如果带着下列问题再读一遍，我想大家对于那个时期的英国社会的理解会深刻很多。

◎　柯林斯在限定继承的法律下可以继承贝内特家的庄园，但是他们的姓不同，他们两家是什么关系呢？

◎　为什么贝内特家必须由男性继承，而凯瑟琳夫人的资产却可以由她唯一的女儿继承呢？

◎　为什么像卢卡斯这样有爵位的人和像宾利这样的巨富商人，都想成为有地产的乡绅阶层？

◎　原文中有哪些关于庄园生产的描述？当时的庄园更像是传统自然经济的经营方式，还是更像高度规模化、集约化的农业生产方式？

◎　在简·奥斯丁所在的摄政时代，圈地运动已经进行了几百年。土地兼并往往是封建王朝末期的不稳定因素，但为什么羊吃人的土地兼并却使得英国走向了资本主义和工业革命呢？

阅读时要敏锐地感知思维上的断点，比如，为什么定理 A 一定能推导出定理 B，为什么这件事体现出了 ×× 论断，这种现象是不是必然的，老师讲到这个案例时提到了 ×× 相关事件……这些卡住的地方，就需要我们重重打一个问号。

Tips

> 思维上的断点就像丝滑的绸缎上有一个粗糙的地方，昂贵的家具上有一点毛刺，既微小又那么突兀。所有理解困难的概念，自己表达不清的陈述，和逻辑推导时遇到的断点，都是我们要重点解决的对象。

需要注意的是，不要做无效提问。这里举几个例子。

◎ 笼统的问题。比如，我怎样才能提高成绩？我怎样才能考年级第一？

◎ 带有消极前提的问题。比如，现在就业率这么低，我怎么找工作？现在这么卷，读大学有意义吗？女生读理科难吗？

这些前提往往是自己假设的，提问者实际已经有了自己的立场，提问只是希望得到一个印证自己立场的回答。

◎ 主观问题。比如，理科思维和文科思维哪一种更好？

这样的提问缺乏清晰的定义，只适合留给辩论队。

◎ 情绪问题。比如，"我"总是觉得自己很失败，怎么办呢？

只有对自己诚恳，才能问出正确的问题。只有问出正确的问题，才能得到正确的答案。

有一年回母校给同学们做分享，大家的提问都非常有意思。

第一个同学问："高三考试那么频繁，成绩起起伏伏，如何调整心态的波动呢？"

第二个同学问："如何打通知识点之间的联系，搭建起知识体系？"

第三个同学问："我们只能全心全意都放在学习上吗？难道我们不可以在学习之外，发展兴趣培养能力吗？我们就一定要那么功利吗？"

这个尖锐的问题一出口，一排排黑色的脑袋就掀起了一片涟漪。

我的第一反应是，好好读书和发展能力是冲突的关系吗？为什么全心全意学习是功利的呢？于是我请这位同学进一步解释，在他看来，发展爱好培养能力具体体现在什么方面。

这位同学说，一到了高三，所有同学都埋头读书，所有人都要求自己放下过去的兴趣。不能追星了，不能打辩论赛了，不能参加社团了，不能做这不能做那，让人觉得很压抑。

她的言下之意是，单纯为了成绩而学习是功利的。

我要做的不是解答她的疑问，而是解决她的心态。如果觉得三心二意就能拿出好成绩，那么未免也太小看读书这件事了。

这种提问方式就是糊弄自己。这个年纪的学生玩心还很重，克制自己还很难。但是把欲望包装成"培养能力"就大可不必了。

学习的考查无微不至、无所不在。你全心全意的投入、破釜沉舟的决心，不断突破学习难关，这些难道不比参加辩论赛、参加学生会更锻炼人的能力？而这所有的努力，都会折算成分数，在高考场上给所有人一个客观的答案。

8.2　偏科顽疾：阅读不足是根本原因

有一年暑假去朋友家做客，朋友家里有一位正读高一的孩子，正趴在作业堆里奋笔疾书。于是我就在书房里陪了他一个下午：我看我的书，他做他的题。

我注意到，在读到大段的文字时，这个孩子总是容易走神。每道题都要回到文章里找答案，书页翻来翻去，让他心浮气躁。正常五分钟可以做完的题目，他往往要花费十多分钟才能勉强完成。

果不其然，检查发现，语文和英语的阅读题是失分重地。他和父母都觉得，问题出在偏科严重。但我不这么认为。

我拿出高二的物理和地理课本，让他花半小时阅读电荷和守恒定律，再花半小时阅读人口的增长和迁移。这都是高二第一节课的内容，属于过渡性质的，难度不高。物理课本的语言简洁客观，地理课本的阅读内容繁多，正适合考查他的阅读能力。

半小时足以把一节内容看两遍了。读完之后我考查他的理解程度，我发现了以下问题。

◎ 概念、定理、定义这些清晰客观的表述，他无法复述出来，只能说个大概；

◎ 好像每句话他都看懂了，但连起来以后就似懂非懂了，难以提炼主旨；

◎ 前提条件复杂一些，对比的阶段多一些，他的表述便会混乱；

◎ 无法区分经验和规律、事实和看法、信息和知识；

……

由此可见，是糟糕的阅读能力限制了他的理解。

文科类考试常常有大段的阅读材料题，这些题目的失分让他以为自己的问题在于严重偏科，其实这是阅读短板带来的必然结果。理科考试没有阅读题，可在平时的学习中一样有大量的文字需要理解。而且书中的知识点，用词都非常精准，尤其是概念和定义，没有一个字是多余的。理解能力不过关，学概念就容易一知半解。

换句话说，只重视理科并没有解决他的问题，而是以一种更隐蔽的方式拖累了他的学习。不解决阅读能力差这个问题，他就很难突破中等成绩的瓶颈，只能通过刷题来验证自己的理解，堆时间来换成绩。

这类同学的典型表现就是，传统题型拿得稳，就是高分上不去。

基础题只要熟悉套路就能拿分，但是题目稍有变形，或者提问的方式更拐弯抹角一点，或者引用的材料再隐晦复杂一点，这类同学就会转不过弯。

每次考试后统计错题总结经验，总说丢分是因为题目玩文字游戏，出卷老师使绊子，题眼有陷阱。这样想的话，就是心态出现了偏差，不在自己身上找原因，净怪题目去了。

Tips

> 根源在于理解能力差，抓不住重点和主次，厘不清前提和背景，去不掉干扰和枝节，分不清充分和必要。

我花了两个小时，帮朋友家的孩子纠正阅读习惯。

◎　先结合上下文内容去整体理解，再深入细节。从大到小，由浅入深，而不是逐字逐句阅读，看到哪里读哪里，思路若被牵着走，便不能形成完整的思路。

◎　培养对关键词句的敏感度。所有的名词释义、案例分析、图表图形，都是服务于关键词句的。

◎　学会分段。段落之间是递进关系还是并列关系，是转折还是总结，阅读时就要厘清结构。

……

我一句一句帮他抠，分析逻辑，总结重点，这才让他理顺了一节课文。但仅凭两个小时并不足以改变根深蒂固的习惯，阅读能力的培养不是一朝一夕的成果。语文课欠下的阅读债，只能用时间还。

阅读能力的退化，并不是个例。朋友家孩子的情况，在现在的初高中生中很典型。

微信、微博、短视频等渠道承载的信息量和阅读习惯，与纸质时代已经完全不同。长期浸淫在互联网平台，对信息的获取越来越短、平、快，所有的流量都在急哄哄地输出观点，把内容掰开了揉碎了喂到我们嘴里。

碎片的、浅薄的、丰富的、有趣的、快节奏的，种种信息纷至沓来，各种噪声狂轰滥炸，夺取我们有限的注意力。感官轰炸让人变得头脑空空，精神麻木，让我们在不知不觉中失去了深度的阅读能力。

我们的耐心在逐渐消退，注意力无法集中，也变得懒于记忆和思考，看到冗长的表达和复杂的逻辑就急忙跳过，被情绪指挥着直奔答案。

吃惯了快餐外卖，就耐不下性子小火炖汤；

听惯了别人拆解，就耐不下性子自己读上两小时。

互联网时代的可悲在于，我们在丰富中变得贫瘠了。

Tips

> 只有大量艰深的阅读，长期持续的思考，才能锻炼思维，获得新知。只有自己沉下心来从字里行间挖出思想来并"嚼烂"，才有深刻的记忆。

教育家苏霍姆林斯基说："让孩子变聪明的方法，不是增加作业量，而是阅读、阅读、再阅读。"阅读能力不过关，欠下的学习债迟早要还。

在研究泛读、速读和精读之前，我们还是要着力培养基础阅读能力，夯实地基才能垒起高楼。

我们从小到大的语文课，就在不断地训练我们阅读的能力：检索、复

述、解释、推论、逻辑、思辨、概括、总结、评价、表达……除了要重视
语文课，我们也要针对不同文体刻意练习，加强阅读的各方面能力。

8.2.1 泛读：追求"广度"，牺牲"深度"

举个例子，如果现在你要学习工业革命，你会怎么规划呢？林林总总
的信息那么多，从哪里入手呢？

教材中都是提炼再提炼的语言，如果没有主动拓展阅读，代入时代背
景去思考，是很难领会各种事件的时代意义的。若脱离了时代语境，我们
就很容易陷入死记硬背的陷阱。这样一来，知识点之间就是疏离的，就会
导致我们只知其表，不知其里。

泛读的步骤如下。

第一步：围绕主题，寻找合适的阅读素材。

我们先搜集"工业革命"这一主题下不同角度的素材。

比如，分析工业革命前英国的社会状况，工业革命中的主要发明及其
影响，欧洲其他国家的变化，英国殖民扩张的进程，工业化对城市化的影
响，等等。这些文章都围绕着同一主题，从不同角度切入，展示了工业革
命的方方面面。

《麦肯锡精英高效阅读法》一书的作者——日本咨询大师赤羽雄二曾
说，在他成为一名企业咨询师之后，每当工作涉及新领域，他就到书店
买 15 本相关书籍，读完后他就了解相关领域的基础知识了。

咨询这一行难在时间紧任务重，而且往往要了解不同的领域。也许上
周你刚完成互联网企业的方案，下周你就接到通知，要出差去其他城市
给物流公司做咨询。制造业、服务业、新兴的、传统的、对公的、对私
的……涉猎范围非常广泛。要在短时间内成为一个完全陌生的领域中的专

家，就可以通过泛读，快速提高知识储备，积累认知。

第二步：检视前言和目录，集中阅读。

前言和目录是提纲挈领的内容，不超过十分钟就可以让我们掌握一本书的中心思想。

前言会介绍一本书的背景和创作目的，甚至会介绍一本书与该领域其他书籍的区别，这样就可以找到重点，制定阅读方案。

目录是一本书核心观点的总结，通过目录我们就能做出初步判断：哪一部分内容与我们关心的主题联系紧密，哪一部分是分析背景，哪一部分是方法论，等等。目录的框架结构一方面可以帮助我们建立体系，理解章节之间的联系，一方面也可以控制阅读进度。

同一个主题下的不同书籍，光是通过前言和目录，就可以分清主次，安排阅读顺序了。这时候集中阅读，突击的效果一定比东一本西一本来得更好。

刚开始时，我们看不到全貌，对许多专业术语还一知半解，肯定会一头雾水。这时候不用急于理解，先带着疑问读下去。若非要跟陌生的内容较劲，就会耽误我们的进度，打消我们的阅读热情。

第一篇文章磕磕绊绊地啃下来后，读到第二篇第三篇，原来陌生的名词就挺自来熟了。读到第五篇第六篇，我们心中已经有大概了，仿佛从高处眺望城市，起伏的天际线一览无余，只剩下各处细节留待勾勒。

第三步：在广博的阅读中记录要点，验证理解。

大致浏览过后，我们就可以根据印象，罗列阅读中高频出现的关键词：珍妮机、蒸汽机、圈地运动、工人阶级、殖民、工厂、城市化、自由主义……然后我们把这些名词放回到课本中一一对照，就可以验证理解，加深记忆。

日本职业书评人印南敦史在《快速阅读术》中曾经说过："阅读的意义并不在于复制 100%，而在于邂逅 1%。"

就像对人不能求全责备一样，对书也不能要求一五一十悉数领会。尤其是在我们需要快速提高知识储备的情况下，过于逐字逐句地阅读就会耽误我们的进度。

Tips

> 先要追求广度，就要牺牲深度。就像陶渊明的"好读书，不求甚解"，不拘泥于某字某句，只有抓大放小，才能以最快的速度占领高点俯瞰全局。

8.2.2 速读：找到重点，集中学习

通过泛读我们已经知道，工业革命发源于英格兰，标志是瓦特改良蒸汽机。我们也罗列出了泛读中高频遇到的关键词：珍妮机、蒸汽机、圈地运动、工人阶级、殖民、工厂、城市化、自由主义……

速读的核心在于提炼问题，带着问题去阅读，才能有的放矢，快速定位。速读的步骤如下。

第一步：提炼问题，带着问题找答案。

现在让我们结合 8.1 节中说到的方法，从不同角度切入进行思考。

◎ 欧洲有这么多国家，为什么工业革命起源在英国呢？这是偶然还是必然呢？

◎ 工业革命前就发明了蒸汽机，为什么瓦特改良之后才引起巨大的变革呢？

◎　工业革命给英国社会和各阶层带来了什么变化？

◎　工业革命之后，英国一跃成为殖民大国，这种发展路径可以被其他国家复制吗？

◎　工业革命对世界市场的形成有什么影响？

……

对于宏大的主题，我们要通过问题去细化，设定具体而明确的阅读目标。一方面，具体的方向有助于提高我们阅读的效率，提升我们的专注度；另一方面，可以激发我们的兴趣，而不至于让我们迷失在浩瀚的材料中。

第二步：拆解目录，快速定位。

泛读只需要扫一遍目录，但是速读需要拆解目录，拟出纲要。

在泛读的过程中我们已经有了大致的理解，可以站在全局思考各个节点的联系，所以我们这时厘清书籍的脉络就变得相对容易了。然后通过绘制思维导图等方法，捋顺全书的逻辑。

当一本书的知识点像地图一样展现在我们面前时，我们就能快速准确地定位到任何一个章节。

第三步：快速捕获关键词。

不要让目光在某一行字停留太久，而是匀速地一行一行扫视下去。切忌因为某个晦涩的词句而停滞。

一边扫视，一边在心里思考：这段话的大意是什么、这段话解答了什么问题、这里的材料可以验证什么观点、这一页的结论是否能回答我之前提出的问题。

如果只是单纯地看，就很容易信马由缰，会因为忘了阅读的目的而流于形式。一边提醒自己一边快速阅读，就像始终被一根绳子牵着，也像手持地图在纷乱的文字迷宫中行走，不论看了多少我们都能针对性地阅读，从而在大堆的材料中捕获关键词。

速读时要避免默念。默念时视线是逐字逐句移动的，会大大降低我们的速度。要学会快速移动视线，大范围扫过段落（也就是一目十行），整段去理解。

很多同学理解的速读，是越快读完一本书越好。但这样做的结果往往是读完之后什么都记不住，特别是深奥枯燥的专业书，读得越快，越心浮气躁。

Tips

> 我们追求的速度，是在节约时间的同时择要点、重点、难点阅读，这就需要建立在有基础的理解和广博的知识面之上。只有这样才能快速定位我们的目标，有的放矢，查漏补缺。

8.2.3 精读：咬文嚼字，融会贯通

元代教育家程端礼说："每句先逐字训之，然后通解一句之意，又通解一章之意，相接连作去，明理演文，一举两得。"先逐字逐句，再通篇理解，这就是传统的精读法。这种方法非常适合言简意赅的古文，但对于现代人来说，却很难实践，尤其是遇到知识量庞杂的阅读材料，我们需要更加高效的方式快速提炼文本信息。

精读的步骤如下。

第一步：整理归纳，总结主旨。

精读就是把这个领域的知识点全吃透。在泛读和速读的过程中，容易贪多求全。所以在精读时有必要对每本书进行总结，提炼主旨。对此，可

以用 5W1H 读书法。

5W1H 即 Who（人物）、When（时间）、What（什么事情）、Where（哪里）、Which（哪一个）、How（怎么发生的）。几乎所有的文章都会包含这 6 点，梳理清楚就可以明确文章的脉络。

除了 5W1H 读书法，也可以参考我总结的"1-3-5"法则：

◎ 用 1 句话总结一本书的主旨；

◎ 用 3 句话总结一本书的论述过程；

◎ 用 5 句话总结一本书的亮点和自己的收获。

这种总结方法可以帮助我们从大到小、从上至下厘清一本书的重点。不然书越读越多，千丝万缕越多越乱，就容易因为贪多而嚼不烂。

一开始想要提炼是非常难的，好像怎么都说不到重点上。但是每本书读完都坚持练习，养成归纳总结的习惯，就能逐渐提高概括能力，用精练的语言表达出主旨。

第二步：不同角度不同材料对比验证。

同一个领域的书，虽然各有侧重，但一定有重合的部分。把这些重合的部分总结出来，然后像合并同类项一样归纳，最终得到的就是这个领域的基础。

而针对每本书不同的部分，尤其是差异性特别大的内容，我们就可以站在不同的角度分析原因。

我们可以横向进行比较，比如，"同时期的英国和中国正处在什么时代？"

18 世纪中叶的英国正处在传统农业社会到工业社会的转变中，资产阶级的统治日益加强；而同时期的中国，清朝还在不断加强中央集权，长期的自然经济和小农经济下资本主义在逐渐萌芽。

接着我们可以继续提出问题："对比英国和中国的时代背景，中国有没有发生工业革命的基础呢？"

阅读之后我们可以深刻地认识到，即使有人同样研发了纺纱机和蒸汽机，但中国还不具备工业革命所需要的政治、经济环境，中国难以复制英国的成功转型。工业革命不能只归功于发明者和新技术，还应该越过表面，看到深层的原因。

换句话说，机器的革新是种子，社会环境是土壤。只有适宜的土壤，合适的时机，种子才能生根发芽。

这样就不是背诵教科书上几句干巴巴的总结，而是我们自己形成的观点，这样才能理解深刻，记忆持久。

除了横向比较，我们也可以纵向进行比较。

◎ 向前看。欧洲各国殖民扩张的竞争中，无论是殖民地、航线还是舰队数量，英国都居于下风。是什么让英国后来居上，最终大国崛起呢？

◎ 向后看。第一次工业革命和第二次工业革命，英国在国际上的地位有什么变化呢？又是什么原因造成的呢？

如果把工业革命看成时间长河中的一个点，那么从这个点延伸开来，横向和纵向延伸出一整个坐标轴，我们就会发现，原来有那么多方向可以进行对比和思考。这样的思考方式，一下子就将单个知识点与中国古代史等多个知识点联系了起来，有助于我们形成辩证的历史观。

Tips

视觉想象是精读的一个重要技巧。在阅读时想象文中的画面、场景，甚至给内容添加剧情、对话，这样能更加生动地帮助我们记忆。

比如，我们在阅读侦探小说时，总会画一张人物关系图和案发现场的地图。从文字到图像的转变，作用是巨大的，我们一下子就能知道很多阅读时忽略的线索。特别是在本格推理中，作者会全面细致地交代和剧情有关的线索。所以，锻炼视觉想象力对于我们深化理解、激活记忆是非常有效的。

在学习中，我们也可以借用这种视觉想象力。

读林黛玉进贾府时，顺着黛玉的视角想象出一间三进的大院子；背化学方程时，想象我们正在操作台上调配液体；看着等高线时，脑海中想象卫星地图，想象河流从山上奔流而下；背诵古文时，眼前展开一幅画，山清水秀间有两人一问一答……

这样，枯燥的教科书就变得生动起来了。

> **Tips**
>
> 总结下来，泛读要提纲挈领，登高望远。速读要一目十行，有的放矢。精读要咬文嚼字，融会贯通。

8.3 英语学习：反复阅读经典，培养语感

大学里研究项目多，各门专业课都需要写论文，我们经常会运用到精读的能力。而在初、高中，精读一般用在英语的学习上。好的文章反复阅读，可以有效地培养语感。

我高中时会精心选择合适的题材，隽永的短文：如罗素的 *Three passions in my life*，流畅的演讲：如奥巴马就职典礼的发言，感情丰沛的台词：如《傲慢与偏见》中的角色台词。从这些题材里我们能够体会到英语的美感，对我来说是学习之余有趣的消遣。

在这里我用 Ted Talk 的一场演讲来举例。Ted talk 也是很适合精读的题材，因为演讲内容非常丰富，选择自己感兴趣的题材可以扩展知识面。这样我们不仅可以模仿纯正美音和英音，也可以磨耳朵，还能学到母语者地地道道的表达方式。

尤其是我们内地公立教育体系下的孩子，从小是听着磁带、音频长大的，很少有实打实地和英语母语者密切交流的机会。这就使得我们对英语的运用，还停留在高考卷子那一套模式，说出来的口语也是英语听力般语气风格。但真的和外国人交流的时候，语速跟不上，词汇反应不过来，语气感受不到，都是非常常见的事。所以有一种说法，说我们学的是"哑巴英语"，词汇量很大但是说不出来，口语过于纠结语法反而耽误表达。更有一种说法是，中国学生能用英语写下文笔通顺的句子，却无法用英语讲一个简单的笑话。

为了避免哑巴英语，我在高考后的暑假专门突击了英语表达能力。在封闭式的训练营里，所有的学生、老师都必须用全英语交流，体验沉浸式的氛围。

当时老师告诉我，英语的口语和听力有不同的锻炼方式。口语应该要练得精，听力反而要练得杂。这是怎么说呢？

练习口语时，要选择纯正的发音反复练习，比如喜欢英式英语的同学要找牛津腔（Received Pronounciation）的音频来模仿发音。如果牛津腔里夹杂了伦敦腔（Cockney Accent），非母语者或许听不出来区别，但在英国人听来就像普通话里夹杂了方言，总是欠缺了一些地道。

练习听力时，我们反而要练得杂一些，各个国家各种类型的口音都要学会听。就好像我们总能听出来广式普通话、川味普通话和东北大碴子味的普通话，听得多了，对语言的感知度自然就提高了。

我从中受益匪浅。在港大，我要听来自不同国家的教授讲课，还要跟不同国家的同学一起做项目。可能上午刚跟日本来的交换生一起讨论课题方向，下午就要听教授用带着法语音调的发音讲金融衍生品，晚上还得和香港同学一起组织舍堂里的文化活动。在不同的口音中切换，特别锻炼人。

而 Ted talk，汇聚了世界各行各业的专家，非常适合我们多听广听，用不同地方的口音来磨练我们的耳朵。

Angela Lee Duckworth 在 *Grit: The power of passion and perseverance*（坚韧不拔：激情和毅力的力量）这场演讲中，演讲者流畅的表达、长短语句的组合、与现场的互动和情绪的调节都非常突出，是值得我们反复学习的优秀范例。演讲视频大家可以在网上自行搜索，那我们该如何学习这场演讲呢？

第一步：理解陌生单词和词组并造句。

以第一段为例，I left a very demanding job in management consulting.

demand 是一个非常基础的词汇。很多同学熟悉它的动词和名词的用法，比如：

The demand for more holidays is entirely justified, but how to execute such a plan demands careful and detailed study.

但是当 demand 穿了个马甲，变成了 demanding，很多同学就不熟悉他的衍生用法了，换句话说，就是脑子转不过弯来了。但实际上，动词加 ing 变成形容词，是一种很常见的用法，使得英语的表达变得非常灵活。demand 从原来的动词"要求"，变成了形容词"要求很高的"，语义是非常相关的。

如果同学们遇到一个陌生单词只是死记硬背，那难免会觉得英语要记要背的太多了，容易心生抵触。但如果我们总结了这一类单词的演变方式，即使遇到陌生的单词也可以根据原意自行推导了。

Tips

> 不同的语言背后是不同的思维方式。很多同学中文表达很流畅，但一说英语就容易扣字眼，非要找一一对应的表达方式，这就容易卡住。所以对很多中国学生来说，英语口语是一个难关。

尝试用 demanding 的造句。

◎ My chemistry class is very demanding.

有同学想表达我不擅长化学课，或者我上化学课很吃力，就是想不出来吃力应该怎么表达。其实没必要在脑海里搜肠刮肚寻找完全对应的表达方式，而是用 demanding 这个词，更加地道。

◎ Delivering takeout is physically demanding.

如果想表达送外卖是一个很辛苦的工作，那么用 physically 修饰 demanding，表达就会更加精确，送外卖是一个对体力要求很高的工作。

◎ He is a very demanding baby.

我生了孩子以后才听说有"高需求宝宝"的说法。月子中心里住着很多孩子，有一些孩子就很容易哭闹，月嫂要花很长时间哄睡。那么高需求宝宝，就很适合用 demanding 来形容。

Tips

> 把单词放在语境中理解记忆，通过造句熟悉单词的运用，这样记忆才能更深刻。

第二步：熟读精华句式并仿写。

After several more years of teaching, I came to the conclusion that what we need in education is a much better understanding of students and learning from a motivational perspective, from a psychological perspective.

这段话语法并不复杂，用来承上启下，或者作为一篇作文的总结句，都非常实用。

比如我们说拖延症："After several years of research, we came to the conclusion that procrastination is a progressive habit, and once you start procrastinate, it becomes harder and harder for you to take action."

比如我们说人口老龄化："Many countries have drawn the conclusion that the aging of population is a progressive situation, and when natural population growth rate reaches a certain point, it would be much more difficult to stimulate the birth rate than one could perceive. "

再看下面这段。

In all those very different contexts, one characteristic emerged as a significant predictor of success.Turns out that grittier kids were significantly more likely to graduate.

雅思托福考试、英语论文写作和做报告时，我们常常需要描述图表，总结数据。这里演讲者用 significant 突出关键点，而不是干巴巴地堆砌数据，使得听众迷失在一堆百分比中。然后再分析其他变量，这样就使得场篇演讲既不偏离重点，又层次分明。

熟读并仿写之后，我们就不用害怕遇到类似的图表总结话题了，做报告时也可以更清晰地展现主题了。

We need to measure whether we've been successful, and we have to be willing to fail, to be wrong, to start over again with lessons learned.

这里演讲者用了三个短语来逐渐加强语气："to be willing to fail""to be wrong""to start over again with lessons learned"。在演讲中，我们不需要用太复杂的句式、太生僻的单词，因为这些会耽误听众的理解和反应速度。我们看这个例句里，只用了三组语法非常简单的短语，语言的力度一下子就出来了，观众的注意力就被抓住了。

Tips

其实仔细阅读全文，我们会发现金句到处都是。用心揣摩金句的词汇和句式结构，我们也能在日常学习中熟练运用起来。

第三步：标记语气语调，多次熟读跟读。

这一遍我会用颜色不同的笔做笔记。一边播放视频，一边标注重音、停顿、起伏，然后反复诵读。刚开始时舌头会打架，捋直了说顺了之后再慢慢提高速度。

熟读之后就开始跟着视频一起念，直到可以做到脱离视频并脱稿。

也许达到这一步要读上十遍、二十遍甚至是五十遍，但相信我，当你从磕磕绊绊读到顺畅时，成就感是无以复加的，而且不论是语感、口语还是临场表现力，都会有巨大的提升。

除了语气语调，我还会拿出稿子，对照视频反复看。我会格外注意眼神、手势以及与现场的互动，然后专门练习。

港大的课程设置非常紧密，而且几乎每门课都要做项目做报告。我们认为，一个人做报告的能力（presentation skill）对未来工作是至关重要的，所以从教授到同学都非常重视报告演示。

> **Tips**
>
> 反复练习可以形成肌肉记忆，可以大大缓解我们在压力之下的怯场心态。

在我成为经理之后，常常需要主持会议，有时候还要给同事们做即兴演讲，但都难不倒我，这都得益于大学时期猛练过这一方面的能力。

8.4 《新华字典》：凝聚了众多大师心血的宝藏

刚看到本节标题时，你肯定嗤之以鼻：《新华字典》啊，小儿科的东西，我小学一年级就在用，上了高中基本上不碰它了。实际上除了查找个别生字外，你并没有仔细研究过《新华字典》。本节我将带你重新认识一下这个宝藏。

（1）《新华字典》总发行量超过 6 亿册，是被吉尼斯世界纪录认定为最受欢迎的字典和最畅销的书之一。

（2）《新华字典》第一版在 1953 年面世，由众多教育家、语言学家编写，包括教育家叶圣陶、语言文字学家魏建功、中国编辑出版家金灿然等，他们都学识渊博，责任心强。

（3）由于通俗易懂，老少咸宜，《新华字典》出版后即成爆款，不断加印、修订。在这个过程中有上百位学者，经过几十年的努力，不断地打磨完善，每个字都被反复斟酌，简单凝练，直至要点。做到这一点很难，比如，"牛"应该怎么解释，请你停下来 5 秒，仔细想想。我们再看看《新华字典》是怎么写的，如下页图所示。

你可以自己写一下"牛"的解释，然后和《新华字典》对比，就能体会到它的完整和简练。同时做到这两点很难，出版 70 余年，《新华字典》始终与时俱进，根据时代变化增加新的词汇和解释，同时还要控制页码：不能太厚，否则会不方便携带。

怎么高效使用《新华字典》呢？

（1）盲盒翻看。利用碎片化时间，随机翻开一页，看里面的字词和解释，你会经常发现新大陆，字典中的解释会让你豁然开朗。语文试题中有一道必考题，就是区分同一个字在不同词语中的含义。经常翻字典的话，你的词汇量会暴增，对这类题能"秒杀"。

（2）正本清源。有些老师不是科班出身，自己也会读错字音。比如，有同学上小学时，语文老师把"浙江"的读成了 zhě jiāng。该同学虽然感觉不对，但没有怀疑老师，等到期末考试时，班上有一半人都答错了。如果用字典查一下，然后询问老师，就可以纠正老师的错误。

Tips

顺便说个沟通小技巧，不要当着全班同学面纠正老师，最好在课下单独找老师询问。这样会给老师留足面子，老师也愿意接受。

（3）寻找灵感。当你写作文时要给角色起名，可以随机翻出一页，从其中寻找灵感。字典的特点是，知识量奇大无比，内容犹如汪洋大海，你能想到的含义都在其中。我知道一些作者就用这种方式写作。

（4）附录是宝藏。附录中包括常用标点符号用法简表，我国历代纪元简表，我国少数民族，我国各省、自治区、直辖市及省会（或首府）名称表，世界各国和地区面积、人口、首都（或首府）一览表，计量单位简表，地质年代简表，节气表，元素周期表等，都是常见的知识点，随用随查。

另外，《新华字典》还出了 App 版本，内容更丰富。如果不付费，则仅可以随意查字；付费 40 元，可以畅听著名播音员李瑞英的全程播读，查看汉字的规范笔顺动画等内容，感兴趣的可以下载看看。

8.5　思维导图：让你快速记住课本知识

大家常听到"思维导图"一词，但是很多人却觉得它不好用。有的人花了很长时间整理，却发现自己的总结并不能帮助记忆；有的人看着思维导图上的概念，只觉得基础浅显，无法通过概念的联结来构建知识体系；有的人走马观花，有的人转眼就忘。问题出在哪里呢？

很多同学以为思维导图只是一个梳理结构的工具，实际上它更是我们梳理逻辑、结构化记忆的工具，简单高效且实用。但是如果缺乏对思维运作机制的深入了解，就容易走入误区，因忽略工具的精髓而事倍功半。

以下是绘制思维导图时的常见错误。

错误一：使用长句而非关键词。

在整理思路的时候，你有没有用过长句或者描述性的语句呢？如果有，不知不觉就把自己思路给限定死了。

思维导图模拟的是大脑神经元的工作原理，通过一个个关键词发散，像人的大脑突触一样把各种节点连接到一起，形成完整的思维链路。

举个例子。当讨论某个地区的气候特点时，我们的思考路线是，海陆分布——气压带——风带——洋流——地形。关键词从上至下，由大至小，全无遗漏，简洁高效。

如果我们这么思考：海陆的热力性质差异影响气压带——季节变化会引起气压带、风带移动——是否有寒流、暖流经过——地形是否有阻挡，不仅不便于记忆，也容易疏漏。

> **Tips**
>
> 　　只有使用关键词，才能省略冗杂的信息，将注意力集中在关键部分。如果使用长句或者描述性的语句，就会增加记忆难度，更会限制我们的思考方式。而思维导图的精髓就在于培养发散型思维。

错误二：只有结构没有重点，只有文字没有颜色。

　　许多思维导图软件里，线条和结构样式单一。初学者也许会觉得版面清爽，但这样做出来的思维导图，缺乏对信息的深加工。绘制思维导图是一个整理结构的过程，必须持续思索，权衡信息加以取舍。

　　还是以气候举例。影响气候的 6 个主要要素：纬度位置、大气环流、海陆分布、洋流、地形、人类活动，这些都会影响气候，但是优先度和权重全然不同。

　　为什么亚洲季风气候最显著，为什么撒哈拉沙漠一直延伸到海边，为什么马达加斯加东西两岸的气候差异明显？到底是哪个要素决定了当地的气候呢？我们又该如何通过思维导图来体现这 6 个要素的先后顺序和重要程度呢？

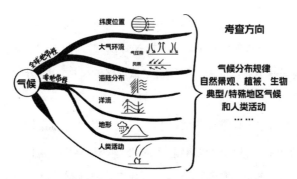

　　在上面这张思维导图里，我们可以看到，纬度位置和大气环流是全球地带性的影响因素，而海陆分布、洋流、地形是非地带性的影响因素。线

条由粗到细，体现出这些因素影响范围由大到小。

不同的因素，用简笔画表现，而非用文字定义。画图能呈现出更多的信息，也更便于记忆。比如，当我们看到纬度位置的图时，就会思考地球上的每条横线代表了什么意思？热带和温带通过南北纬23.5°，也就是南北回归线区分，我们进一步发散思考，为什么是23.5°呢？原来是地球的黄赤交角决定了太阳直射点的移动。当我们看到风带的图时，就会思考为什么北半球和南半球的风向不一样呢？原来是因为地转偏向力。

如果我们只是写下文字定义，我们在看思维导图时就会习惯死记硬背，但是图画可以让我们发散思维，从一个知识点延伸出去，加深我们对知识体系的掌握。

在掌握各个因素之后，我们再整体去思考，如果我是出题者，我可以从哪些角度去考察呢？简单的比如气候分布规律，稍难一点比如自然景观、植被生物，也可以考察典型地区的气候和人类活动。比如说北纬40°黄金奶源带的条件，中国四大盐场的地理位置。

再回到亚洲季风气候、撒哈拉沙漠、马达加斯加的气候特点，我们结合这张思维导图就可以得知，这几个案例分别反映了海陆分布、洋流和地形对气候的影响。这是具体地区的特性。

为什么撒哈拉沙漠会一直延伸到海边？如果你的回答是：北非西岸有加那利寒流经过，对西部沿海地区起到降温减湿作用，使沙漠逼近西海岸。这个答案就不够全面了，只回答了该地区的特性，10分的大题我们只拿到了2分。

如果我们对这张思维导图烂熟于心，我们就可以全面回答了：

（1）北非位于北回归线两侧，常年受副热带高气压带控制，盛行干热的下沉气流，且非洲大陆南窄北宽，受副热带高压带控制的范围大，干热面积广。

（2）北非与亚洲大陆紧邻，东北信风从东部陆地吹来，不易形成降水，使北非更加干燥。

（3）北非海岸线平直，东侧有埃塞俄比亚高原，对湿润气流起阻挡作用，使广大内陆地区受不到海洋的影响。

（4）北非西岸有加那利寒流经过，对西部沿海地区起到降温减湿作用，使沙漠逼近西海岸。

（5）北非地形单一，地势平坦，起伏不大，气候单一，形成大面积的沙漠地区。

纬度位置、大气环流、海陆分布、洋流、地形，面面俱到，全无遗漏。这样我们才能把一道大题的分数拿全。

很多同学遇到一些新的小众知识点，就容易紧张，不知道该从什么角度切入分析。所谓万变不离其宗，思维导图就是帮助我们思考的工具、答题的框架。即使遇到再偏再难的考点，我们还是一样从基础出发，从气候、地形等角度进行分析，由大到小，由共性到特性，这样我们还会担心回答问题不全面吗？

Tips

> 通过线条的粗细、颜色甚至图形，来体现其中的联系和权重。这样经过深度思考之后画出的思维导图，才能帮助我们快速提炼、高度总结。

错误三：懒于思考，急于求成。

思维导图是凝聚了个人思考的产物。同样的内容，每个人总结出来的思维导图都不一样。这一层为什么要用波浪线，而那一层为什么要用虚线。这种颜色代表什么意思，而那个词为什么有下画线，每个人的解释都不一样，非常个性化。

看别人的思维导图是毫无意义的，思维导图的意义在于思索的过程，而非那一张图。懒于思考而参考别人的成果，就无法真正领会其中的逻辑，看过就忘。

错误四：开卷总结，而非闭卷复盘。

开卷做思维导图，就像开卷做作业一样，自以为做对了，其实对于能力的提升全无帮助，就是自欺欺人。

只有在问卷复盘时，先明确一个中心思想，然后将所有的知识点和思考聚拢起来，在头脑中对错综复杂的知识点一一进行梳理，才能辨析自己理解的深度。

先聚焦，再发散。熟悉的、陌生的、直白的、晦涩的……种种信息迫使大脑深入思考，我们的分析能力和逻辑能力才能不断强化。

人的理解是不断深入的，过一段时间重新画一张思维导图，再次梳理脉络，可以更清晰地感受到自己的成长。

Tips

一张合格的思维导图，是结构紧凑、一览无余、全无遗漏、简洁高效的。将每个思考节点具象化、形象化、细节化，才能形成个性化的索引，从而提高思考效率和记忆能力。

第九章

真刀真枪：
题海中悟出真知

9.1 三轮学习：高三的整体规划

高中的知识点在高二时基本便已经学完，高三就会进入复习阶段。每一轮复习都有侧重，有不同的学习任务。

第一轮复习：夯实基础，整合知识链。

这一阶段的重点是，加强知识点之间的联系，把零散的知识点整合成框架，构建知识体系。查漏补缺，举一反三，不要放过任何一个疑点，深挖深钻，稳扎稳打。

很多同学急于求成，就容易忽视基础，把复习的重点放在难题和压轴题上。其实这个阶段更需要回归教材，试卷上 70%~80% 的题目是基础分，忽略了这一点就是本末倒置。

过去掌握不扎实的同学就要抓紧这段时间，迎头赶上。

第二轮复习：提高做题能力，突破难点。

第一轮输入的知识，这一阶段要高强度地输出，丰富解题技巧和方法，全面提升时间管理能力、应变能力、抗压能力，充分领会出题者的意图。需要注意的是，不要为了刷题而机械性地刷题，也不要只追求数量而不追求质量。

这一阶段要做到基础题保证不失分，这样才有余力冲击难题。

就像英语要有语感一样，做题也要有题感。不依赖答案，坚持自己独立思考并完整地写出过程，做熟做透每道题。这样刷题，才是高质量刷题。

一道题拿在手里，不用具体解答，扫一眼就能看出题目的考查思路、难点和陷阱，这样刷题的效率就会大大提升。比如，对于数学的几何题，总有同学一眼就知道怎么加辅助线，这就是一种题感。

尤其要重视真题。因为高考的出题团队是相对固定的，出题范围也会严格参考教材，所以出题时有严格的选拔标准。

> **Tips**
>
> 时间越宝贵，就越要把精力留给真题，而不是盲目地陷入题海战术。要高强度刷题，分专题刷题，在精力不济时、意志薄弱时、情绪起伏时刷题，久而久之就能培养出题感。

另外，这个阶段要注意培养良好的做题习惯，适应高考卷子。比如，审题时圈出重要信息，打草稿要整洁有条理，字迹要端正清晰，戒掉修正带和修正液，下笔前打腹稿，整理错题本，记录做题时间，将生物钟调整至与高考时间一致。

第三轮复习：稳定心态。

随着高考时间的临近，压力与日俱增。这时候不要熬夜刷题，也不要一味冲击高难度的题目，以免打击自信心。

一种常见的心态是因为贪多求快而导致的心浮气躁。要知道，吃透错题本比刷题更重要。要做题，就做整套卷子，以历年高考卷为佳，这样可以保持住手感和状态。

另一种心态则恰恰相反，有些同学会因为重复刷题而呈现疲态。因为不再摄入新的知识点，每天只是在题海中重复再重复，这时候就容易陷入疲惫，变得麻木。

除此之外，需要加强心理建设。如果总是因为成绩而患得患失，我们就会对考试产生恐惧心理，这时考试就成为一种负担。这个阶段要做减法，题目越刷越少，想法越来越少。

无谓的想法全部抛掉，如对自己的否定、对未来的期望、对失败的恐惧、对起伏的焦虑、与别人的比较……这些想法毫无意义，只会分散我们的注意力。最后关头，内心要波澜不惊，什么事都没有面前的题目重要，只有这样才能轻装上阵。

9.2　三大误区：这么刷题完全无效

有多少同学天天刷题，但其实根本不会科学做题。一看就蒙，一听就懂，一做就废。

我曾观察过很多中等分数段的同学，不管多努力，成绩依旧止步于中流。他们做题有以下 3 个特点，使得他们刷题只是流于形式，特别"浮"。

Tips

> 浮，就是理解不彻底，记忆不精确，反应不敏捷。每次刷题浅尝辄止，不做总结归纳，相当于只是混个脸熟。

第一个误区：不审题，就做题。

审题要先审设问，再审材料，这样才能提高阅读的目的性。那么，审题都要看什么呢？

（1）把握设问之间的关系。

问题与问题之间是并列关系，各考各的知识点，还是递进关系，在前一问的基础上层层深入，从"是什么"到"为什么"，再到"怎么办"，我们都要搞清楚，而且每一层问题都有对应的方法论。这就要求我们把握题目信息与设问之间的逻辑关系。

（2）辨析关键词，具体分析考查意图。

比如，很多同学头疼的图表解读和材料题，出题者的意图隐藏在图表数据背后，很多同学把握不住考点，就把所有相关的知识点一股脑儿往上填。密密麻麻写了一大堆，踩中的得分点却很少，既耽误了答题时间，又给老师阅卷增加了难度。

对此，在审设问时就要画出关键词，比如，是"分别"反映了什么现象，还是"共同"反映了什么现象，从"不同角度"分析其意义。除此之外，还有条件限制词，如"20世纪初""秦代以来""第一次工业革命时期"等表示时间的词，以及"政治""经济""社会""文化"等表示领域的词语。

一边阅读题目，一边检索脑海中的知识点。

阅读材料时注意从多角度分析，从不同年代进行纵向比较，从不同地区进行横向比较，综合分析时还可以从政治、经济、社会、文化等方向发挥，在草稿上写下材料能联系到的知识点。这样解读材料时思路才完整，不至于遗漏得分点。

比如说，"北京为什么能成为'双奥之城'"和"为什么只有北京能成为'双奥之城'"，这两个问题是一样的吗？当然不一样。

前者问的是北京具备什么条件，可以成为"双奥之城"。所以我们就要从北京出发，分析其地理位置、地形地势、气候、人文环境等因素。后者问的是其他城市为什么无法成为"双奥之城"。所以我们就要从"双奥之城"出发，分析其对于地理位置、地形地势、气候、人文环境的需求，来排除其他地区的可能性，这样才能推导出北京独一无二的优越性。

（3）结构化解题。

不同题型代表不同的考查方式，自然也有对应的解题技巧。就以很多文科学生非常头疼的材料解析题来说，至少有六种题型：叙述型、综合型、说明型、比较型、评述型和开放型。

比如，材料解析题中提供了大量的图表和数据，要求考生进行材料分析，这就是对叙述型、评述型和综合型的考查。

先分析数据和材料，着重分析数据的变化和对比，得到现象。然后将现象联系理论，用知识点概括总结。这就是答题的招式。一招一式都是老师在课堂上反复讲过的，但是很多同学只听了具体的知识点，却忽略了大的答题框架，这就本末倒置了。

正确做法是先有框架，再往里填充内容，而不是把有关的无关的知识点统统写进考卷里，然后指望老师能从中挑出得分点。

第二个误区：不思考，就听题。

有些同学遇到难题浅尝辄止，不经过苦思冥想就直接放弃，等着听老师讲课分析，或者直接请教同学、家长。这样做的结果是，听别人讲解思路时，并不会有太大触动，因为他们并不知道自己真正卡在哪一步。没有足够的思考，就不足以打通知识点之间的关窍。

他们只会轻轻松松地说一句"原来是在这里画一条辅助线啊"，就以为自己搞懂了题目。但是会做和不会做之间，难道只隔了一条辅助线吗？辅助线为什么添在这里，是根据题目给出的什么条件，又是运用了什么定理，背后的原因他们还是没搞懂。下次换个题型、改变一下条件、加个前提、穿个"马甲"，他们就又不认识了。

很多同学听解题思路是不带脑子的，是被动输入答案。他们没有办法从解题思路里发现自己的知识盲区并进行填补，更没有办法从中提炼出普适的经验。单纯去记一道题的解题思路，不如不记。

我的建议如下。

（1）不要急于听讲解过程。你看电视剧的时候喜欢他人剧透吗？你看侦探小说的时候喜欢他人把伏笔一条条勾出来吗？当然不会。解题过程也是一样的，百思不得其解时灵光乍现，发现了自己逻辑上的纰漏，这难道不让人心潮澎湃吗？

题目都是逻辑严谨层层推进的，由 A 到 B，由 B 到 C，一定有着明确的思考路径。对已知条件进行独立思考，推导出下一步，这是最好的。如果先知道下一步，从结果出发再去思考推导过程，就等于刚打开侦探小说就被剧透了犯人，所有的思考方式就都完全不同了。

（2）难题不要请教家长，而是要主动请教同学、老师。

初中时有些同学的家长还记得具体的知识点，可以指导一番。但到了高中，除了学霸家长，大部分家长已经没有指导的能力，只能进行非专业的场外支援。

可学霸家长也有学霸家长的问题。孩子怎么想都想不明白的题目，学霸家长一眼就看到了关键，因为家长掌握的是高维的解题技巧。比如，孩子刚接触鸡兔同笼问题时，还没建立起初步的思路，甚至还不知道什么是未知数，家长就已经急着灌输方程组了。不站在孩子的基础上进行指导，就是一种拔苗助长的行为。

Tips

> 学霸家长容易犯的两个毛病，一个是恨铁不成钢，在指导时容易不耐烦，这样便会打击孩子的求知欲；另一个是直接指示步骤，不留给孩子思考的空间。这两点都是非常阻碍孩子独立思考的。

请教同学是可以的，大大方方说出自己的困惑，同学之间互相交流解题思路，也许一下子就能点出你长期卡住的关键。

老师一般比较注意教育方式，会用引导的方式让学生去思考，以期学生能够找到自己思维中的矛盾点或者知识点上的漏洞，这样带给学生的助益绝对是远远大过一道题本身的。

第三个误区：不归纳，就刷题。

"做一题，会一题"，这句话的意思是，做一道题就要把这一类型的题目都吃透，这样才算是做会了一道题。

"学渣"的刷题，是无谓的重复劳动。茫茫然做题，只会常做常新，越刷越多，越刷越累。每道题拿在手里，好像都有那么点眼熟，但又没太大把握，刷题的效率和正确率都停留在低点，怎么也上不去。

学霸的刷题，是在归纳中吃透题型。懂一道题的解法，只是学会了运用方法，而题目本身所涵盖的知识以及背后的知识体系，却需要下功夫才能全套消化吸收，并将其运用在同类题型上。

吃透了题型，学会归纳总结，题目是可以越刷越少的。因为万变不离其宗，若对于每道题都能一眼看出考查的知识点、适合的解题方法，那么解题时只要印证自己的思路就行。

Tips

> 难题之所以难，一是因为题目中的知识点之间的联系，或众多庞杂，或错综复杂，或幽微隐蔽，非常考验学生的掌握能力。但凡有一点知识漏洞和逻辑断层，就无法周全地把题目答下来。二是因为题目需要的答题技巧更加巧妙高深，往往需要尝试多种思路。

所以，要做到"做一题，会一题"，就要学会归纳。

（1）溯源：查清楚这道题涉及的全部知识点，梳理知识点之间的内在联系。

（2）复盘：回想做题时的思路，当时是怎么考虑的，为什么错在了这一步，寻找思维和逻辑有断点的地方，那里就是我们的漏洞和盲区。

（3）整合：结合答案和同类型题目，总结这类题目共通的知识点和答题技巧，反复训练形成条件反射。

9.3 爬楼梯：高手做题的捷径

做题和爬楼梯非常像。台阶是一步步走上去的，做题也是一步步推进的。每一步都有扎扎实实的逻辑在推进，需要运用条件里的什么数据、什么知识点、什么公式都是明确的。

有些问题很简单，我们站在地面一眼就能望到头，走不了几步就能到顶。对于这样的题，就算再陌生，大部分同学也都能做出来。

有些问题很难，七弯八绕的怎么都望不到头，我们得一条思路一条思路地尝试。有的人费了很大功夫尝试，走到头儿发现自己还在原地踏步，有的人轻轻松松一脚迈过好几个台阶，噔噔噔就冲上了顶。

其中的区别在哪里呢？在对题目的熟练度上。

基础不扎实的同学，看到难题里的各种条件堆砌在一起，看到没读过的阅读材料，就两眼一黑，反应不过来。他们在慢慢尝试推导的时候，心力都耗费在探索思路上。每一步的跨越都很艰难，虽然出口好像就在前方，可不是对公式运用得不熟练，就是方法太迂回，往往到了最后几步就败下阵来。尤其是在紧张的考试中，一次失败的尝试就足以耗去考生的信心和时间。

而基础扎实的同学，已经将解题技巧练得滚瓜烂熟，看到条件就能立刻反应出公式，看到材料就知道要考什么知识点，这就是题感。就像刻意训练会形成肌肉记忆一样，题感就是在重复练习时培养出的条件反射。

当他们看到难题时，很容易就能动手拆解起来。对于难题中简单的铺垫步骤，他们轻而易举就能解答出来，然后站在这一层的基础上继续进行推导。就像一步迈过三个台阶，思路就在几次跨越中自然而然就浮现出来了。

　　这就是高手做题的捷径。因为足够熟练，所以他们能站在山腰向上攀登。而别人每次面对新题，都是站在山脚开始攀登。

　　我以前上奥数时，班里有一位非常厉害的同学。多难的题目拿到手里，他都能轻轻巧巧解答出来，而且他的解题步骤非常简练。在我们看来，从 A 到 B，从 B 到 C，再从 C 到 D，每一步的推导都要在公式定理下进行。但在他看来，从 A 到 D 是显而易见的，无须再做推导，而我们却要用大量的时间和运算才能跟上他的跳跃。

　　这也是我第一次意识到，人与人之间的差距大如天堑。

9.4　正确刷题：在精不在多

　　刷题贵精不贵多。

　　题海战术是很多同学容易陷进去的误区，把成绩落后的原因归咎于没刷够题。我把这种想法归结为：战术上的勤奋掩盖了战略上的懒惰。

　　初中阶段这么刷题也许会颇有成果，因为作业量少，题型也少，大量刷题的确能够快速提升熟练度，哪怕没有完全掌握也可以凭着好记性啃下。尤其是当家长过多地指导孩子学习时，总是额外布置"妈妈牌作业"，孩子成绩就会得到明显的飞跃。

　　但高中阶段的学习方法完全不同。首先刷题是绝对刷不过来的，其次刷题的目的不再是套模板，而是掌握核心解法之后进行灵活运用。如果还是按照初中时期刷题套模板的方法，并形成路径依赖，那么到了考试时只会僵硬地照搬经典题型的解法，却对题目中的陷阱一无所知。

　　所以我们经常看到这种案例：初中时成绩领先的同学，到了高中突然成绩倒退。明明已经跟不上教学进度了，还在熬夜拼命刷题，越刷越累，压力自然也越大。这类同学往往初中时是父母眼里主动勤奋的乖孩子，到了高中学习态度依旧端正，只是不得其法，路越走越歪。

刷题，要做到多题归一，举一反三。

◎ 多题归一，就是找到"万变不离其宗"的"宗"，搞明白每类问题的经典题型是什么，核心解法是什么。

◎ 举一反三，就是总结题目的各种变型和衍生，每道题不管套上什么"马甲"，你都能认出来。

Tips

> 要注意的是，不仅要重视做错的题目，更要重视侥幸做对的题目。对题目中的概念掌握得不清晰，对公式的运用不熟练，下笔犹犹豫豫，都说明存在漏洞。

如果有一道题，不知道自己会不会做，这就是一个大坑。就算这次考试侥幸蒙对了，总有一天要连本带利还回去。为此，我们在做题时一定要注意标记，有疑惑的地方一定要在考后研究清楚。

纠错是学习中的必然过程，很多同学只是简单地把错题重新做一遍，得到正确的答案之后就以为自己完全掌握了。这种浅尝辄止的做法，在我看来无疑是浪费时间。错题能暴露我们学习过程中的思维误区、知识点漏洞和错误的解题习惯，将错题回炉重新淬炼，才能确保我们真正改正错误，并掌握正确做法。

9.5 错题本：只属于你的独家秘籍

所有老师都说要整理错题本，但真正用好错题本的同学并不多，因为它属于私人定制，每个人都不一样。具体应该怎么运用错题本呢？

第一步，整理归纳。

整理错题时可以从以下方向来分析。

◎ 审题分析：有没有充分理解题目考查的范围和目的，有没有明确题干、判断题型。

◎ 概念理解：对于概念、公式的掌握，在理解上是否有偏差，关于其前提、运用、例外情况是否熟悉。

◎ 知识储备：从大纲延展出的知识和现象，是否能联系到知识点、建立知识体系。

◎ 关键语句：是否能判断出关键或提示性词句，是否判断得出问题的层次、主次和轻重。

◎ 扫除干扰：是否能判断出题中的干扰信息和干扰选项，对隐蔽信息是否足够敏感。

我的建议是，每天固定一个时间，如晚自习的最后一刻钟到半个小时，对当天各门科目的错题进行整理。老师讲解完题目，这时候记忆还很清晰，解题的逻辑和细节都能完整准确地写下来。然后将错题誊抄或者剪贴到专门的错题本上，并且明确到解题时哪一步做错，注明问题根源。一方面可以落实知识点、深化记忆，另一方面也可以作为当天的学习总结。

Tips

保持摘录的好习惯很重要。整理错题本看上去很花时间，但是平均摊到每一天的话，任务量并不多，却能更系统、更翔实地完善我们的错题本，将之变成我们学习的丰富宝库。许多不典型的题目也会随着我们多次翻阅而慢慢被淘汰掉，只剩下有价值的经典题型。

很多同学整理错题本，平时有一搭没一搭，等到考试了才临时抱佛脚，这样不仅任务量大还烦琐。整理出来的错题，往往偏难、偏怪，忽略经典题型。时间久了完全会忘记思路，重新做一遍不但吃力，还容易打击临考时的自信心。

第二步，定期重做。

整理错题本，要趁着印象深刻的时候做；而重做错题，却要等到完全忘记时再做。

我的建议是，周末抽出一到两个小时的时间，重做一遍错题。做完之后再和自己当时错误的思路以及正确的答案进行对照，这样能更好地发现问题。比如，是不是存在思维的局限，是不是没有完全消化新的解题技巧等，重做一次之后理解会更深刻。

若做错了，就回到课本和笔记，联系知识点，梳理思路，排除错误。

若做对了，就打个星。简单题攒够两颗星，难题攒够三颗星，就可以从错题本里撤走了。这样删繁就简，我们的错题本才能保留有价值的题目。

很多同学会觉得，周末作业任务很重，挤点时间出来玩游戏都够呛，怎么还有空重做错题本呢？其实这就涉及我们对作业这件事的认知和定位。

如果做作业是一项必须完成的任务，那么优先级就是完成作业。至于正确率如何，对知识点掌握得好不好，这些并不是重点。

但如果我们把作业当成学习的手段，最终目的是巩固知识，提高成绩，那么我们就会思考更优化的学习方式，争取学习的主动性。在学校学习的每一天，我们上课、做题、考试。如果周末也一直做题，那么我们什么时候才能巩固呢？我们又该如何温故知新呢？

而巩固的环节又是相当重要的，所以，需要我们调动自己的主观能动性，在老师布置的作业和自己布置的功课之间做好平衡。

第三步，整合拓展。

等到期末时，我们已经整理了厚厚一本错题，我们就要整合错题，并且针对弱点突破了。

这时候不再是简单地把错题从作业中搬到错题本上，而是根据我们对所学内容系统性的理解，进行全盘整合。比如，分析这一类题型中哪些是经典题，哪些是衍生题；哪些题需要打通不同模块的知识点，哪些题是我们一错再错的，哪些题又是高考真题。在回顾错题时我们就要判断题目的重要程度，分清难易和主次。

若做到了这一步，想必我们已经对自己薄弱的环节了如指掌。这时候再去找同一个板块的题目进行专项练习，就会有助于我们突破瓶颈，稳定提高得分率。

这种情况下再刷题，就不再需要题海战术疲劳轰炸了，而是要精准扫题。这就是多题归一之后再举一反三，我们就能触类旁通了。

我见过最优秀的错题本之一，来自一位逆袭成功的同学。中考时他发挥平平，擦线才上的重点高中。最终经历三年的努力，被"985"录取。

为什么他能逆袭成功呢？仔细研究他的错题本，我们也许能从中找到一些答案。

他每门科目都有一本活页错题本。平时将做错的题目记下来，正面写题目，反面写答案，还会记录自己当时做错时的思路。这样每次重做时，就不会因为一眼看到答案而影响独立思考。

每次大考之前他都会按照题型重新归纳，右上角标注"指数函数""三角函数""立体几何"等，并用不同颜色的记号笔在反面总结解题思路。经典题放在前面，衍生题放在后面。

在每道题的最下方，他都用简短的语言总结失分点和知识点，比如，大分子、小分子进出细胞核的通道不同：前者如蛋白质、RNA 通过核孔，小分子物质以核膜运输的方式进出。复习时就会主动激发思考，拓展知识面，在遇到与疫苗、病毒相关的题目时（如 DNA 疫苗和 RNA 疫苗的原理有什么不同？RNA 疫苗是如何新冠疫情中弯道超车的呢？），就很容易把知识点联系起来。

这么整理会不会特别花时间呢？其实不会。充分吸收每一张卷子之后，只保留有参考价值的错题，将它剪下来并用打孔机打孔，然后夹在活页里。尤其是数学和英语这类抄写费力的题目，剪成"豆腐块"再合适不过了。

像语文这种学科，很多同学觉得并不适合做错题本。他会重点整理文言文的错题。平时会收集好词、好句写在便利贴上，贴在房间显眼的地方，读上几遍能背下来了，就贴到错题本里，这样写作文时素材就丰富了。等归纳复习时，再统一整理，方便做笔记，这样就可以极大地减少工作量。

到了高三，学习变得异常紧张，他依旧保持着整理错题本的习惯。高三每一轮复习，老师都会布置高强度的刷题作业。定期整理之后将错题本删繁就简，保留下来的都是精华题目。

大考前其他同学刷错题本，看到的都是"我曾经做错的题"，结果越刷越打击自信，因此变得心浮气躁。他刷错题本，看到的都是"我曾经做错但现在已经完全吃透的题"，越看越自信笃定，神清气爽。

这就是非常高明的考前心理准备战术。

我拿着他的错题本再三端详，不得不佩服。一方面是佩服他踏实的态度，只一本错题本上就能看到这么多细节，可见平时积累的思考和功夫都扎扎实实地落到了实处；另一方面是佩服他周全的规划，在紧张的学习节奏里还能保持自己的步调，探索出一条省时省力的道路。

9.7　发现盲区：错题本的高阶用法

总结错题，可以越过具体的知识点，发现更加隐蔽的问题。

曾经有一位非常刻苦的同学向我咨询，他成绩中上，没有特别明显的偏科，可总是对某一类特定题目非常不擅长。比如，数学中的函数、平面几何，他掌握得都不错，但是立体几何板块他就是掌握不好；地理中关于地球运动、人文地理的知识都不在话下，却总是败在地形、气候这一块；化学基础扎实，但是遇上考查实验的题目，他却总是莫名其妙丢分。

如果将每科孤立地来看，明确了丢分点之后就应该要针对性攻克了。比如，做数学题，就应该重点刷立体几何类题型。地理基础不扎实，就要熟悉各区域的地形、气候特点，把模板背得滚瓜烂熟。而化学方面的意外丢分都是因为太毛躁，所以遇到设计实验方案的化学题，就越发要谨慎答题了。

我相信这是绝大多数同学的应对思路。

我翻了翻这位同学整理的厚厚的错题本，不同颜色的笔迹清晰、有条理。以这位同学的努力程度来看，我不相信他没有下苦功刷题。既然专门盯着自己的短板使劲了，为什么会收效甚微呢？

把不同科目的问题放在一起，结合起来进行思考，这就让我产生了许多疑惑。一位踏实学习的同学，怎么可能总是掌握不好某一类知识点呢？越过学科的壁垒，这几类题型有什么共同点吗？是这位同学没有掌握某一种特定的技巧，还是思维方式出了差错呢？

于是，我就请他当着我的面把常错的题目摘出来，一边解题一边讲解他的思路。两个小时下来，我终于知道问题的症结出在哪里了：他缺乏构建情境的想象力。

同样是一条河流的走势图，哪怕没有标注等高线和降水量，想象力好的同学也可以联想到，这一条曲曲折折的河道，汛期时哪几个地区容易决堤，秋冬时哪几个地区容易淤积。而缺乏想象力的同学，却无法将曲折的河道与当地的地形和降水等因素联系在一起，从而进行逻辑性推导。

据下图"长江荆江河段及荆江分洪工程"示意图，回答下面各题。

17.关于荆江河段的叙述，正确的是( )

A.泥沙沉积形成了南五洲　　　　　　B.溯源侵蚀使得河道弯曲

C.荆江分洪区汛期大量蓄水　　　　　D.人民大垸不受洪水威胁

18."万里长江，险在荆江"的主要原因是( )

A.湖泊的调节功能较弱　　　　　　　B.地下水位过高，补给河流

C.泥沙淤积使得河床增高　　　　　　D.流速过快，河岸侵蚀严重

19.关于分、蓄洪区土地利用的叙述，最符合可持续发展的是( )

A.为应对特大洪水而禁止开发　　　　B.发展湿地生态经济及旅游

C.作为城市建设用地利用　　　　　　D.开挖成湖，增强调节功能

这位同学存在的主要问题如下。

（1）因为缺乏想象力，他对空间的感知是不敏锐的。

他看着考卷上立体几何的图像，怎么也看不出这一面垂直于另一面。别人可以本能地反应过来适用的公式、定理，他却得花上许多时间，更别说添加合适的辅助线了。

（2）因为缺乏想象力，他看着考卷上的图片，难以获取有效信息。

他无法在脑海中构建当地的地形地貌、山脉走势、河流走向，更无法建立各要素的空间联系。遇到基础题套模板还可以应付，遇到稍作变化的题目，条件略藏头露尾，他就要琢磨上好久。

（3）因为缺乏想象力，他遇到设计实验的题目，总是缺少细节、遗漏步骤。不是忘了检查气密性，就是忽略了冷凝管；不是定容没写刻度，就是忘了处理尾气的装置。

如果不能越过学科的壁垒思考问题，只是针对薄弱的题型和知识点去下功夫，就只能治标不治本。幸好这位同学踏踏实实地攒下一堆错题，才让我透过变化多端的题目发现了端倪，让我可以帮助他从具体的知识点上升到抽象的思维方法，最终找到深层的原因。

找到了原因，并不是就打通了任督二脉，就会有立竿见影的效果。对症下药，有意识地培养情境想象的能力，才能循序渐进地提高。

（1）想要攻克立体几何，不能一味刷题，而是要回归基础，培养空间想象力。

从简单的几何体开始在脑海中构建空间和立体的概念，画展开图、三视图、透视图都是基本功。然后引入空间坐标，思考不同的几何体在坐标轴中的形状和位置，判断不同线与面的平行、垂直关系。从简单到复杂，从动手画到在脑海中想象，这样才能逐步提升解题能力。

（2）想要提高地理成绩，不是套模板，而是回归基础，锻炼阅读地图的能力。

地图中蕴含着大量的地理知识和地理信息，我们要学会用文字客观、准确地表述出图像传达的信息。读图时要将地理特征和地理规律联系起来进行理解，在自己脑海中构建地图：高山会阻挡水汽，影响降水；河流会带来泥沙，影响地形。地理中的逻辑是环环相扣的。只有做到这一点，看到考卷上信息量有限的平面图，才能在脑海中还原出立体的地形，然后进行有效的推导。

（3）想要突破实验设计题，不是死记硬背，而是回归基础，建立思考的框架。

这类题型是综合性的考查，反应原理、实验装置、操作程序等都会覆盖到，还要兼顾安全性、经济性和环保性。要应对这类题，我们要经常在脑海中回想实验步骤，一边做手势一边还原操作细节。熟练后自己提高难度，改变考查角度，增加或减少条件。这样答题时从框架出发，思考题目考查的各种要素，再进行作答就不会意外失分了。

(2018·江苏南京97校高三联考)(15分)某实验兴趣小组用如图两种方法制取氮气。

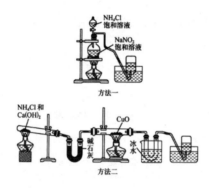

方法一

方法二

已知：活性炭可用于吸附水中的絮状沉淀。

(1)方法一所发生反应的化学方程式为_____.

(2)检验方法一反应后所得溶液中是否含有 NH_4^+ 的实验方法是_____
_____.

(3)方法二被冰水冷却的 U 形管中所得的物质是_____，用冰水冷却的目的是_____.

(4)方法一与方法二相比所具有的优点是_____.

(5)方法一和方法二中均需用到 NH_4Cl。NH_4Cl 的溶解度随温度变化的曲线如图所示，工业 NH_4Cl 固体中含有少量的 $FeCl_2$，可通过如下实验来提纯：将工业 NH_4Cl 固体溶于水，_____，调节溶液的 pH 为 4~5，向溶液中加入活性炭，将溶液加热浓缩，_____，获得纯净的 NH_4Cl 固体。（实验中可供选择的试剂：双氧水、$KMnO_4$ 溶液）

画家下笔前得胸有成竹，厨师做菜前得想好步骤，做题其实也是一样的。如果做题时没有完整的思路，只是被题目牵着鼻子走，那就会顾前不顾后，处处疏漏。

在帮助这位同学发现症结之后，我们尝试了很多办法来解决想象力不足的问题。如玩魔方、读本格推理的侦探小说后手绘地形图、把实验和做菜类比思考等等，并且逐渐改善了他的考试表现。

这个案例对我的启发非常大。长久以来，我们对错题本的认知仅限于"解决错题"，但实际上错题本可以开发出更高级的用法。爱因斯坦曾经说过："不要在问题的层面去想办法解决问题，而是要在问题提出的层面去解决问题。"

Tips

整理错题本实际上是一种有效的归纳整理手段，可以帮助我们重新定义问题，从而寻找问题的根源。如果只是局限于纠正错题的层面，我们就很有可能会陷入题海迷阵，拖垮学习的进度和节奏。

9.8 "六边形战士"：没有偏科，就是胜利

很多同学对薄弱科目存在畏难甚至抵触心理，越难学越怕学，越怕学越难学。面对课本心不在焉，面对考试不战自败。

我们都知道木桶效应：决定水位高度的不是最长的木板，而是最短的木板。在讨论应对偏科的技巧前，我们先来认识一下偏科的危害。

我在研究了一所重点高中高二年级近 800 人的期末考试排名后，对比数据发现以下规律。

	C767		fx	=STDEV.S(C3:C766)								

考号/学号	姓名	语文			数学			英语			历史		
		分数	班名	校名	分数	班名	校名	分数	班名	校名	分数	班名	校名
		101	22	346	87.5	52	709	88	53	755	0	0	0
		86.5	38	729	81.5	37	730	93	37	742	0	0	0
		99.5	24	413	71	50	748	97.5	49	720	79	47	325
		97.5	32	491	83	45	727	101.5	45	695	79	47	325
		82.5	44	753	80	43	734	107	37	630	0	0	0
		89	44	697	100.5	37	623	90.5	45	748	67	46	351
		90	49	680	76	47	743	97	51	725	88	29	239
		90.5	30	674	84	36	724	103.5	31	679	0	0	0
		101	18	346	60.5	53	753	109	35	602	79	47	325
		94	28	607	79	40	735	92	40	743	0	0	0
		89.5	32	687	87	34	712	97	36	725	0	0	0
		85	50	741	78.5	49	750	75.5	55	763	85	44	271
		93	28	630	76.5	36	741	102	32	692	64	19	352
		89	52	697	40	55	762	123.5	37	241	85	20	271
		101	28	346	48.5	54	760	96.5	54	729	76	52	343
		100	12	397	57.5	37	756	93.5	36	738	73	17	347
		93	28	630	76.5	32	741	98	30	717	79	28	325
		87	53	719	73.5	48	744	101.5	45	695	76	54	343
		71.5	42	763	62	41	752	107	27	630	0	0	0
		85.5	42	738	50	44	759	108	33	613	0	0	0
		93	30	630	31.5	43	764	86.5	42	758	0	0	0
		77.5	55	761	51	53	758	107	44	630	52	55	353
		86.5	38	729	68.5	39	750	31.5	39	764	0	0	0
		87	29	719	52	32	757	84	32	760	0	0	0
		71.5	42	763	39	42	763	79	43	762	0	0	0
标准差		7.604849235			16.31994125			11.54642			7.2989		

1. 什么科目最拉分？

对比各科目的 σ，即标准差（Standard Deviation）：

数学（16.32）＞英语（11.55）＞化学（10.04）＞生物（9.11）＞政治（8.54）＞技术（8.18）＞地理（7.94）＞语文（7.60）＞历史（7.30）＞物理（6.85）

标准差反映了数据的离散程度。

换句话说，标准差越小的科目，分数段越集中，标准差越大的科目，拉分拉得越厉害。

标准差大的数学，149.5 分 1 人，142.5 分 1 人，142 分 2 人，141.5 分 5 人——高分段人数非常少。

标准差小的物理，100 分 12 人，97 分 38 人，94 分 47 人——错一道选择题就跌出几十人的排名。

所以：

（1）如果你的长板是拉分科目，那么你轻轻松松就能超出别人好几个等级位。

（2）如果你的长板不是拉分科目，你的容错率就很低，而且不同考试的难易程度决定了你的表现起伏。

（3）如果你的短板是拉分科目，你剩下其他的科目最好都是年级前10，这样才能确保你能在每次考试中跻身年级前50。

2. 选拔性考试的成绩呈现正态分布

中等成绩占最多数，高分低分以中等成绩为中轴，向两侧逐渐降低，这就是正态分布的成绩。

像中考、高考这类选拔性考试，出卷要把握好难度，区分出不同层次的学生，这样才有助于甄别和选拔。

如果难度太高，那么只有拔尖的学生成绩高高在上，而中间档和成绩差的同学落在长尾里，分不出区别。一份成功的考卷，应该像漏斗一样，分层筛选，绝无遗漏。

对于同学来说，了解分布对我们的自我定位太有参考意义了。如果一张考卷呈现的分数段接近于正态分布，那么这就是一张难度合适、易于选拔的好考卷。那么我们就能客观地认清自己的段位，找到相对合理的排名区间。

到了高三，一次次的模拟考成绩可能会大起大伏。模拟考是为了模拟高考时的状态，高考中可能遇到的各种各样的情况——简单题、难题、偏题、怪题，都要在模拟考卷中出场，各科的难度也很难做到均衡，自然对同学的心态会造成很大的冲击。

而预先了解自己的段位，通过分数段的分布比较自己的波动，非常能帮助我们稳定心态，专注目标。

我拉出年级前50、100和150名这三个分数段的同学，横向对比分析。

名次	总分	编号	语文	排名	数学	排名	英语	排名	历史	排名	政治	排名	地理	排名	物理	排名	化学	排名	生物	排名	技术	排名
49	653.5	A	109	78	117	356	127.5	140	100	1	0	0	100	0	0	0	0	0	100	0	0	0
49	653.5	B	99	434	131.5	53	126	180	0	0	0	0	0	0	100	0	97	15	0	0	100	1
49	653.5	C	120	2	129	94	122.5	263	0	0	97	34	91	216	0	0	0	0	94	58	0	0
49	653.5	D	112.5	34	123.5	185	126.5	170	0	0	0	0	100	0	94	51	97	15	0	0	0	0
53	653	E	108	97	131.5	53	131.5	70	97	59	0	0	0	0	88	149	0	0	0	0	97	35
53	653	F	103	265	142.5	2	116.5	416	0	0	0	0	0	0	97	13	94	39	0	0	100	1
55	652.5	G	107.5	111	118.5	317	132.5	53	0	0	0	0	100	0	97	13	94	39	0	0	97	35
55	652.5	H	106.5	87	122	215	125	208	100	1	100	1	0	0	97	66	0	0	97	35	0	0
55	652.5	X	108.5	87	129	94	130	94	0	0	0	0	97	66	94	51	0	0	94	58	0	0
100名																						
97	643.5	A	110	58	119	296	136.5	4	100	1	97	34	0	0	0	0	79	146	0	0	0	0
97	643.5	B	101	346	119.5	296	138	1	0	0	100	1	0	0	91	98	0	0	0	0	0	0
97	643.5	C	105	194	127.5	118	129	111	94	127	0	0	0	0	91	98	0	0	0	0	97	35
97	643.5	D	107	136	122.5	206	132	61	0	0	0	0	94	134	97	13	91	65	0	0	0	0
101	643	E	103.5	245	127.5	118	121	297	0	0	0	0	0	0	94	51	0	0	97	16	100	1
101	643	F	95	581	137	21	123	250	0	0	0	0	0	0	91	98	100	1	0	0	97	35
101	643	G	101	346	127	123	124	228	0	0	100	1	0	0	94	51	0	0	0	0	0	0
101	643	X	106.5	113	127	123	127.5	140	94	127	0	0	0	0	97	66	94	51	0	0	0	0
150名																						
150	633	A	101	346	115	396	129	111	97	59	94	65	97	66	0	0	0	0	0	0	0	0
150	633	B	99.5	413	130	112	112	545	0	0	0	0	100	1	94	51	0	0	97	16	0	0
150	633	C	112	37	122.5	206	110.5	573	0	0	0	0	94	134	94	51	0	0	0	0	100	1
153	632.5	D	113	30	129	94	117.5	392	0	0	94	65	94	134	0	0	85	97	0	0	0	0
153	632.5	E	94	607	114.5	413	133	47	0	0	0	0	100	1	0	0	0	0	94	58	97	35
153	632.5	X	105	194	123.5	185	125	208	0	0	0	0	0	0	94	134	88	149	0	0	0	0

◎　先来看年级前50名这一档：

小 A 数学短板，117 分 356 名。语文和英语都只在这个分数段的平均分上下。为了弥补短板，他的历史、物理、生物都考了 100 满分，这才能排到年级 49 名。

小 B 语文短板，99 分 434 名。他的物理和技术都拿到 100 分，化学拿到 97 分。

小 F 英语短板，116 分 416 名。他的数学拿到 142.5 分，年级第 2 名，技术 100 分。

只要有短板，就必须在其他科目上尽一切可能拿分，才能在总排名上靠前。他们的容错率很低，尤其分数段密集的选科更是不容失误。

没有明显偏科，相对弱势的科目只要不掉出前 200 名，基本能确保年级 50 上下的排名。

◎　年级前100名这一档：

小 B 语文短板，101 分 346 名。通过 138 分的英语和 100 分的政治拉分。

小 F 语文短板，95 分 581 名。通过 137 分的数学和 100 分的化学拉分。

值得一提的是，小 F 的单科在年级排中后段，已经是严重偏科了。单看总名次我们会觉得小 F 和其他同学实力相仿，但他的成绩波动一定会远大于其他同学。

各科发展均衡，相对弱势科目也在 200 名左右，就可以坐稳年级 100 的位置了。

◎　年级前150名这一档：

我们可以看到这一档的同学，没有均衡发展的，每个人都有明显的短板。

现在设立参考，每一档我都假设了一个均衡发展的同学 X，他的每科成绩都在这个分数段的平均分上下。

X 只要确保自己每门课都在 100 名之内，总分就能排上年级前 50 名。

X 只要确保自己每门课都在 150 名之内，总分就能排上年级前 100 名。

X 只要确保自己每门课都在 200 名之内，总分就能排上年级前 150 名。

不需要长板，不需要靠难题拉分，不需要和年级拔尖的同学 PK 单科分数。只需要没有短板，就能做到。

我们可以得到以下 3 点结论：

◎　成绩好的同学，不一定没有短板。但是没有短板的同学，成绩一定好。

◎　不管什么分数段，不偏科的一定是少数。

◎　学习的回报同样遵守边际效用递减的原则。随着成绩的提高，进入相同程度的努力，成绩的提升会有递减的趋势。

奥运会中有一项很特别的比赛，就是"现代奥林匹克之父"顾拜旦亲自设计的现代五项。

相传在 19 世纪一场激烈的战斗中，一名年轻的法国军官临危受命，飞骑传信。就在他穿越敌阵的时候，遭遇了敌方的士兵。他的马被射杀，他用利剑击败了一名敌兵，又一枪击毙了另一名。然后他只能徒步快跑，越过激流和山路终于赶回营地，将战报及时送到。这就是传说中现代五项全能运动的起源。顾拜旦在设计时参考了军队中通信兵的任务来设置赛程和规则，所以这项运动最早也被称为"军事五项"。

马术、击剑、射击、游泳和越野跑要在一天之内完成，这是所有赛事中最艰苦也是挑战难度最高的项目之一了。

与其他的项目相比，现代五项更有挑战性，也更难预测胜负：世界前八都有可能拿到金牌，而且经常会出现黑马选手。原因就在于，想要在现代五项中取胜，并不是靠某一块突出的长板，而是综合实力。

体能、爆发力、耐力、速度、技巧、专注、意志、心态，每一项都有不同的要求，只有全面能力均衡、心态稳定的选手，才能在这项比赛中胜出。

Tips

中、高考和现代五项一样，都是对参加者全方位能力的考验。扬长不如避短，对于大部分同学而言，一定要把主要精力投入在弥补短板上，因为没有短板，就是胜利！

第十章

临场发挥：
考试中检验成果

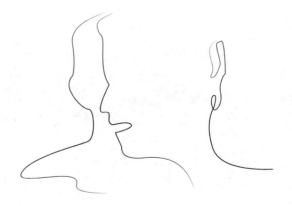

10.1 考前准备：找对基准，应对起伏

一场重要的考试来临，我们首先应该做什么呢？有的同学可能会说，应该先刷历年真题；也有的同学会说，应该先整理错题本。在这里，我想说说自己的故事。

高考结束后第三天，我回到学校估分。出乎我的意料，每一门的估分都与我在高三开学前的预估分数相差无几。最后高考成绩出来，除了英语和历史分数与预估分数一样，其他每一门课与我的预估分数相差都只在两分之内。

换句话说，单看名次，浙江省第二名确实在意料之外，但看分数，每一科都是正常发挥，确实在情理之中。

那么，这么精准的预估分数是怎么来的呢？这就得从头说起了。

高三开学前，我爸爸交代我做一件事：写下我对每一门科目成绩的预期。我以"这是无法预料的事"为由想要拒绝。

爸爸说："我要求的并不是你去猜未来高考卷上你能拿多少分，而是基于你对高考题的了解，去想想自己正常发挥下应该拿到的分数。毕竟你从暑假开始就已经在做高考题了，我相信你对高考卷会有自己的判断，你对自己的水平应该也有自己的把握。你就静下心来想想，以自己的能力能考到多少分。"

不去想那些不可控的因素，只想自己理想状态下的发挥，这话挺有道理。于是我回房间想了很久，翻了过去的考试记录，也找了过去刷的高考卷，最后花了一晚上时间交出了答案。

当年文理分科时的文科数学卷子其实不算难，我给自己定的是 135分。当时我是这么想的，抛开那些因为粗心或者失误导致的失分，单纯因为能力有限拿不到的分基本只有最后一道选择题、填空题和最后一道大

题。但哪怕是最后一道大题，我也能拿下一两道小问题。除非遇上特别难的卷子，数学的分数还是比较稳定的。

英语是我的强势科目，所以我给自己定了140分。预留的丢分点是完形填空、阅读理解和作文。就这，我还觉得容错率高了些。如果英语考试低于140分，我就要好好找找原因了。

语文我定了130分。考虑到高考作文多变的命题风格，也许会撞上我不擅长的写作类型，我保守估计作文只能拿到平均表现55分。令人头疼的阅读理解是主要丢分阵地。

加上历史、地理、政治和当年高考改革新增加的自选模块，最后出来的总分让我难以置信，因为那是一个高到离谱的分数，上"985"也是绰绰有余的。而以我当时的水平来说，虽然曾经考过一两次年级第一，但更多时候发挥不稳定，排名波动非常大。

我犹豫再三，对爸爸说："这个分数是不是定得太高了？我觉得我好像太高估自己了。我还是改低一点吧。"

爸爸说："不是定得太高，这就是你理想中正常发挥的水平，你觉得差距大，是因为你现在丢分项太多。你看，这么一估，你就知道哪些是你该拿的分，哪些是你要尽全力避免丢的分了。"

他又拿出了往年高考录取分数线，一边对比一边对我说："其实高考中很少有人是超常发挥的。爸爸带的学生里，一年能有一两个超常发挥的就算不错了。你要记得，正常发挥就是考得好，你也是以正常发挥去努力的，不需要有超常发挥这种不切实际的想法。但是，做到正常发挥就已经很难了。高考会把压力放大到你平时的一百倍，如何保证自己在一百倍的压力下还能正常发挥呢？答案就是要提高你做题的熟练度，确保自己不会出现各种问题。"

爸爸的话总是很有道理，于是我就把这个分数放在了书桌抽屉里。高三一年大大小小的考试，我就有了对比的基点。

在之后的每一次数学考试里，我都会拿出百分之百的态度来对待每一道题。因为我知道，如果我是实在解不开这道题，那没有关系，丢分也能接受；但如果是因为失误，那就不在我允许的范围内了。而面对最后一道大题，我总是会想：这次试试一鼓作气全部解出来！

几次模拟考下来，我的排名总有起伏。有时候能在年级前 10 名，但有时候名次会非常靠后，甚至掉到了 100 名。相较而言，数学和文综的成绩波动是最大的。

有了基点，我看到的就是每次成绩与自己理想分数的差距，就能客观地分析原因。没有基点，我看到的就是这一次排名和上一次排名的差距，就容易陷入焦虑。

Tips

　　大大小小的考试让人应接不暇，总有起伏和波动。如果我们没有找到基准，没有评估过自己真实的水平和理想的发挥，那么我们参考的标准无非就是上一次、上上一次的排名。若排名上升了，便会高兴庆祝；若排名下降了，便会伤心低落，心态自然就如坐过山车一般大起大落。

比如，有一次模拟考试，我们的排名比上一次低了许多，我们会怎么想呢？也许会像下面这样想。

"年级排名一下子落了 50 名，要是放在整个省里，那得差了多少名？再这样下去，我还能考上'985'吗？这次数学考试卷好难，拉了太多分，要是高考卷也这么难，我还考啥呀，能上个一本就不错了。化学排名也不好，好在英语和物理这两门发挥还算稳定，名次不太难看。接下来要重点提高数学成绩，然后也要多花时间刷化学题，下次考试就不至于失误了。"

但如果我们找到了一个基准，就像给起伏的曲线找到了一个坐标轴，那么我们就可以清楚地知道每一次考试成绩与理想中表现的差距，我们就不会再沉浸于排名的高低，而是会将注意力放在客观分析上。

同样是排名降低了，有了基准的前提下，我们也许会像下面这样想。

"年级排名一下子落下50名，单看每一门的分数，其实大多数还在预期内。最拉分的科目还是短板——数学。这一次考卷难度较高，运算量大了不说，很多题都是尝试了几个不同的思路才找到解法，所以最后时间就很紧迫了。这次和我理想中的表现还是有很大差距的，看来我的问题不在于具体的题型，而在于整体的熟练度不够，拆解难题缺乏灵活的思路。化学排名虽然看得过去，但分数都丢在了不应该的地方，得专门针对这一块知识点进行巩固了。"

Tips

> 提高成绩不是一句空话虚话，我们要实实在在地知道，考卷上的每一分是怎么来的。

10.2　胸有成竹：考试中把控时间

考试时答题时间总是很紧张，怎么提高时间把控力呢？考试是检验学习成果的唯一手段，但这种检验手段的问题在于，频次太低。即使是较为频繁的月考，一个月也才一次，我们早就忘了上个月的状态了，那怎么办呢？

第一步，记录每次考试的状态，具体到各个模块。

我们会发现，若大考时的时间管理上出现问题，那么留给作文或者最后两道大题的时间就总是不够。针对这一问题，我们就要记录下来各模块的用时，也可以专门针对自己的弱势项目记录：选择题的用时、完形填空的用时、数学大题的用时、做完题后检查的用时，等等。

第二步，总结自己的时间分配模式。

每个人擅长的模块不同，所以习惯的时间分配节奏也不同。比如，我习惯在拿到语文试卷的第一时间翻看作文题目，然后从头做起。这样做题的同时，我可以"后台"运行"作文程序"，搜集素材启发思路。再如，有的同学习惯于跳过弱势科目中最不擅长的部分，以免被太早打击自信心，这也是可取的。

第三步，横向对比作业和考试的状态，纵向对比每次考试的状态。

平时做题时，我们可以有意识地训练自己记录同一模块的用时。做一张表，一行是每次大考的用时，一行是平时作业的用时。时间长了，每张卷子做下来，关于各模块的用时，都能做到心中有数。

这样做的用处非常大，主要有以下几个。

（1）对比日常做作业和正式考试时的差距，我们可以找到发挥不同背后的原因。是因为做作业和考试时心态不同，还是因为题目难度不同，抑或是其他原因。

（2）我们可以不断刷新自己的纪录，给自己在枯燥的学习中找到成就感。题目做得又快又对，本身就是对我们努力的奖励。

（3）有助于我们在考场上稳定心态。遇到难题、怪题，有的同学会卡在题中出不去，这样会既耽误时间又影响心情。当我们提高了对时间的把控能力后，我们就能有意识地跳开陷阱："选择题已经超时了，这题得放下，先做后面的。"控制整张卷子的进度，不仅可以在弱势题目上及时止损，还可以留出足够的检查时间。

> 通过高频次的计时来不断调整自己的做题节奏，提高对时间的把控能力，这样我们才能找到适合自己的时间分配方法。

除此之外，我们还要锻炼集中注意力的能力。

我们日常的学习中，每段时间基本控制在 45~60 分钟。比如，一堂课是 45 分钟，晚自习是 1 小时休息一次。而我们自己在家学习时会有太多干扰，每段时间可能会更短。这就导致我们无法适应两个小时的考试时长。很多同学会在考试中途不自觉地注意力涣散。

对此，我们需要刻意训练自己长时间集中注意力的能力，把难题放在后半段时间里去攻克。这样我们在高压下也能适应考试的节奏。

越是重要考试，出卷老师的水平越高。他们非常了解学生的思维方式和做题习惯，学生容易在哪些步骤出错，哪些公式会被错误运用，他们都一清二楚，所以选择题里的错误选项往往具有非常隐蔽的迷惑性。学霸在检查时，不光是重做一遍得到正确答案，而且会在做题思路中尝试判断，其他选项是哪个步骤出错了。

对于学霸来说，考试时间很充裕，如此大费周章检查可以多种角度验证答案，简单重做一遍很有可能会陷入之前的思维误区里。经常跟同学讨论题目的学霸，在纠正其他同学错误的时候培养了换位思考的能力，遇到这些干扰选项就更有鉴别能力了。

10.3　草稿纸：直接影响考试成绩

草稿我们都写过，可写得好与不好，其中大有章法。

有的同学写草稿，东一块西一块，哪里空白写哪里，想到哪里写哪里。做完题目一看，密密麻麻一大片，就容易导致各式各样的失误，挪错数字、弄错符号不说，复查时还很难在混乱的草稿中找到对应的题目。

有的同学习惯在试卷上计算，这样思维容易定型，复查时不能尝试新的思路。而且在大考中，试卷要求整洁，贸然改变习惯既耽误时间又影响心情，哪怕只是小细节也会影响发挥。

每次打草稿都保持固定的格式，有助于我们养成良好的运算习惯。

我个人的做法是，把草稿纸对折再对折，一共四个分区。左上块留给选择题和填空题的草稿；剩下三块每块是两道大题的草稿。而且每道题我都会写上题号，题与题之间画线隔开。这样一张卷子与对应的草稿，就一目了然了。

这样做的好处有以下几个。

（1）找到题眼。对于没把握的题、看起来有埋伏的题、题眼不清晰的题，我们就可以在草稿中打个星号，画出关键词，留待之后验证。

（2）查漏补缺。草稿清晰、有条理，方便我们快速查找。我们很容易就能回顾自己做某道题的思路，在运算的关键地方一一确认，这样就不会出现符号弄错、抄错答案之类的低级失误。

（3）开放思路。有时我们需要尝试不同的思路去推算答案。在草稿纸上写比在试卷上写，心理负担小一些，写在同一面也方便查阅。很多同学一边做题一边把草稿翻来翻去，把自己搞得心浮气躁。这种情况要尽量避免。

（4）验证答案。复查时先翻到草稿反面。在空白的纸上重新解答关键题。这时我们已经答完了一张考卷，心态会轻松一些，思路也会更开阔一些。这时候重新做题，就可以摆脱之前的思路，从不同的角度切入去验证答案，检查失误的成功率更高。

> 怎么打草稿，看着只是很小的一件事，折射的却是我们日常的习惯和心态。做题时不骄不躁，平时做事时也一定是不慌不忙、心有沟壑的。下笔有条理，平时思考时也一定是思路清晰、主次分明的。

卷面工整，字迹清晰，验算严谨，题眼醒目，题与题之间分区明显，这样才是一张能提分的草稿纸！

10.4 全面复盘：考试后总结内化

你平时都是怎么总结考试的？

很多同学看到做对的题，就会觉得这题我会做，这分我该拿，便不会再深究下去了。他们完全忘记了考试时自己在两个选项之间是怎么游移不定的，做计算题时是怎么冥思苦想的，意识不到答对有侥幸的成分。

看到做错的题，总会归结到大意、复习时没准备到这个知识点。总之，自己的实力不差，只是这次考试没发挥好。

这样的话，这次考试就失去了检验的意义，因为它并没有全部暴露出我们的漏洞，我们也就错过了改进的宝贵机会。

Tips

> 没有一个扣分是冤枉的，没有一个纰漏是无辜的。

◎ 这道题我没有注意到这个条件，关键步骤卡住了，这道题不应该失分。

◎ 这次考试我被最后一道选择题卡住了，花了太多时间之后心态有点崩，导致最后大题时间完全不够。

◎ 题目给出的材料角度很新颖，我没能理解出题者的意图，答题时方向偏了。

◎ 这道题暴露出了我在这一模块的短板，看来我基础知识掌握得还不够扎实，之后得恶补了。

◎ 这道题太可惜了，概念和公式我都知道，就是计算出错了。

……

如果你是这么分析的，那么恭喜你，你已经超越身边 50% 的同学了。当他们还停留在空洞的总结中时，你已经能够客观地分析问题，并计划解决问题了。

但这还不够，我们在考后总结上也要不断精进，追求"清晰"和"系统"。

◎ 清晰，就是明确地知道错在哪里，为什么会犯错，如何避免犯错。

◎ 系统，就是成体系地、有章法地去分析每一次考试、每一张考卷。

"清晰"的反义词是"模糊"，这是中下游成绩的同学普遍存在的问题。老师上课讲了什么知识点，他们听了个大概；看书就是从头到尾翻一遍，不会针对性地去寻找答案；刷题只是为了把作业做完，不会在刷题时刻意磨炼解题技巧；考前定目标，随便说个数，至于每门课要提高多少分、避免多少错误，完全没概念。

体现在考后总结上，模糊就是不下功夫搞明白每一道错题背后的原因，简单粗暴地归纳为"粗心""状态差""没注意时间""题目太偏"等原因。模糊的后果就是一错再错。

用系统思维分析一次考试时，我们会从以下几个角度来思考。

（1）丢分统计。其中有多少是因为运算错误，有多少是因为审题偏差，有多少是因为概念不清，有多少是因为公式错用？我当时为什么会犯错，是因为不熟练还是因为走神，抑或是因为当时没有想到？这背后的知识点是什么？这道题的解题技巧我熟练吗？再做同样类型的题目，我的正确率是多少？

（2）得分统计。其中有没有我没把握的内容，有没有侥幸做对的题，有没有题材或者答题技巧新颖的题？下笔时犹犹豫豫，说明还存在着漏洞。

我们要尤其警惕那些不知道自己会不会的题，因为这就是一个大坑，总有一天要连本带利还回去。

（3）分析整体表现。整张考卷的时间分配合理吗？有哪些分是该拿没拿到的？这次考试有没有体现出我应该有的水平呢？如果我要再提高 5 分，这 5 分可以从哪些题里提高？我接下去要做哪些努力才能确保下次考试避免失分？

（4）对比分析。其他同学作文分数比我高，高在哪里？

10.5　野马效应：别把小失误搞成大事故

一升入高三，考试一下子就密集了起来。什么基础测试、多校联盟考试、区域考试、模拟考试、适应性考试……数不胜数，频率高，压力大。考题更是变着花样考验着学生的承受能力。

很多同学还没适应紧张的学习节奏，就要迎来当头一棒。

这林林总总的各类考试都是为了高考做准备，我就将其统称为模拟考吧。那这些模拟考试与以往的考试有什么不同呢？

1. 多校联合考试，出题思路更接近高考

很多学校会参加全市统考或者多校联考。以往的考试往往是由本校老师出卷，而模拟考试可能会由其他学校老师轮流出卷，甚至会请历年出高考卷的老师出题。题目风格更加丰富多变，考查思路更接近高考。

模拟考就是一次摸底的好机会，排名更加客观，也让我们更加了解自己在大环境中的竞争力。

2. 考查范围宽广，知识点密集

以往的大考小考都有考查重点，复习时也会加强专项练习。但模拟考试会在高中浩如烟海的知识点中抽取考查，让人左支右绌，应接不暇。

我们不妨把考试视为查漏补缺的机会，通过考试找到自己知识体系上的盲点，在下一阶段的复习中就可以集中精力专项突破了。

3. 难度提升大，心态更紧张

模拟考会在考试流程、时间场次等各种细节上尽量模仿高考，让同学们在紧张之下逐渐适应高考的压力和节奏。出卷老师也许会故意设置难题、怪题、偏题，为的就是在一次次"毒打"中把大家锻炼得心如止水，这样大家才能避免在高考中因遇到难题而心态崩掉。

所以面对模拟考时，我们要把握以下这3点，才能将每一次模拟考的压力转化成面对高考的动力。

1. 端正态度，积极备考

只有在模拟考时用对待高考的态度应对，在高考时才不至于过于紧张。因此备考时应着重各科平衡，考试时不要随意跳跃题目，而是要认真审题。高考中应该注意的事项，都要尽早适应起来。

2. 考后查漏补缺，针对性规划复习内容

模拟考可以客观地反映出我们的缺陷，无论是知识点的疏漏，还是思

维方式的固化，我们都能从中复盘，吸取经验，在之后的学习中针对自己的弱项加强复习。另外，心态上要放平稳，不要纠结于一次不理想的成绩。

3. 不要害怕犯错

模拟考是高考的预演，只有在模拟考时充分暴露问题，我们才有机会弥补。反过来说，如果模拟考试一帆风顺，我们反而要担心自己会拔高预期值，越是临近高考，心态越是患得患失。

比如说，某一门考试中发挥失常，放在模拟考中很多同学便不会在意，下一门考试依旧会全神贯注投入考试。但放在高考中便会不同，很多同学会把纠结、懊悔、紧张的心态带入下一场考试中。

我有一位同学，曾经就因为数学考试的一个小失误，整整失眠了一个晚上，第二天的状态大受影响。可以这么说，一个愚蠢的失误只让他丢了数学的 5 分，但糟糕的心态管理却让他在英语考试和文综考试中丢了至少20 分。

心理学中有一个概念叫"野马效应"。大意是，非洲草原上有一种吸血蝙蝠，会在马身上吸血，马受惊后往往会狂奔不已。最后野马并不是死于蝙蝠吸血，而是死于狂奔失血。这就告诉我们，被情绪所控制的代价远远大过我们的想象。

愤怒时，血液大量流向四肢，会减少大脑中血液的供应。原本可以保持理性的大脑，思考的能力就被压制住了。这时候被情绪冲昏的头脑，做出的都是冲动的选择。

Tips

要知道，事情不会击垮人，情绪才会。

学会与情绪剥离，才能聚焦问题本身。智商重新占领高地后，我们才能做出正确的选择。

上述我那个同学的情况很典型，也很好破解。比如，某次模拟考中发挥失常，我们就把它想象成高考现场，给自己做心理建设，要求自己尽快平复情绪，积极准备下一场考试。等高考中遇到同样的问题时，我们就有经验了。

答案抄错行了怎么办？总想跑厕所怎么办？英语听力听蒙了怎么办？考完对答案发现自己理解错了怎么办？作文写完才发现偏题了怎么办？时间不够了怎么办？受外部噪声干扰影响了怎么办？考场上太困了怎么办？……

若模拟考时遇到这些问题不重视，那么到了高考时压力一放大，人在紧张之下便无法应对。多次的模拟考就能充分暴露问题，经过一轮轮的预演我们就能在高考中放平心态了。

反过来，如果模拟考中没有暴露出问题来，那么高考可能就有问题了。

我们常常会听到关于各种"黑马"的传说，比如，有的人在模拟考时不显山不露水，却在高考场上一鸣惊人，收获高分。我们也常常会听到老师感叹，曾经有些出色的学姐、学长，别人都以为他们北大清华稳操胜券，结果在高考中发挥失常。

若以结果论，我们也许会觉得前者幸运，后者可惜。但如果我们换个角度，站在旁观者的角度去思考，也许就不难发现两者的区别。前者在模拟考中心态平稳，排名稳定，在高考中只追求稳定，不追求超常发挥，心态便会放松。后者在模拟考中积累了太高的期望，在高考中瞻前顾后，心态失衡，最终便会"翻车"。

Tips

　　模拟考不只是考知识，更是考心态。越重视模拟考，高考就越松弛。把模拟考当高考，才能把高考当模拟考。没有失败的模拟考，只有成功的预演。

10.6　考前支持：家长的后勤工作

　　在冲刺阶段，考生们长期处于高压之下，任何一点变化都可能成为压垮骆驼的最后一根羽毛。所以，在这个阶段，家长要和孩子积极沟通需求，大家默契配合，不要互相制造紧张感。

Tips

　　这一节，一定要带家长一起看。

　　对于家长来说，看着孩子积极备战，总会觉得自己帮不上忙，也害怕孩子无法发挥出真实的水平。但是咱们要知道，情绪是会互相传染的，尤其是消极、负面的情绪。

　　越是冲刺阶段，作为家长就越应该注重情绪管理，按捺住自己的焦虑，避免给孩子增加不必要的负担。这时候最好的做法就是把注意力放在后勤工作上，专注于做好自己力所能及的事，就是给孩子减轻负担了。

1. 日常饮食保证新鲜、健康

　　荤素搭配，营养均衡，少吃油腻、生冷的食物，同时要避免食物过敏、食物中毒。不要轻易尝试没吃过的补品、功能性饮料和"中、高考营养餐"，因为突然改变饮食习惯，以及富含蛋白质、脂肪的食物相加，都会给消化系统带来较大的负担，甚至会导致胃肠道功能紊乱。备考期饮食以清淡、家常为佳。

中高考正值炎炎夏日，是中暑和低血糖高发的季节。平时可以适当补充淡盐水，既可以补充流失的水分，也可以防止血压过度下降。如果孩子备考压力大，食欲差，可以搭配一些酸爽可口的食物开胃，但要避免油脂型的食物。

2. 避免过度关注

大部分学校在考前一到两周会放假，让孩子回家自己安排学习内容。关键时刻家长想陪孩子一起度过，这是完全可以理解的，但过犹不及，家长要把握好相处模式。家长与孩子、家长与家长之间，都要做好沟通，避免无谓的摩擦和分歧。

有的父母会放弃休息时间，甚至放弃工作，全心全意陪读，大事小事包办。小心翼翼地照顾考生的饮食起居，甚至全家人都围着考生转。把全部心思都放在考生身上，也未必是件好事，比如，家长折腾新菜想给孩子增加营养，结果孩子因消化不良而拉肚子；家长一趟趟送咖啡、送水果、送牛奶，打断了孩子复习状态；孩子放松一会儿，家长便觉得孩子不够努力；孩子与同学多交流几句，家长便在门口探头探脑；模拟考发挥失常了，家长就唠唠叨叨；孩子情绪起伏大，家长就对着孩子碎碎念。殊不知，这些都是忙中添乱。

"家里的事你都不用管，好好复习就行了""只要你能考个好成绩，我们再辛苦也没关系"，父母传达出的期待太沉重了，不利于孩子带着平常心去考试。这种压抑的气氛下，孩子一方面会觉得自己耽误了父母的工作和生活，有愧疚感，另一方面又觉得不自由，烦不胜烦。高压之下心态就会失衡，严重者还会产生逆反心理。

3. 创造安静的环境方便孩子学习和休息

备考阶段保证有一个安静的环境，可以让孩子情绪稳定，提高复习效率。如果邻居需要装修、爱打麻将或者有孩子吵闹，就跟邻居多沟通，协调时间，避免晚上和周末打扰孩子复习和休息。除此之外，还要避免会客，因为接待客人既耽误孩子时间又给孩子增加压力。

4. 准备一个小药箱

针对常见的小病小痛，如感冒、中暑、痛经、牙痛、肠胃不适等，以及孩子的疾病，如哮喘、高血压、糖尿病等，都要在家中常备应急药，以省下去医院的时间。除了药品保质期，家长也要注意药品带来的副作用，避免孩子吃药之后昏昏欲睡影响考试。

身体上的不适可以恢复，但是如果没有调整好，对情绪的影响是巨大的。孩子可能会放大负面情绪，对此家长要注意疏导。

5. 准备证件文具等

提前踩点，规划考场路线，计算时间，准备预案。

需要准备的文具和证件：橡皮、2B 铅笔、尺子、准考证、身份证等重要物品要放在透明的袋子里收好，睡前检查一遍放在门口，第二天拎起就能走。

另外，除了要提前准备好证件和文具，还要提前踩点，规划考场路线，计算时间，准备预案。这些都是相当重要的，不容小觑。

Tips

> 踩点不是只看一眼学校这么简单。要反复确认几天的考点、教室是否有变化，留意交通路线，还要注意考场环境。

忘带准考证、身份证，堵车，睡过头，走错考场，穿错衣服，忘记带文具……每年高考都有这类新闻。如果因为准备工作的失误而导致孩子的努力付诸东流，那就太可惜了。所以，这一点家长务必慎重对待，多走几遍赶考路，准备好交通堵塞时的预案。

路上时间要留足。考试当天交通一定会比平时拥堵，留足时间一方面可以防止迟到，另一方面可以留出空当让孩子平复心情。有些同学可能一看到学校门口挤满了人，压力一下子就上来了，这时候家长可以先陪孩子一会儿，等他情绪平复了再让他进考场。

至于是否要陪考，尊重孩子意愿。有的孩子觉得陪考是支持，有的孩子觉得是压力。

6. 做孩子情绪的出口

给予孩子倾诉的机会，发现问题应及时与老师沟通。

7. 早晚接送，让孩子多点时间休息

不管是送孩子上学还是晚自习后接孩子回家，都可以和孩子聊些轻松的话题，或是听听舒缓的音乐。头两天考试尤其重要，父母要按捺住自己的情绪，不要问考试题目和孩子的发挥情况，更不要指责孩子当初为什么没有好好复习。如果孩子因为发挥不理想而垂头丧气，父母可以鼓励加引导，帮助孩子把注意力转移到下一门考试上。

父母与孩子一样，都不要扎堆讨论考试。不论是考后对题还是满天飞的小道消息，若听了就是自乱阵脚。

Tips

听音乐是一种很好的放松方式，但要注意，千万不要听节奏感特别强或者容易"洗脑"的歌曲。考场上一紧张，考生很有可能会被音乐影响，打乱思路。建议听一些节奏舒缓的纯音乐。

8. 收集报考政策和信息

比如，了解强基计划和各类招生简章，了解高考政策和适合的院校、专业。家长自己心中有数就可以了，不需要告诉孩子，以免扰乱他的心态。等孩子考完放松了，再和孩子分享。

9. 了解各专业就业形势和社会走势

孩子有孩子的"战场"，父母也有父母的"战场"。越早了解这些信息，越能帮助孩子做出适合自己的判断。孩子辛辛苦苦考来的分数，一分也不要浪费。

10.7　家长话术：这些话一定不要说

家长要避免说以下三类话。

1. 毫无意义的鼓励

爸爸妈妈相信你一定能成功，等你的好消息。

孩子加油，来个超常发挥！

你一定能考上 ×× 大学的！

成败在此一举，你一定可以的！

也许在家长看来，这是在表达自己对孩子的信心和鼓励，殊不知在压力山大的孩子看来，父母是只许成功不许失败，只关心成绩不关心自己，平白增加了思想包袱。

2. 多余的嘱咐

考试时千万记得认真审题，千万不要粗心大意啊。

把题看仔细了，该拿的分一定要拿到。

你上次答题卡涂错行了，这次千万别犯错啊。

考试用的东西都准备好了吗？别毛手毛脚、粗心大意啊。

家长殷殷嘱托，耳提面命，传达的是对孩子的不信任。其实这时候，多一句叮嘱少一句提点影响不了他的发挥，不如全心信任孩子，让他放手一搏。

有些家长总觉得孩子不够努力，于是格外爱强调高考的重要性，不断提醒孩子"一考定终身""一分之差，千人之后"。而有些家长要么是给孩子"画大饼"，说若是考好了就奖励孩子电脑或带孩子去旅游，要么是给孩子灌输失败的恐惧。实际上，以上都是家长没有处理好自己焦虑的情绪，反而转嫁到了孩子身上，孩子不得不承接父母的压力。这是非常不利于孩子备考的，一定要避免的。

3. 错误的支持

不管考成啥样爸妈都会支持你。

考不好不要紧，大不了咱们再复读一年。

有些父母可能觉得这么说会让孩子放下思想包袱，殊不知这些话特别让人泄气。孩子会觉得，还没开考就这么说，你们就对我没信心，完全是在否定我的努力。敏感的孩子可能会因而患得患失、浮想联翩，在考试中频频走神。

其实，表达支持不需要说太多，只需要简简单单一句"只要尽力就行了"。

要知道，为了迎接这一天，孩子已经准备了很久，他承担的压力和内心的焦虑并不比家长少。如果总是受到后方掣肘，前线的战士就无法全力以赴。同样的道理，只有大后方稳定，孩子才能专注于考试。

家长不要把自己的焦虑情绪倾泻到孩子身上，而是要在保证自己情绪稳定的前提下，接纳孩子，相信孩子，让孩子放心地释放情绪，缓解压力。

Tips

> 家长要给予孩子自主权，让孩子自行安排学习计划；不要贸然干预，避免过度关注。家长就是孩子稳定的大后方，在情绪上缓解压力，在生活上提供支持，这样才能为孩子备考保驾护航。

10.8 电子阅卷：不要被扣冤枉分

高考采用电子阅卷的模式评分。一方面可以提高效率，尽快出分；另一方面可以保证公平性，避免阅卷中出现作弊等违规行为，分数也不会受阅卷老师主观喜好影响。

阅卷老师有三类：中学老师，大学教授，还有教授带的研究生。阅卷老师报到当天，会开大会统一思想、分组、讨论题目、选取样卷、熟悉相关流程。

第二天上午是试批，老师们先熟悉系统操作，在试批的过程中若发现了问题，就一起讨论并修改评分细则。下午正式开批之后，老师们就开始紧张而繁重的工作了。

卷子随机分配，每道试题都会有多位老师分别评分，这就是正评。评卷时，电脑系统会设定一个允许范围内的误差，如 1 分。

如果几位老师的评分在误差范围内，那么评分有效，得分按平均值计算。如果超过一定差值，试题就会被提交到阅卷组组长那儿进行三评仲裁。

这种阅卷程序可以最大限度避免因为解题过程不规范、书写不规范而导致的误判。

除此之外，评卷系统还制定了严格的监控体系，对评卷质量进行全程跟踪、实时监控和分析，及时预警和提醒等，以确保能及时发现并纠正阅卷中的问题。

阅卷有 3 个重要考核指标：阅卷量、重合率、自评率。

重合率就是与他人评分的一致性。同一道题可能第二次遇到，两次打分是否一致，就是自评率。如果这 3 个指标太低，阅卷组组长就会找老师谈话，了解情况。

除此之外，还要统计无效阅卷、异常评分等情况。每天各组都要公开阅卷进度。

阅卷处由武警把关，老师们必须带着工作证进出，U 盘、背包、衣服的夹带等一律不能携带入内，手机等电子通信设备更会严查。

一连十多天的阅卷，老师们都背负着巨大的压力，给的每一分都关乎学生的前途，所以都非常慎重，遇到有争议的答案是一定要争论个明白的。腰酸背痛，眼睛红肿，鼠标手、腱鞘炎等，这都是常有的事。经验丰富的阅卷老师都会自备眼药水、腰垫还有静脉曲张袜。

在这样的机制下，阅卷的公平性可以得到最大程度的保证，阅错卷、少给分的概率几乎没有。

我印象非常深刻的一个案例，来自 2008 年普通高等学校招生全国统一考试（全国卷 I, 36）中的一道题：判断 G 河自 N 点至 M 点流经地区的地形类型，并说明判断的理由。

36.（36分）读图6，完成下列要求。

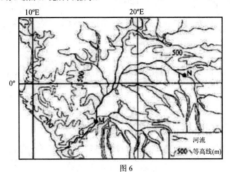

图6

（1）判断 G 河自 N 点至 M 点流经地区的地形类型，并说明判断的理由。（9分）

这道小题有 9 分。图中信息有等高线、经纬度和河流走向。有同学根据图中的信息判断出了具体的地理位置，于是大笔一挥——刚果盆地。

问题就出在"刚果"两字，不同老师的给分标准不一样，争了个面红耳赤。为什么呢？地形类型是盆地、高原、平原、山地、丘陵等；地形区是刚果盆地、吐鲁番盆地、西藏高原等。

这位同学地理基础很好，因此能快速反应过来是在刚果，但是审题不够细心。两字之差，概念悬殊，动辄就是整道题 9 分的差距，排名也许就隔了几百甚至上千名，多可惜啊。

Tips

> 所以在这里也提醒同学们，学习时掌握概念和原理必须严谨，逐字逐句去理解才能掌握得扎实。每一个概念的限定条件、适用范围、普遍性和特殊性，都混淆不得。

为了适应电子阅卷，我们要注重以下 6 点。

1. 在规定范围内答题

每位阅卷老师一次只负责一道题，扫描考卷时只会扫描答题框里的内容，所以在作答时要注意范围，超出答题框的部分是无法显示的。

尤其是文科类主观题，同学们摸不准得分点，沾边不沾边的回答都一股脑儿往上填，内容一多就容易超出作答范围，就等于白写，因此表述一定要简明扼要

2. 规范涂卡。

大量的选择题都是用 2B 铅笔涂卡作答，涂卡时要把选项框厚厚涂满。

2B 铅笔一定要在正规渠道购买，并且按规范正确填涂答题卡。假 2B 铅笔或者不正确涂画、下笔太轻、修修改改，都有可能导致扫描失真。修改答案时要将错误答案擦干净，不然可能会被判断为多选，这些都有可能造成意外失分。

我的建议是，不要做一题涂一题，这样既降低速度又打断思路，还有可能会涂错行。我的做法是一口气做完题目，在检查考卷时再一起涂卡，这样不容易失误。

3. 书写工整，卷面整洁

好看的字大同小异，难看的字千奇百怪，丑都丑得别出心裁。

字迹潦草模糊、字形奇怪夸张，尤其是张牙舞爪、密密麻麻的字，阅卷老师看到真是两眼一黑。特别是文科卷子中需要大段大段作答的题目，很容易因为字丑而造成失分。有的学生会考到一半睡着，从逐渐潦草模糊的字体中就可以看到当事人失去意识的整个过程。

我的建议是，平时要重视练字。练字不仅可以平复情绪，还可以让人专注，很适合在晚自习刚开始时或者周末来练习。不需要专门练字体，追

求工整清晰就可以了。如果书写实在没办法提高，就要留出行间距和字间距，用较细的笔芯，以提高字的辨识度。另外，在考场上要适当放慢写字速度，这样不仅可以平复紧张的心情，还可以增加思考的时间。

4. 不要用修改液

若用了修正液、修正带，那么试卷扫描出来后可能会黑乎乎一片，降低扫描出来的答案的精确度，导致失分，甚至还有可能被视为有作弊嫌疑，因为大块大块地修改可能是做标记。

在实际阅卷的时候，不清晰、有标记、乱涂乱画、不在规定区域内作答、写情绪性话语等特殊情况，都有可能被阅卷老师当作"问题卷"提交上去。

我的建议是，高三就要戒掉修正液、修正带，养成下笔之前打腹稿、列提纲的习惯。

5. 主次清晰，分点答题

文科类考试中尤其要注意答题的层次。比如，一道 8 分的题有 4 个得分点，每个点展开就是不少字。老师阅每道题也就几秒钟，有可能会因为时间紧而走马观花，所以答题时要突出重点，让老师一眼就能找到关键词。

有的同学没思考完全就匆忙答题，因此难以安排格式和布局。写完之后若再想到知识点，就只能东填一块，西塞一句。为杜绝这种情况，建议先打好腹稿，想定再落笔。有层次，阅卷老师才能方便阅读，才能感受到同学解题的思路是清晰的。

要知道，阅卷老师留给每道题的时间都很有限，很难在字里行间找重点词句。所以言简意赅，层次分明，重点突出，才不至于失分。

6. 作图要规范

数学、物理考试中常常需要画图，不管是添加辅助线还是做受力分析，都要注意整洁。建议先在草稿纸上演算好，再到答题卷上作图，避免擦擦涂涂，否则扫描之后图像会难以分辨。另外，虚实线、箭头、角度、标记等细节，都要参照规范来。

10.9　考前10分钟：要注意这些细节

运动员上场比赛之前，需要先做热身，把筋拉开，把肌肉放松。同理，我们上场考试之前，也需要做好准备工作。我在前文中说过，迎接考试最好的状态是兴奋而不亢奋，松弛而不松懈。

想象我们现在就在高考场外候着，备考的教室里悄然无声，所有同学都盯着眼前的笔记，不想放过任何一个考点。再过半个小时就要进考场了，这时候你该做什么呢？

首先，喝水、上厕所，确认文具和证件。一方面，如果发现遗漏，还有充足的时间弥补；另一方面，我们要尽快培养起临考状态，尽量避免被琐事打断。

然后，我们要给自己选择合适的内容。考前应避免看错题本、难题集、历年高考压轴题。考前看难题不仅会加大心理压力，还会干扰思路。

考前可以看一些基础性的知识点，如化学方程式，默写常考的古诗词，再过一遍定理、公式。这些内容其实都非常熟悉，脑子里很快就能过一遍。通过知识点顺畅地启动大脑，会让我们倍感自信，更能进入迎考状态。

更进一步，可以看考纲。很多同学不知道考纲看什么，实际上考纲就是所有知识点的体系。遇到陌生的考点时虽然可能会让人意外，但没有一个考点是脱离体系而存在的。

熟悉考纲，就能在体系内定位到任何一个看似陌生的概念，然后寻找与之相关的知识点。就比如我曾经遇到过一道地理题，考查帝王蟹的捕捞难点。这道题让很多同学都眼前一黑，无从作答。但实际上只要掌握了体系，再难的题目也容易破解：回归基础，从洋流、气候、地形去分析，自然就能找到思路。

考前避免在备考的教室里久坐。人多的地方不但压抑，空气还差。我们可以去教室走廊上，边回想知识点边散步，还可以多做几组扩胸运动。呼吸新鲜空气，能提升大脑的供氧量。

这样由身到心，我们就能告诉自己："我，准备好了。"

10.10 瓦伦达效应：给自己积极的心理暗示

还记得我在前文中说的因为数学考试失误而失眠的同学吗？一个小失误被焦虑和懊恼放大之后，就引发了连锁反应，导致后面几门课越考越糟。

美国有一位杂技演员叫瓦伦达，他技艺高超，常常表演高空钢索行走。在离地几十米的高空，没有任何人身安全保护措施，普通人光是站在平台上都会战战兢兢，而他只凭着手中的一支横杆，便要一步一步行走在钢索上。

他每次走钢索时，都会排除一切杂念，只专注于脚下。他说过一句话："只有在钢索上的那一刻才是真正的人生，其余的都叫作等待。"

在他73岁那一年，为了纪念自己的职业生涯，他决定在两座20层高的大厦之间表演走钢索，在座的都是美国知名人物。但这一次，他发挥失常，不幸失足跌落身亡。

事后他的妻子说，她有预感这次演出肯定会出事。因为瓦伦达在上场前总是不停地对自己说，这次演出太重要了，只能成功，不允许失败。而他过去只会想着走钢索的每一个细节，从来不考虑表演的结果。

Tips

> 把事情的结果看得太重，不断给自己施加压力，恐惧还没发生的失败，以至于患得患失。越是在意，越容易失败。心理学把这种现象命名为"瓦伦达效应"。这就告诉我们，事情本身以外的所有想法都是杂念，做事要专心于事情本身，而不应该被杂念牵绊，不应该在意事情的结果和未知的影响。

与瓦伦达效应类似的，在《庄子》中有一个"金昏瓦巧"的典故："以瓦注者巧，以钩注者惮，以黄金注者殙。其巧一也，而有所矜，则重外也。凡外重者内拙。"

意思是说，有善于赌博的人，当他用瓦器作为赌注时，因为心中不在意输赢，所以能大胆放开手脚，常常能中；当他用带钩作为赌注时，因为带钩比瓦器贵，难免会因为害怕输掉而担心；当他用黄金作为赌注时，每一注都担心输钱，因此常常失手。

一个人无论用什么作为赌注，他的技巧都没有变化，游戏的胜率也并无不同。但不同的赌注会带给他不同的心理压力，他的发挥也就完全不同了。这说的也是同一个道理：过分看重外物，就容易笨拙；忘却外物而专注于眼前，才容易发挥出高超的技术。

了解了这个道理，我们就会发现，因为瓦伦达效应而发挥失常的现象比比皆是。考试、面试、演讲、比赛，这些生活中的种种考验，有多少人是因为瓦伦达效应而功败垂成呢，又有多少"黑马"是靠着专注和纯粹而成功突围呢？

较为出名的一个例子，当属美国射击运动员埃蒙斯。他是公认的射击天才，却屡屡与金牌失之交臂。

2004 年雅典奥运会的男子步枪三姿决赛场上，埃蒙斯以高达 3 环的优势成绩领先。最后一枪前，场上万籁俱寂，只等他夺冠。可这最后一枪他却意外脱靶，鬼使神差地打在了别人的靶上，错失奥运会冠军。

而在 2008 年的北京奥运会上，他大幅领先对手 3.3 环，最后一枪他只需要打出 6.7 环的成绩就可以稳摘桂冠了。然而谁也没有想到，他停顿许久才打出的这一枪发生了重大失误，只打出了 4.4 环的成绩。

在 2012 年的伦敦奥运会上，他再次折在"最后一枪"上，错失了几乎到手的银牌，只获得了一枚铜牌。

对于一个技艺高超的运动员来说，屡屡倒在"最后一枪"，是职业生涯的重大失误，也是一个人难以消解的心病。但最让我感慨的是，每一次失利后，他都会带着莫大的勇气重新站在赛场上，向自己的极限发起挑战。

体育竞技的魅力或许就在于此。不管多少次跌倒，人类永远都在向着下一个目标进发。无论这个目标是比别人更高、更快、更强，还是破除内心的魔障，打破自己的极限。

我们也许永远都无法得知，在扣下最后一枪的手指时，埃蒙斯心里在想什么。但我们知道，限制他的绝非技术，而是心态。

总之，越是紧张的时候，我们就越要学会自己哄自己。哄自己，并不是一味地告诉自己不要紧张，而是学会接纳自己的紧张。

Tips

面对一场可能会决定自己人生的考试，没有人会淡然置之，紧张和焦虑是再正常不过的。长时间的刷题和高压会让人麻木，临考前的疲劳作战可能会让人在考场上精神涣散。反观，适度紧张会让我们集中精神，有助于发挥。

闭上眼睛想象一下，此时此刻我们就在高考现场，学校外是望眼欲穿的家长，考场内是心烦意乱的同学。

◎　走廊上，同学们围在一起猜测押题——这时候就别扎堆了，越猜越紧张，人越多负面情绪越容易蔓延。抓紧时间清空大脑，这样才能在考试开始后尽快进入状态。

◎　候考时只听见唰唰翻书的声音，让人愈发紧张——告诉自己，现在可不是紧张的时候，现在是我距离梦想最近的时候。

◎　走进考场，心越跳越快——告诉自己，相信自己过去三年付出的努力，正常发挥就可以了。

◎　拿到卷子扫一眼，题目都似曾相识——告诉自己，我准备得很充分，题型都很熟悉，接下来只要注意题目陷阱就可以了。

◎　遇到难题卡壳了，大脑一片空白——告诉自己，我大概是思路绊住了，先跳过做后面的题，把脑子清空了再来解决它，看看是不是漏了什么条件。

◎　最后一道大题太难、太偏——告诉自己，连我都觉得难，别人肯定更不会做了。题目太难反而没办法拉开差距，与其跟做不出的题目死磕，我不如检查下前面的题目，该我拿的分一分也别丢。

◎　考试时心浮气躁——先不急着做题，闭上眼给自己10秒时间深呼吸，把注意力收回来。

◎ 考后听到同学对答案——考一门忘一门，赶快调整心态，集中精力准备下一门。

◎ 考的是自己的弱势科目——告诉自己，把该拿的分拿稳了，其他尽力而为。等最弱的这门课考完，还有什么会难倒我呢？

◎ 晚上失眠了——告诉自己，失眠本身没什么，安静躺在床上也是休息。比起失眠，糟糕的心情更会影响我的状态。

……

Tips

> 每一个细节都可以成为鼓励自己的信号，积极的心理暗示会让我们拥有一颗大心脏。

我们可以刻意养成一些习惯，来平复紧张的情绪。有的演讲者在上台之前会做扩胸运动，有的运动员在比赛之前会听歌，有的同学在紧张时会在手心写字，还有腹式呼吸、冥想、按摩肩颈。这些其实都是在放松的同时加强心理暗示，让大脑更清醒。

我自己有一个习惯，是在紧张时用英语跟自己对话。对话内容包括接下来打算做什么呀，为什么紧张呀，现在感觉怎么样，或者干脆问问自己周末想看什么电影放松一下，等等，什么话题都能聊。当我用英语自言自语时，我的思维就会被带走，有时候说着说着，我就开始纠结于某个单词是否用得地道，某个表述是否足够简练，注意力一下子就转移了。这对我来说是很有效的精神放松方式。

同学们可以试试这些小动作：双手张开到极致，再用力握拳，重复十几次；后背夹紧，肩胛骨打开胸腔，再放松，重复十几次；最后用双手揉一揉脸，面部肌肉僵硬紧绷的时候，我们肯定放松不下来。一边做这些动作，一边配合深呼吸来平复心情。

10.11　突发状况：想好极端情况的应对方法

紧张之下会发生很多意外情况，甚至是平时我们觉得很低级的错误，都是有可能发生的，所以我们要做好预案。

就比如说我在高考前一天晚上，翻来覆去睡不着，脑子转个不停。第一门语文考试，我在答题卷上作答的时候居然把两道阅读题的顺序抄反了。这在平时是难以想象的，过去那么多次模拟考也从来没有出现过类似的问题。如果要改，就只能在边边角角重新写答案，字迹杂乱、难看不说，还容易超出答题边界。

但好在我知道这类意外的处理方式：发现错误难以挽回时就直接举手示意监考老师，申请换答题卷。在等待的时间里，我很快就平复了心情，继续看阅读材料，并没有耽误太多时间。

拿到新答题卷后，我一边誊抄答案，一边在脑中构思作文。出了考场，考完一门放下一门，这点小插曲就扔在脑后了。心态不被干扰，所以也没有影响后面考试的发挥。

除此之外，高考时以下问题也值得大家注意。

（1）入场前先自行检查违禁物品。

是否带有无线通信功能的设备（如手机、智能手表、运动手环、无线耳机等）、电子储存记忆设备（如智能计算器等）、考试相关资料（忘记收的笔记，夹在证件中的考试资料）等，随身物品是否有违规字样（衣服上是否有英文单词，笔袋里是否有公式，水杯是否透明）等，都要在入场前自行检查好。

尤其是手机，哪怕没开机，带入考场也会被视为作弊，取消所有科目成绩。

如果在入场时被发现，轻则耽误时间，重则影响心情。如果在考试过程中被发现，将按考试作弊处理，后果非常严重。

（2）英语及小语种考试需要测试听力，考试开始前 15 分钟，禁止迟到考生入场。

听力考试时出现磁带或设备故障等重大失误，都有应急预备方案，故考生不应受故障影响，继续往后做题即可。备用设备启用后，监考老师会告知还有多少时间会播放听力。

做听力题时不允许做其他试题。如被发现，会按"开考信号发出前答题"做违规处理。

（3）拿到试卷先全部扫视一遍。

一方面，如果试卷、答题卷上有纰漏，可以及时发现。答题卷分发错误、印刷字迹或图像不清晰、漏印重印、污损等，虽然发生的概率非常低，但如果真的发生了，那么对于考生心态的打击是很大的。因为考试中报告问题和更换考卷，延误的时间是不会延长的，答卷写到一半，更换考卷还要从头再来，这些都是考生的损失。所以开考前应该以最快的速度浏览考卷和答题卷，如有问题就询问监考老师。

另一方面，心里可以对考试题目有个大致的判断。哪些题难，哪些题型不熟悉，最后一道大题要不要多预留时间，开考前就可以在脑海里分配时间了。不慌不忙，先做基础题和中等难度的题，把该拿的分都拿稳了。

（4）无意答错、弄脏或损坏考卷或答题卷，可向监考老师报告并申请更换。

弄脏答题卷一定要更换，因为污渍可能被视为标记考卷，有作弊嫌疑。考生紧张之下答案抄错行了，喝水弄湿答题卡等情况也偶有发生。不用紧张，举手示意监考老师。监考老师核实之后会向主考老师报告，然后启用备用试卷或答题卡。考试时间会有所耽误，但考生应该尽快平复心情，在等待的过程中继续作答，尽量避免考试节奏被干扰。

（5）考试中途想上厕所怎么办？

高压之下，有些考生会有较大的身体反应，如恶心想吐、腹泻、中暑、流鼻血、应考性尿频等都有可能发生。这时候应该举手向监考老师示意，如实说明自己的需求。考点的医疗组会准备常用应急药。如果要上厕所，监考老师会指派两位同性别的场外流动监考老师陪同，他们会寸步不离，避免发生违规事项。

需要注意的是，考生耽误的时间并不会延长考试用时，所以同学们在开考前一定要抓紧时间解决生理需求。

（6）部分考试不允许提早交卷，开考前监考老师会着重强调。

（7）不能使用修改液、修正带。

修改液、修正带扫描后会导致电子阅卷不清晰，也可能会被视为标记试卷，有作弊嫌疑。所以高三就要养成下笔之前先打腹稿的习惯。考场上如果实在要改，就把错字划去，千万不要乱涂乱画，也不要超出答题区域作答。要尽量保持试卷工整、字迹清晰。

（8）忘带文具或者文具坏了，怎么办？

考生因心神不宁而丢三落四的情况时有发生，考前应把所有文具、证件都归置在透明文具袋中，一看就知道是否遗漏物品，出门时再匆忙也不会落下。如果在考试中发现忘带文具，第一时间报告监考老师即可，考场都有备用文具。

（9）脑海里全是"洗脑"音乐怎么办？

考前不要听节奏感强的"洗脑"音乐，可以听节奏舒缓的纯音乐放松心情。

如果考场上紧张之下脑海里自动循环播放音乐了，就想一想这首曲子的结尾。因为我们的大脑总是倾向于关注未完成的事情，所以总会循环一首曲子的高潮部分，而不会收尾。此时想一想结尾有助于我们将注意力集中在考试中。另外，我们也可以先停下笔深呼吸，选择一篇自己背诵得最熟练的文言文在脑海里过一遍。等静下心来专注了，再提笔做题。

（10）任何情况下都不能擅自与其他考生交流，也不要擅自做一些奇怪举动，如反复回头看时钟、总把文具掉到地上、持续抖腿、转笔、借文具，等等。这样会引起监考老师的重点关注，平白给自己增添压力。

如果被其他考生影响，也不要直接与他人交流，而是要举手示意监考老师，让老师去交涉。

（11）来不及做完试卷怎么办？

不要轻易放弃，再从头到尾过一遍考卷，判断难易程度之后再决定是否放弃难题，并且要抓紧时间检查一遍没把握的题目。

（12）考试结束才发现忘记填写姓名怎么办？

举手示意监考老师，在老师同意后再补上姓名、考号等信息。千万不要擅自填写，考试结束后动笔会被视为作弊行为。很多同学拿到考卷时会非常紧张，一开考就急忙开始作答了，所以忘记署名的情况常会发生。

在这里我建议大家开考后第一件事就是工工整整填上自己的姓名和考号。一笔一画地写可以平复焦虑的情绪，并且给自己施加积极的心理暗示：名字写好，为这次考试开个好头。

（13）考试终止后应立即停笔，将答题卡和试卷反扣，双手放下，等待收卷。

如果继续答题或与其他考生交头接耳，会按考试违纪处理。

尤其需要注意，草稿纸不能带出考场，一旦发现带出，则会以违纪处理，取消该科考试成绩。这一方面是为了防止通过草稿纸作弊抄袭，另一方面是因为草稿纸会作为核对成绩的证据。虽然使用的概率很低，但万一发生阅卷错判的情况，草稿纸就可以作为后续核对的一种补充。

第十一章

精益求精：
用强韧心态武装自己

11.1　降低敏感：什么是大赛型选手？

我们常常会听说这种案例：某某同学平时不显山不露水，但是在大考关头超常发挥，拿了个好成绩。而某某同学一直都是年级前五，头顶学霸光环却在最重要的考试中考砸了。

我曾经对某校连续三届高三学生中，年级前 10 的同学的成绩进行过跟踪和复盘。这 30 位同学中，有 8 位同学，在模拟考阶段，4 次模拟考成绩都名列前茅，然而最终高考的排名却没有那么理想。虽然他们最后也被"985"高校录取了，但相较于学校里亮眼的模考成绩，学生家长还是非常失望，因为他们一心想要冲刺清北。

而有 4 位同学，在高三的模考中上下起伏较大，甚至有人曾经跌出过年级前 100 名，但在高考的表现中，却远远超过了模考的平均成绩，成为了大家口中的"黑马"。剩下的 18 位同学，就没有太意外的表现，几次模考存在一定的起伏，高考成绩也在模考预期的大致波动范围之内。

是什么影响了他们高考的发挥呢？

越是接近终点，心理预期带来的负担越重，心态就越容易失衡。模考次次稳定发挥，家长和学生都觉得清北有望，甚至开始想象考到状元、清北上门挖人的场景了。同学带着这样的心态上考场，可能会突然变成沉重的负担，下笔时，脑子里的杂音挥之不去。每做一个选择题，人都会变得游移不定：选这个选项，是让我距离目标更近还是更远了？

心理预期会改变我们对考试的看法。当我们参加模考时，我们只会看到考试本身，但当我们参加高考时，我们看到的却是一场决定命运的考试。在本书第 10 章第 10 节中，我提到过瓦伦达效应，越是在意，越容易失败，就是这个道理。

有一些同学在模考中起起伏伏，这一方面给了他们充分暴露问题的机会，另一方面也打破了他们的心理预期。在真正参加高考的时候，他们反而不太容易想到高考的排名。考试的时候想着，不要犯以前的低级错误就好了，这种心态能帮助我们用平常心，去专注考试本身。

运动场和电竞圈常常会有大赛型选手这种说法。所谓的大赛型选手，或者大心脏选手，我认为说的就是心理素质好，抗压能力强，善于在压力状态下调节情绪、思考策略。

那么怎么样才能成为一名大赛型选手呢？

1. 培养一颗处变不惊的平常心

考前不要再有去什么学校学什么专业的念头了，家长也应注意不要在孩子面前提起。不要根据模考排名预估全省名次，不要拿去年的录取分数线对比模考成绩，不要想着自己能成为黑马，不要去思考考试的结果。

平常心，就是把高考当成一次普通的考试。遇到难题努力解决，而不是满脑子想着"这道题太难了，别人能不能做出来啊？"短板科目考砸了，调整情绪把注意力放到下一门，而不是想着"这门课我拉太多分了，我之后要考多少分才能补上啊？"

平常模拟考怎么考，咱们就怎么考。

2. 给自己寻找黄金三分钟

钢琴老师常常会鼓励孩子参加钢琴比赛。参加比赛的意义只是为了拿个奖吗？并不是。

当我们站在舞台的幕布后，听到报幕员说下一个参赛选手就是我们。突然之间，我们会感到心跳加快，手指僵硬，原本滚瓜烂熟的曲子怎么也想不起来旋律了。终于轮到我们了，我们盯着评委的眼光，一步一步挪到钢琴前面，鞠躬，坐到琴凳上。我们突然想到，琴凳的位置是不是有点不太对，脚怎么有点够不到踏板了，这架三角钢琴跟家里钢琴不太一样，起手的力度要怎么把握。

刹那间我们脑子里涌过那么多念头，我们抬起手，却怎么也想不起来老师的指点，只能凭着肌肉记忆，磕磕绊绊地把整首曲子弹下来。

大家把自己代入上述孩子的视角想一想，是不是汗流浃背了？

这要了老命的三分钟，就是我所说的黄金三分钟。只有比赛，才能给到我们这三分钟大脑宕机全身僵硬的体验，这是我们不管上多少节钢琴课，都换不到的。

运动会比赛，发令员预备举起枪的那一刻；演讲比赛，上台前所有的单词仿佛都从脑子里溜走的那一刻；全校发言，举起演讲稿却发现演讲稿在抖的那一刻……

就是这样的时刻，才会帮我们锻炼出一颗坚韧的大心脏。

3. 想象张三丰教授张无忌

《倚天屠龙记》中，张三丰教授张无忌太极拳时，问他忘记几成了。只有当张无忌完全忘记时，张三丰才认为他真正学会了太极拳。

我们并不是站在武侠的角度，讨论无招胜有招。而是当面对高压状态，我们要学会给自己做减法。

步入考场前，过去几次模拟考排名忘掉了吗？忘掉。向往的学校是什么？不记得了。考前老师押的什么题？别想了。

通通忘掉了吗？都忘掉了。那就好，做两个深呼吸，告诉自己：我准备好了。

Tips

压力会扰乱我们的注意力。高压下，头脑中冒出的想法都会被数倍放大。不管我们是要集中精力解题，还是用尽全力将篮球投进篮筐，抑或是要充满激情地对着观众演讲，我们有限的注意力都在被无休止地争夺着。而在你争我夺中，杂念总会战胜正念，占领头脑的高地。

11.2　发挥失常：殊途同归的两个小故事

相信大家都曾遇到过这种同学，考试之前总说些泄气的话："这次考试我肯定不行了。最近一直失眠，脑子都成糨糊了""这次统考是全市排名，难度肯定很大，我已经知道自己考不好了"……

成绩好的同学这么说，我们会觉得他是在"凡尔赛"；成绩差的同学这么说，我们会觉得他是在为自己开脱。

我曾经听老师分享过一个案例。

有一位同学高三大部分时间都是在网上听课，看上去很认真。也许是性格内向的原因，很少主动提问，但课后作业完成得很好，因此家长和老师都对他信任有加。几轮考试下来，他在班中的排名逐步上升。家长觉得内向的孩子在家中自学反而比在学校读书效果更好，更适应网课的模式，因此对他的高考成绩抱有很大的期望。

可没想到就在高考前一段时间，这个同学先是埋怨天热，埋怨窗外的知了、青蛙叫个不停，后来发展到夜夜因焦虑失眠，白天狂躁哭泣，情绪出现了很大的起伏。家长万分焦虑，和老师一起做心理疏导工作，却怎么也不见效。

这个同学在高考前一晚，哭着对父母说："压力太大了，我觉得我肯定考不好了。"父母只能尽力安抚，不敢给孩子提要求，只希望孩子能放下包袱。

最后高考成绩出来，这个同学考出了一个远低于平时分数的成绩。父母一开始只以为是孩子抗压能力差，发挥失常。但老师在仔细回顾过去的表现时才发现了端倪。

平时网课的作业和考试，都很考验学生的自觉性。小考时老师会定时在班级群里发布考卷，学生在摄像头下自觉作答。考试结束后老师一边讲解，学生一边自己评分。大考时会要求父母监考。

尽管做了种种措施，但客观条件有限，还是无法保证考试的真实性。忙于工作的父母不一定在孩子每次考试时都有空；摄像头的拍摄角度有限，不一定能看到小抄和手机，学生自评时对自己宽松一点，分数就会好看很多。

老师检查这位同学过去的考卷，发现选择题的批改有修改的痕迹，解答题的思路与参考答案高度相似。看来以前每次测试后，稳中有升的排名带了太多水分。这样的做法瞒得过一时，瞒不过高考；瞒得过父母，瞒不过自己。瞒不过去的时候，该如何向父母解释自己一落千丈的成绩呢？

只有表现出极端情绪，把压力放大再放大，才能把成绩推脱到发挥失常上。

我也遇到过一个案例。

有一次要拍摄培训视频，领导很重视，特意请了专业的拍摄团队，每篇稿子都改过好几版。

化妆师上妆的时候，同事小 A 就说："拍视频我肯定不行的，一对上摄像头我整个人都不自在。""你们先拍吧，我一会儿肯定要反反复复拍好多条，别影响你们状态了。"

我有过一点拍视频的经验，虽然很业余，但还是努力安慰她："说错了重新说就行，剪辑的时候会剪掉的。"但收效甚微。

尝试了几次之后我们发现稿子中专业术语和数据太多，读起来总是容易磕绊，于是我们将稿子改得更加口语化一些，这样被拍摄者的眼神就不会总往提词器上瞟，因此会显得更自然一些。

调整了提词器的提词速度，和摄影师磨合好后，我的几条稿子都拍得很顺利，基本上两到三遍就拍完了。中间说错了也不要紧，停顿一下再重新说就可以了。

轮到小 A 的时候，她一坐上办公桌，整个人就肉眼可见地变僵硬了。她总是力求把每个字都说得字正腔圆，说错词就会打断她的状态，她只能从头来过。可越是郑重其事，就越容易嘴瓢，到后来手怎么摆都不自在了。

其实我的这位同事，不光学历高，专业实力强，而且人美、气质好。她在镜头前一坐，就像电视台女主播一样大气、知性。可不知怎么的，她就是越拍越放不开。折腾到最后，果然如她所说，她拍的时间是所有人中最长的。

我不禁想，她在开拍前就说自己肯定拍不好，到底是给自己找补呢，还是在给自己设限呢？面对镜头她怎么都发挥不好，到底是因为她性格天生容易拘谨呢，还是因为她潜意识里相信了自己的预告呢？

这种预告自己失败的行为，在心理学里叫作自我设限：一个人在面对可能到来的失败或者为自己成功设置障碍时，会通过采取行动或者提前宣告等方式进行外部归因，从而避免或减少失败的消极含义。

Tips

换句话说，当我们分析问题时，自我设限的人往往会忽视问题的根本原因，把借口当成理由。对原因、理由、借口这三者的混淆和错误归因，使得我们难以觉察自身的心态。更有甚者，这类心态往往会被解读成拖延、懒惰、找借口、焦虑、抑郁……于是我们更难正面面对和解决心态问题了。

11.3 自我设限：你在努力让自己失败

自我设限在行动上可能体现为一个人故意拖延或者阻碍任务。举例如下。

（1）明明为考试焦虑不已，但小明整个假期都在打游戏。他觉得复不复习都不一定能考好，还不如玩个爽呢。但实际上，每次考砸他都会归咎到打游戏这件事上：我没考好只是因为我没努力而已，但凡我努力一点、自控能力强一点，考试还不是手到擒来？但在内心深处，他也许更惧怕这样一个结果：如果自己好好努力了，但还是没能考好，那就说明自己真的是能力不行。

（2）重大考试前小王表面上认真复习，但是放纵自己暴饮暴食，不仅吃麻辣火锅还喝冷饮。这样一来，等考砸了就可以为自己开脱了："早知道就不出去吃火锅了，昨天闹了一晚上肚子，考试完全没状态。"

（3）小张白天工作时划水、摸鱼，到了晚上装模作样加班。考证失败时他就可以说："工作太累了，每天加班加到那么晚，根本没有时间复习。"这样他不但能减轻内心的自责，还能收获家人的安慰。

（4）拿下了当月业绩冠军后，同事们本以为小赵会再接再厉，谈下更多单子，没想到小赵立刻放下工作，休了长长的假期。在下次月会上，小赵的业绩排名一落千丈。小赵叹了口气说："哎呀，早知道就不休假了。"但他的表情却看不出有什么遗憾。

Tips

采取行动耽误任务，是一种积极设限的行为；而拖延是消极、被动地回避行动，因此也更具有隐蔽性。

自我设限在语言上可能体现为事前宣称自己无法成功。举例如下。

（1）演讲比赛前，小王对同学说："你看最近那个大热的电视剧没？我昨天晚上看了一个通宵，太上头了！就是现在有点晕，我好怕一会儿忘词啊。"

（2）小费长期抑郁，每次临考前，父母都不敢给他太多压力，因为每次父母询问，他的回答都是："焦虑到天天失眠，一看到考卷就犯恶心，这次考试肯定考不好了。"

（3）学校里，小刘又吊儿郎当地度过了一天。有的老师批评他，有的老师鼓励他。小刘的妈妈总说："这孩子聪明着呢，就是开窍得晚。他要是开窍了，那绝对是'黑马'。"小刘深以为然，还是一副浑不吝的样子，说："我就是懒得努力，我要是努力了，怎么可能才这么点分，早甩开一大截了。"

（4）辩论赛前，小李非常紧张。但他没怎么研究战术，而是一个劲儿地观摩对方辩友的比赛。他对队友说："我们抽签运气可太差了！据我观察啊，我们对上的肯定是今年的冠军队，他们的配合太好了，这次我看悬啊。"队友们都觉得他丧气。

自我设限的动机是什么？为什么有的人热衷于给自己挖坑呢？主要原因在于自我设限能为痛苦的失败提供自我保护，从而避免直视真正的原因。

我们可以看到，案例里的这些行动和话语往往是一种自我保护式的归因策略。毕竟"我没考好是因为我肚子疼"，总比"我没考好是因为我没努力"，听起来要舒服许多。这种归因也许是有意识的，也许是下意识的。因为他们往往会发现，有了借口就可以让失败看上去不那么难堪。既保护了面子，又能取得家人的谅解。

◎ 面对挑战时，有的人只盯着目标前进；有的人明知失败的可能性，但依旧会为了成功而努力；而有的人因为过于恐惧失败，宁愿选择放弃努力，回避可能的成功。如果我们对失败的恐惧，远远超过了对成功的渴望，我们就会下意识地选择自我设限。

◎ 面对机遇时，有的人会奋不顾身抓住每一个机会；有的人会踌躇不定，在犹豫中错失良机；而有的人过于悲观，认为自己的努力无济于事。但是他们不敢主动拒绝这个机会，只会通过拖延和消极抵抗，在失败后自我印证："我就是学不好数学""我不擅长跟人打交道，再努力也没办法外向起来""天上不会白白掉馅饼的，掉了我也接不住"。如果我们过于悲观，从不全力以赴，我们就是在自我设限。

◎ 面对挫折时，有的人低头研究问题，专心解决困难；有的人却把目光投向了身边的家人和同学，总觉得别人在观察自己，评价自己，生怕他们会产生负面的想法。如果比起自身的成长，我们更在乎自己在他人眼中的形象，那么我们就会不知不觉地自我设限。

◎ 面对失败时，有的人坦然接受，客观分析原因；有的人茫然失落，萎靡不振；有的人发泄怒气；而有的人急于甩锅，掩盖自身能力不足的事实。如果过强的自尊心让我们无法正视自身的问题，那么我们便容易踏入自我设限的陷阱。

11.4 没有任何借口：要勇于直面失败

有的同学面对压力的方式是，事前宣告自己肯定会失败，然后他们便觉得家长和老师不会再对自己抱有过高的期待，于是便能专心投入，更加专注于任务本身。

不管是寻找各种理由降低别人的预期，还是直接宣告自己的失败，人很难会主动意识到这是在找借口，自我设限的行为往往是下意识的。自欺欺人也许能挽救一时的面子，但危害是深刻而久远的，常见的危害有以下4个。

1. 凡事拖延

拖延症背后有很多原因，如过于追求完美、执行能力差、缺乏自信等，而自我设限导致的拖延则更为隐蔽。因为我们会不停地为自己找借口，把事情不断向后推。而且随着时间的推移，拖延症会产生许多副作用，如焦虑症和抑郁症。

2. 妄自菲薄

无论是用行动还是用言语进行自我设限，我们都无法正视自己真实的水平，因为我们总有层出不穷的借口来掩盖能力不足的事实。久而久之，我们会不自觉地把对自己的期望放得越来越低，接二连三的失败会让我们产生无助感。面对真正的挑战时，我们连自己几斤几两都不知道，自然会心里发虚，导致心态失衡，妄自菲薄。

3. 过度焦虑

从长远来看，哪怕下意识自我设限的人，也会意识到种种借口不过是糊弄自己，自欺欺人。于是我们会逐渐对自己形成消极的看法，"我什么事情都做不好""我爸妈从来不指望我能做好这些"等话语会轻而易举地说出口，以图推卸掉他人的期待。但任务放在那里，不会因为多找几个借口就变得更轻松。于是越是临近考验，就越焦虑。

4. 推卸责任

当我们从学校步入社会，工作岗位上要承担起更多的责任。如果我们依旧习惯于自我设限，那么面对领导布置下来的任务，第一反应就是找困难、找漏洞、找借口，而不是以主动和开放的心态迎接挑战。团队遇到困难的时候，我们就会泄气；项目失败的时候，我们就会推卸责任。当这样的思维方式形成了习惯，会导致我们缺乏团队协作能力和领导力，无法得到团队成员和上级的认可，职业发展便会举步维艰。

自我设限既无法让我们认识到自己的水平和真实的问题，也无法让我们从中成长，更会形成恶性循环，让我们在虚假的自我认知里不断沦陷。

Tips

　　要避免落入自我设限的陷阱，首先需要我们及时觉察：意识到自己混淆了原因、理由和借口这三者。然后需要我们端正心态，告诉自己，谋事在人，成事在天。我们固然会面对诸多阻碍，也可能会面对最终失败的结果，但那些都不是我们不努力的理由。

　　西点军校有一条著名的校训，就是"没有任何借口"。从军校的角度而言，服从是军人的天性，没有任何借口，才能完成上级交代的任何任务。

　　而对于我们而言，没有任何借口，就是给自己直面事实的勇气，并且是对自己的一切行为负责。错了就是错了，输了就是输了，没有好好努力就是没有好好努力，这一切我们不会再用一个个借口为自己开脱。

　　对于过于看重个人形象的人而言，我们需要放低对别人的关注。其实别人并没有我们想象中那么关注我们，意识到这一点时，我们的心态会更加轻松，也不必为了结果而患得患失，更不必担心自己的形象会一落千丈。

　　对于失败，我们有一百种做法，我们可以否认它、掩盖它、矫饰它。但我们只有一种做法来正确地对待它，那就是直面失败。

11.5　心无旁骛：只聚焦眼前的事情

　　有一类同学，非常容易内耗。这类人就是学得特别辛苦，但是很难学进去。比如这节晚自修他计划背单词，刚开始的时候他心里会想：英语，我已经跟别人差下太多了，这节晚自修必须背完 50 个单词才行。背的时候他满脑子都在想：为什么这么简单的单词都背不出来啊，我到底在学什么啊！晚自修结束的时候会非常自责：一晚上又浪费了，都欠了多少内容了，要什么时候才能补上啊？仿佛一看书，脑海里就有无数的弹幕唰唰唰地划过，指责自己，打击自己。

这类同学，你说他们学得认真吗？看上去是学得很认真，早出晚归泡图书馆的是他们，打开书本一脸苦大仇深的也是他们，但是学了多少东西进去呢？很少。这种内耗，使得他们无法心无旁骛地做事。

我其实以前也无法理解，因为在我看来，做题就是做题，背单词就是背单词，脑子里不会想别的，纯粹把任务完成就可以了。

我后来遇到了一个焦虑症非常严重的同学，其实他本身学习能力不差，但是这种状态就好像把他的门关上了，他怎么都学不进去。我让他描述自己每天的学习状态，才知道原来他内心戏这么多。

所以我后来也是想了很多办法帮他调整状态。这里我用做家务的例子去解释，可能对这类同学来说，相对好代入一些，比较容易理解。

我从来都不喜欢做家务，尤其讨厌洗碗。

我很早就买了洗碗机，并且给我妈也买了一台。我拼命向她推荐，洗碗机洗得干净，省水、省电、又省心。可无论是我妈还是家里的阿姨，还是喜欢手洗。

我观察阿姨做家务。一顿饭的工夫，张罗出热热闹闹的三菜一汤，厨房永远整洁明亮。再过一会儿，衣服晒了，地也拖了。好像也不是特别累，并且她也不是特别烦，家里的活儿就这么不紧不慢地干完了。

我就不行了。虽然洗碗机帮我减轻了一点负担，但我依旧会不耐烦，依旧不喜欢做家务。

我发现，但凡家里勤快的人，做家务都很相似：心平气和，慢条斯理，家务一件件做下来，总有做完的时候。

当我像他们一样做家务时，我突然发现，家务原来也没这么讨厌。

一天的碗筷堆在水槽里，油腻污糟，让人望而生畏。但如果每次用完后马上就收拾，也就那么几个碗几双筷，一点也不费劲。

当我手洗时，清凉的水在指尖流动，冲走油污；指肚拂过盘子时会感受到瓷器的光滑；迎着灯光举起玻璃杯，会看到晶晶亮的光芒。每洗完一个，心里都会松快一些。

当我专注于手上的碗时，我才能感受到这些微小又细碎的快乐。我终于能理解，为什么有人喜欢做家务了，因为它是一个不断创造正反馈的过程。整理屋子也是整理内心，一样一样安顿好，能让人收获踏踏实实的成就感。

Tips

> 洗碗的时候，眼睛里只有碗；拖地的时候，眼睛里只有地板。其实再简单不过了。

读书也是如此，背单词的时候只想着眼前的这个单词。比如，思考它的词根、词缀是什么，它是如何运用的；诵读时用唇舌感受单词的音节，再试着自己造句扩写。不要去想还要背多少个单词，也不要去想还要刷几套试题。

不知道你们有没有观察过班里学霸是怎么学习的，我说的是完整地、细致地观察，我是观察过的。

同样是晚自习，很多同学做作业时都有自己的习惯和偏好，有的同学会先做紧急的，有的同学会先做简单的科目，有的同学先做自己喜欢的科目。有的同学做着做着，数学题卡壳了，思索一阵之后就丢开，做起了英语作业。有的同学做着做着，开始走神了，从课桌里摸出一本小说先看上两页，不知不觉就看了一节课。有的同学做着做着就烦躁了，觉得考卷做了一张又一张，怎么也没个头。

但学霸不这么上晚自习，他们上晚自习，是按部就班的，是心平气和的。

作业嘛，摸到哪门课就是哪门课，摊在课桌上埋头就做起来。做一张，收一张；做完一门，放下一门。遇到难题做个标记，若卡壳了，怎么也想不通，学霸也会烦躁。但烦躁之后，他们还是会沉下心把问题想透。要是十分钟都解不出一道题，别的同学要么已经焦虑了，要么已经放弃了，但学霸知道，有时候花十分钟解一道题，比花十分钟做一堆题更有价值，因为这道题恰恰能暴露出自己思维上的局限。只要一直在努力思考，尝试各种解法，花那么多时间就是值得的。

我们也看不出来学霸赶时间，但他们就这么不紧不慢地一道道难题做下去，就度过了一个晚自习。

"学渣"和学霸的区别就在这里了。学霸做题时，眼睛里只看到这道题。但是"学渣"做题时，脑子里想的是明天生物考试呢，可今天还没复习；作业怎么这么多；这道题太难了；这部分内容掌握得不扎实，咋办呢……各式各样的想法塞满了脑子，就是没把眼前的题做进脑子里。

我生完孩子以后，觉得记忆下降很多。一方面是因为晚上睡不了整觉，导致第二天状态不如生孩子前；另一方面是因为白天总是有各种层出不穷的事要做，零碎的时间零碎的事，特别消磨人。我发现自己做事总是丢三落四，而且集中不了精神，工作效率非常低下。我花了很长时间才恢复过来。把自己从琐碎、重复的事中解放出来以后，我开始针对性地锻炼记忆力。

我以前背过莎士比亚的一些十四行诗，于是我又重新捡了起来，每次哄孩子睡觉的时候便边哄边念。一开始是 *Shall I compare thee to a summer's day* 和 *Not marble nor the gilded monuments*，后来又陆陆续续背了弗罗斯特的 *The road not taken* 和叶芝的 *When you are old*，还有我以前不太能领会的托马斯的 *Do not go gentle into that good night* 和聂鲁达的 *I like for you to be still*，等等。

许多诗都是我以前浅尝辄止背诵的，但是现在借着哄孩子的机会，一遍一遍反复念。平静地，舒缓地，把每一个发音都清晰地读出来，进而体会诗歌的韵律和节奏。孩子就在这一遍一遍的诵读中睡着了，我也在这一遍一遍的诵读中背完了，背得毫不费力。我以前背诗总是背了忘，忘了背；可现在背诗是一种享受。我不追求速度，速度反而眷顾我。

Tips

> 聚焦才能沉浸，沉浸才有心流。

事情一件件地做，总有做完的时候；书本一页页地看，总有看完的时候。平心静气做好手上的每一道题，比边做题边想着还要刷几套考卷更重要。眼前的这一个单词，比计划里的一百个单词更重要。

总之，聚焦眼前，全情投入。放慢速度，戒骄戒躁。心平气和，方能踏实。尽管失败的刺痛像油煎火燎，但我们要知道，如果长久的错误积重难返，那么只有刮骨疗伤才有痊愈的可能性。除此之外的任何掩饰，都只会放任错误日甚一日，直至无可救药。

11.6　放弃即时满足：我是怎么戒掉网络和游戏的？

问：怎么破解游戏培养的即时满足感？

答：问问自己，明天、下周、下个月，你还能想起现在这一局游戏的快乐吗？

有的人在游戏打上头后，会为了一局的输赢就骂骂咧咧；有的人不眠不休，誓要打上一个段位；有的人豪氪一个"648"，就为了给纸片人换一身皮肤……

游戏操纵了我们的多巴胺，让我们越来越难以满足。为了下一次胜利、下一个段位、下一身皮肤，我们又打开了游戏。

放下手机有一个很简单的办法，就是问自己以下问题。

◎　一年后你还能想起现在的快乐吗？

◎　一年后你还能想起这一局放了什么大招才转败为胜的吗？

◎　一年后你还能想起拿着一把新武器在朋友面前有多拉风吗？

◎　一年后你还能想起废寝忘食把游戏通关时的心潮澎湃吗？

我不能。

对于我来说，一年以后甚至是十年以后还能反复想起来的快乐，其实都很简单：和好友吃个小火锅，聊天聊到打烊；读完一本书合上封面那一刻；阳光正好时漫步公园；娃学会了翻身……

这样的片刻是持久的，平和的，满足的。

对于我来说，打游戏的快乐持续不了一天，买包的快乐持续不了一周，物质消费和"精神鸦片"带来的奶头乐，是即时满足，也是转瞬即逝的。

在想明白这一点以后，我已经很久没有沉迷过游戏了。

作为一种消遣，游戏还是可以玩的。因为它不仅可以调剂我们的心情，还有助于我们和朋友社交。但是游戏令人上瘾的机制在我这里已经被破解了，没有什么游戏可以让我上头了。

关于游戏，我也有很多难以忘怀的瞬间：

◎　去朋友家玩《动物森友会》，为一件家具、一只蝴蝶、一把秋天的芦苇而激动不已；

◎　玩《刺客信条》时一边喊叫一边夺路狂奔，老陈接过手柄三下五除二就结果了大野猪；

◎　酒足饭饱后和朋友打开《舞力全开》，有的人四肢僵硬，有的人手忙脚乱；

◎　儿时过年的时候和两个表哥玩《帝国时代》，哥哥们迁就我，让我把《帝国时代》玩成了种田游戏；

◎　小时候坐在爸爸腿上看他玩《暗黑破坏神》，虽然啥也不懂，但还是很激动地帮爸爸数打死了几只怪兽；

◎　爸妈玩《连连看》玩得上头，我在一边吱哇乱叫、指手画脚……

这些闪闪发光的瞬间，不是因为一场游戏的输赢，而是因为一起玩的人。不要成为游戏的奴隶，我们要成为游戏的主人，不要将时间和心情交由游戏来控制。